VERA F. BIRKENBIHL

KOMMUNIKATIONS-TRAINING

Die Bücher von Vera F. Birkenbihl beim mvgVerlag:

115 Ideen für ein besseres Leben
5. Auflage 1999, ISBN 3-478-08590-X

Das Birkenbihl ALPHA-Buch
4. Auflage 2002, ISBN 3-478-08305-2

Stroh im Kopf?
41. Auflage 2003, ISBN 3-478-08849-6

Der Birkenbihl Power-Tag
5. Auflage 2001, ISBN 3-478-08623-X

Erfolgstraining
12. Auflage 2001, ISBN 3-478-08865-8

Fragetechnik schnell trainiert
13. Auflage 2002. ISBN 3-478-81161-9

Freude durch Stress
14. Auflage 2001, ISBN 3-478-08785-6

Humor – an Ihrem Lachen soll man Sie erkennen
2. Auflage 2001, ISBN 3-478-08892-5

Psycho-Logisch richtig verhandeln
14. Auflage 2003, ISBN 3-478-81256-9

Signale des Körpers
16. Auflage 2002, ISBN 3-478-08862-3

Sprachenlernen leichtgemacht!
27. Auflage 2002, ISBN 3-478-08848-8

Stichwort Schule: Trotz Schule lernen
16. Auflage 2003, ISBN 3-478-08784-8

StoryPower
2. Auflage 2001, ISBN 3-478-08891-7

Zahlen bestimmen Ihr Leben
10. Auflage 2001, ISBN 3-478-08863-1

VERA F. BIRKENBIHL

KOMMUNIKATIONS-TRAINING

ZWISCHENMENSCHLICHE BEZIEHUNGEN ERFOLGREICH GESTALTEN

mvg Verlag

Bibliografische Information der Deutschen Bibliothek
Die Deutsche Bibliothek verzeichnet diese Publikation in der Deutschen
Nationalbibliografie; detaillierte bibliografische Daten sind im Internet über
http://dnb.ddb.de abrufbar.

24. Auflage 2003
 1. Auflage 1975

© 1986 mvg-verlag im verlag moderne industrie AG & Co. KG,
Landsberg – München.

Umschlaggestaltung: Vierthaler & Braun, München
Druck- und Bindearbeiten: Ebner & Spiegel, Ulm
Printed in Germany 08374/060301
ISBN 3-478-08374-5

Inhalt

Dieses Buch ist meinen Seminarteilnehmern in den USA und in Deutschland gewidmet. Ohne ihre regen Diskussionen und die aktive Mitarbeit wäre dieses Buch nicht entstanden.

Vorwort zur 1. Auflage

Dieses Buch geht jeden an, der mit Menschen zu tun hat; ob geschäftlich oder privat. Jeden, der seine Mitmenschen besser verstehen und der seine zwischenmenschlichen Beziehungen erfolgreicher gestalten will. Es wurde auch für den geschrieben, der sich selbst ein wenig besser kennenlernen will. Denn Menschenkenntnis wächst in dem Maß, in dem das Verständnis der eigenen Persönlichkeit wächst.

Sie wissen, wie mannigfaltig der Mensch ist. Sie haben schon oft erlebt, daß man einem Gesprächspartner etwas sagt oder ihm eine Frage stellt, und der andere reagiert völlig unerwartet –, was einen dann verärgert. Folgende Situation passiert sinngemäß Tausende von Malen täglich: Ein Ehepaar möchte ins Kino gehen; sie sind schon ein wenig spät dran. Er zieht sich gerade das Jackett an, während sie ihre Frisur noch einmal überprüft. Nun fragt er: »Liebling, weißt du eigentlich, wie spät es ist?« Sie blickt flüchtig auf ihre Armbanduhr und antwortet...

Was aber sagt sie zu ihm? Können Sie das voraussagen? Nein. Weil Sie weder die Frau, noch die näheren Umstände kennen. Der Ehemann aber kennt seine Frau. Trotzdem kann es sein, daß ihre Antwort ihn zu einer verärgerten Entgegnung reizt. Dann nämlich, wenn sie eine der folgenden Antworten gibt:

»Herrje, schon fünf vor sechs. Beeile dich doch!«
»Was, so spät schon? Und du trödelst immer noch so rum!«
»Ja, ja; ich weiß schon. Immer bin ich schuld, wenn wir zu spät kommen!«
»Reg dich ab, wir schaffen es schon noch. Auf die Werbung bin ich eh nicht scharf!«
»Warum beschuldigst du mich immer gleich? Du bist ja auch noch nicht fertig!«
»Drängle doch nicht so! Das letzte Mal habe ich ewig auf dich warten müssen, weil du die Autoschlüssel nicht gefunden hast!«

»Was soll denn die Frage schon wieder? Einmal möchte ich es erleben, daß du klar ausdrückst, was du eigentlich sagen willst! Ich
beeile mich ja schon . . .!«

Wir können uns gut vorstellen, daß er seinerseits nun mit einem
»Ich habe dich doch gar nicht beschuldigt!« oder ähnlich reagiert.
Weiterhin können wir schon ahnen, worüber die beiden auf dem
Weg zum Kino reden werden.

Die Fragen, die es zu beantworten gilt, lauten: Warum reagiert der
Mensch manchmal so »komisch«? Warum reagieren manche Menschen sehr häufig eigenartig, während dies bei anderen nur ab und
zu passiert? Warum reagieren manche Menschen so oft mit beleh-
renden Worten, andere mit Anklagen, wieder andere mit Recht-
fertigungen, während der letzte häufig sachlich antwortet?

Würde es uns im täglichen Leben nicht außerordentlich helfen, derartige Fragen »besser« beantworten zu können, damit wir »besser«
reagieren können? Wenn Sie zustimmen, dann wissen Sie auch: Wir
könnten oft viel dazu beitragen, eine Kommunikation zu »retten«
oder doch zumindest zu verbessern, statt sie zu einem Streit »aus-
wachsen« zu lassen, an deren Ende beide (bzw. alle beteiligten) Parteien verärgert sein werden, oder? Dabei ist die »Position«, die Sie
und Ihr(e) Gesprächspartner einnehmen, vollkommen egal: Ob Sie
ein Kunde sind, der sich eben *nicht* über eine(n) Verkäufer(in) oder
über den Service im Restaurant ärgert, weil er den »Mechanismus da-
hinter« erkannt hat, oder ob Sie in der Rolle des Verkäufers (der Be-
dienung) Ihre Kunden besser motivieren wollen – immer hilft ein
Verständnis dessen, was da »abläuft«. Ob Sie als Chef Ihre Mitarbeiter begeistern oder als Elternteil Ihre Kinder zur Mitarbeit im Hause
anleiten wollen – mit mehr »Know-how« geht es leichter! Ob Sie als
Pfarrer oder Sozialarbeiter Ihre seelsorgerische Arbeit erfolgreicher
gestalten wollen, oder ob Sie besser mit dem Partner, mit Freunden,
Kollegen oder Nachbarn auskommen möchten – je besser Sie die Situation »erfassen«, desto reibungsloser können Sie kommunizieren!
Wir werden in diesem Buch von gewissen Annahmen über den Menschen und sein Verhalten ausgehen. Kenntnis derselben wird den
Umgang mit anderen immens erleichtern, denn sie vermitteln Hilfe-

stellungen zum gezielten Eingehen auf die Situation des anderen! Sicher kennen Sie das alte Bibelwort, das sich immer wieder bewährt hat (beim Aufspüren von materiellen wie immateriellen Dingen): *Suchet, und Ihr werdet finden.* Wenn ich weiß, worauf ich achten möchte, muß ich zwangsläufig viel mehr sehen und hören als einer, der gar nicht sucht. Allerdings wissen Sie auch, daß ein Goldgräber Diamanten übersehen kann. Er sucht ja Gold. Wir gehen von der Annahme aus, daß der Leser es lernen kann, gezielt zu suchen! Wenn er weiß, worauf er bei seinen Mitmenschen achten möchte, wird er sich Menschenkenntnis viel schneller und gezielter aneignen können! Es liegt auf der Hand, daß er seine zwischenmenschlichen Beziehungen in dem Maß verbessern kann, in dem er seine Mitmenschen erst einmal »erkennt«. Natürlich wird er auch über sich selbst einiges lernen, wenn er dazu bereit ist. Deshalb gibt dieses Buch dem Leser immer wieder Möglichkeiten, sein Selbst-Verständnis zu verbessern.

Wollen wir die Hauptthesen dieses Buches einmal anhand einer kleinen Geschichte erarbeiten:

Der Löwe Leo zog durch die Steppe. Dort traf er einen wilden Hasen. Der Löwe richtete sich zu seiner ganzen stolzen Größe auf: Wer ist der König der Tiere?! Der Hase erstarrte vor Furcht und rief: Aber Sie doch, Ihre Majestät! Da lächelte Leo den verdutzten Hasen gutgelaunt an und sagte mit einer großzügigen Geste seiner Pranke: Kannst weitergehen! (Fig. 1)
Dann traf Leo eine Gazelle, und das Spielchen wiederholte sich. Wieder brüllte er das arme, verängstigte Tier an, und wieder wurde ihm bestätigt, wie mächtig er war. Und wieder sagte er gutgelaunt: Kannst weitergehen! (Fig. 1)

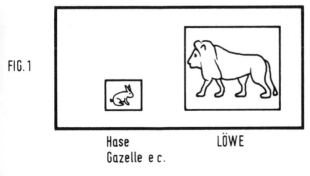

FIG.1

Hase
Gazelle e c.

LÖWE

Dasselbe passierte dann noch einige Male: mit einer Hirschkuh, einem Zebra, einer Giraffe.

Alle diese Tiere waren kleiner bzw. schwächer als der Löwe, erkannten dies und richteten sich danach.

So wurde Leo immer dreister. Schließlich traf er ein Nashorn. Normalerweise wäre er diesem aus dem Wege gegangen, aber heute sah er die Lage so (Fig. 2):

FIG. 2

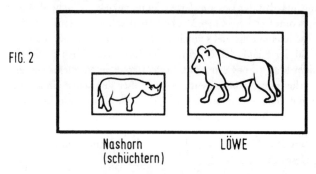

Nashorn   LÖWE
(schüchtern)

Er richtete sich wieder zu seiner ganzen stolzen Größe auf und brüllte: Wer ist der König der Tiere? Normalerweise hätte das Nashorn ihm nicht viel Beachtung geschenkt, aber heute, eingeschüchtert durch das laute, sichere Auftreten des Löwen, sagte das Nashorn: Sie natürlich, Herr Löwe!

Dann aber traf Leo einen Elefanten. Aus der Sicht des Löwen sah die Größenordnung aus wie in Figur 3.

FIG. 3

Selbst-Bild des
Löwen

Daher brüllte er auch dem Elefanten seine Frage zu. Die Größenordnung aus der Sicht des Riesen war aber anders (Fig. 4):

FIG. 4

Real-Bild des
Löwen

Dementsprechend reagierte der Elefant. Er hob einmal kurz einen Fuß, tupfte dem Löwen damit sachte aufs Haupt, so daß dieser bis zum Hals im Sande versank und ging dann, ohne sich noch einmal umzudrehen, seiner Wege.

Da rief der Löwe (der sich verzweifelt zu befreien suchte) dem gemächlich davonschreitenden Riesen nach: Man wird ja wohl noch fragen dürfen?!

Was zeigt uns diese Geschichte?

1. *Wir machen uns ein Bild von uns.*
Dieses Selbst-Bild erhalten wir, in dem wir uns mit anderen vergleichen. Bewußt oder unbewußt stellen wir ständig fest: Ist der andere größer (stärker, gescheiter, besser, gebildeter), kleiner oder ist er so groß wie ich?

2. *Wir handeln aufgrund dieses Selbst-Bildes.*
Wenn wir meinen, unser Gesprächspartner sei uns haushoch überlegen, dann werden wir uns anders verhalten, als wenn wir unser Gegenüber als ebenbürtigen Partner einschätzen. Wesentlich daran ist, daß wir unsere Einschätzung als Grundlage für unser Handeln

sehen, nicht die Realität. Denn für uns gilt unsere eigene Einschätzung einer Situation als unsere Realität. Solange der Löwe sich also als größer einschätzte, handelte er danach. Als man ihm klar gemacht hatte, wie klein er doch (im Verhältnis zum Elefanten) war, änderte er sein Verhalten sofort. Oder denken Sie an das schüchterne Nashorn. Es hat sich nicht in die Flucht jagen lassen, weil es wirklich schwächer war, sondern weil es sich für schwächer hielt. Weil sein Selbst-Bild kleiner war.

3. *Dieses Selbst-Bild muß mit der Wirklichkeit nicht übereinstimmen.*
In der Gegenüberstellung des Löwen mit dem Hasen und der Gazelle stimmten Selbst-Bilder und Wirklichkeit überein (Abb. 5).

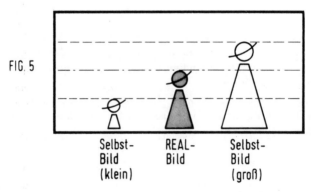

FIG. 5

Selbst-Bild (klein)   REAL-Bild   Selbst-Bild (groß)

Aber bei den anderen nicht mehr. Diese falsche Selbsteinschätzung hat die vielen netten Mäuse- und Elefanten-Witze hervorgebracht. Sie wissen ja, wie die beiden über eine klapprige Holzbrücke schreiten und die Maus sagt: »Siehst du, wie die Brücke wackelt, wenn *wir* darüber gehen?«

4. *Wenn die Diskrepanz zwischen Selbst-Bild und Wirklichkeit zu groß ist, leidet die Kommunikation.*
Stellen Sie sich vor, ein junger Mann hält sich für außerordentlich wirksam in verschmutzten Jeans und mit langen, ungepflegten Haaren ... Seinem Selbst-Bild gemäß erwartet er, daß die Mädchen nur so

auf ihn fliegen werden. Wenn ihm aber die Mädchen zu erkennen geben, daß sie ihn abstoßend finden, wird die Kommunikation nicht mehr gut verlaufen können. Dasselbe gilt natürlich für den Löwen, am Ende unserer Geschichte ...

5. *Wenn die Kommunikation leidet, leidet auch das Selbstwertgefühl.*

Denken Sie noch einmal an die Ehefrau zurück, die in der Frage nach der Uhrzeit einen Angriff auf sich gesehen hat. Sie hat verstanden: »Beeile dich doch!« Als sie ihrem Mann ihre »patzige Antwort« gab, zeigte die (nunmehr schlechte) Kommunikation, daß ihr Selbstwertgefühl gelitten hatte. Sonst hätte sie ja ruhig sagen können: »Es ist fünf vor sechs.«

In den Kommunikations-Seminaren, die ich seit 1970 in den USA und seit Ende 1972 auch in Deutschland (für Beruf und privat) abgehalten habe, zeigte sich immer wieder folgendes: Wenn die Teilnehmer Hilfsmittel zur besseren Erkenntnis dieser Kommunikationsgesetze erhielten, verbesserte sich automatisch ihre eigene Reaktion. Ein Seminarteilnehmer demonstrierte dies sehr deutlich. Wir hatten darüber gesprochen, wie es kommen kann, daß eine Frau so aggressiv auf eine einfache Frage nach der Zeit reagieren kann.

Zu dem Zeitpunkt hatte er noch gesagt, das sei wieder typisch Frau. Frauen könnten ja nie auf einfache Fragen mit einfachen Antworten reagieren. Aber dann sah er ein, um welches Prinzip es uns ging, und daß ein Mann eine genau so »komische« Antwort gibt, wenn dasselbe Prinzip bei ihm aktiviert wird (Kapitel 4 und 5). Als dieser Teilnehmer zum nächsten Seminarabschnitt erschien, erzählte er uns folgendes: »Einige Tage nach dem Seminar passierte es. Ich meine, genau was wir besprochen hatten. Ich fragte sie, ob wir noch Marmelade hätten und sie schrie, daß ich sie immer gleich anmeckerte, wenn sie mal eine Kleinigkeit vergessen hätte. Da klickte es bei mir. Ich fragte sie ganz freundlich, ob sie denn wirklich der Meinung sei, daß ich so viel meckerte ... Daraufhin wurde auch sie ruhig, sagte, nein, so schlimm sei es auch wieder nicht ... und wir kamen ins Gespräch. Es wurde die erste wirkliche Unterhaltung, die ich mit meiner Frau seit Jahren geführt habe.«

Die zweite Erfahrung, die meine Seminarteilnehmer machen, ist die, daß man Kommunikations-Technik erlernen kann, wie jede andere Fähigkeit. Einer erklärte es besser, als ich es gekonnt hätte: »Wir lernen, wie man Auto fährt. Wir nehmen Fahrstunden und studieren die Regeln und Gesetze. Wir fahren das erste Jahr noch recht vorsichtig, weil wir wissen, daß es eine Zeit brauchen wird, bis wir die nötige Routine haben, um auch Fehler der anderen einkalkulieren oder auf plötzliche Gefahrensituationen gut reagieren zu können. Aber wie machen wir es im zwischenmenschlichen Bereich? Wir reden darauf los, wir reagieren negativ, wir streiten uns, und wir schieben anderen die Schuld zu. Obwohl doch der Mensch viel komplizierter ist als ein Auto, meinen wir, ihn ohne jedes Training verstehen zu können!«

Wer von uns hat sich denn schon bewußt und intensiv mit seinen Mitmenschen beschäftigt? Wer fragt sich denn wirklich, wie jemand dazu kommt, uns anzuschreien? Und wer sagt dann nicht: »Ich habe dich doch gar nicht angegriffen!« Kaum einer von uns hat gelernt, richtig zuzuhören. Wir suchen den Schuldigen, wenn eine Kommunikation schlecht verläuft, statt nach der Ursache zu fahnden. Wir bemühen uns zu wenig, dem anderen zu helfen, wenn es zu Abwehrreaktionen bei ihm kommt. Nur einige wenige können reinen Gewissens sagen: Ich komme wirklich gut mit anderen aus, weil ich sie und mich gut kenne und weil ich mich bewußt mit meinen Kommunikations-Techniken auseinandergesetzt habe.

Ehe Sie weiterlesen, fragen Sie sich bitte:

Sind Sie wirklich bereit, etwas Zeit und Mühe zu investieren, um besser mit anderen auszukommen? Wollen Sie die anderen nur besser erkennen, oder wollen Sie wirklich besser mit ihnen auskommen?

Der Aufbau dieses Buches ist so gestaltet, daß Sie beide Ziele verfolgen können:

Wenn Sie wenig Zeit haben; wenn es Ihnen nur darum geht, Ihre Mitmenschen besser zu verstehen, dann lesen Sie Teil I (Theorie) dieses Buches. Wenn Sie aber bereit sind, Ihr eigenes Verhalten zu ändern; wenn Sie in bezug auf die Kommunikation besser »spielen« wollen, dann wissen Sie, daß dies nur durch ein gewisses Training erreicht werden kann. Zu diesem Zweck finden Sie in vielen einfachen Übungen, Tests und Spielen, anhand derer Sie üben können, wie man die zwischenmenschlichen Beziehungen erfolgreicher gestalten kann.

Testen Sie sich. Testen Sie Ihre innere Bereitschaft, auch praktisch etwas zu tun, um erfolgreicher zu kommunizieren (es sind 100 Punkte zu erreichen).

Gehen Sie zum Spiegel, und sehen Sie einmal nach, wie skeptisch, müde, spöttisch oder hoffnungsvoll Sie jetzt gerade aussehen! Dann lächeln Sie sich zu und beobachten die positive Wirkung, die Ihr Lächeln auf Sie – und sonst: auf Ihren jeweiligen Gesprächspartner – hat.

Lesen Sie erst weiter, nachdem Sie die Übung beendet haben! Tragen Sie dann in den Kasten unten ein: Datum/Zeit/Bemerkung. (Bitte erst nach dieser Übung weiterlesen!!!)

Erste Übung: Erfolgskontrolle (100 Punkte)

Datum	Zeit	Habe die Übung gemacht und dabei festgestellt, daß ...

1. Bin zum Spiegel gegangen! 100 Punkte

Damit haben Sie bewiesen, daß Sie bereit sind, mehr zu tun, als nur zu lesen. Daß Sie bereit sind, aktiv an Ihrem Erfolgsprogramm für bessere zwischenmenschliche Beziehungen zu arbeiten. Sicher haben Sie bereits erkannt, daß verbesserte zwischenmenschliche Beziehungen Ihnen selbst wieder zugute kommen werden.

2. Bin nicht zum Spiegel gegangen / habe weitergelesen. Keinen Punkt.

Es ging uns in der Hauptsache darum festzustellen, ob Sie bereit sind, aktiv mitzuarbeiten. Überlegen Sie es sich, ob Sie nicht zumindest die Übungen im Teil I mitmachen wollen, selbst wenn Sie sich mit den Übungen und Spielen im Teil II später nicht beschäftigen wollen. Je mehr Sie mit-arbeiten, desto mehr Nutzen haben Sie natürlich im täglichen Leben von diesem Buch. Aber: Die Entscheidung treffen Sie allein. (Vielleicht wollen Sie auch zuerst das Buch lesen, um hinterher, im zweiten Durchgang, mitzuüben?)

Vorwort zur 7. Auflage

Dieses Buch wurde für den einzelnen Menschen, der über Kommunikation nachdenken will, geschrieben. Lassen Sie mich hier kurz einige der typischen Reaktionen der letzten Jahre andeuten: So schrieben Ehe-*Therapeuten*, daß es den »Kontrahenten« außerordentlich helfe, ihre Situation zu klären. *Kleinfirmen* (oder Familien- und Freundeskreise) nutzen es gerne als *Seminar-Ersatz*, wenn sie sich eine Schulung (noch) nicht leisten können, dasselbe gilt für Veranstaltungen von Arbeitsgruppen der *Kirchen*. Durch die vielen Experimente und Übungen, die auch ohne Trainer durchführbar sind, kann es ein *echtes Training* werden, wenn man wirklich aktiv mitarbeitet.

Insbesondere das *Gefühlsrad*, welches in *Teil II* beschrieben wird, hat großen Anklang gefunden. So haben manche Familien und Arbeitsteams es nutzen gelernt, um ohne Worte miteinander zu »reden«. In einem Brief heißt es:
Wir haben es auf Kork aufgezogen. Jeder hat sein eigenes Exemplar an der Türe hängen und signalisiert mit Stecknadeln, »wo« er heute steht . . .

Ich finde die Idee, den anderen die heutige Stimmung im wörtlichen Sinne zu »stecken«, hervorragend! Zum Beispiel, wenn man sich nicht gut fühlt und unnötige gereizte Gespräche vermeiden, oder wenn man sich besonders gut fühlt und zur Kommunikation mit anderen geradezu »einladen« will. (Sie finden das Gefühlsrad im *Anhang:* Wenn Sie die vier Seiten fotokopieren und die Teile zusammenkleben, dann ergibt sich die Kreis-Figur.)

Sehr wichtig fanden viele Leser auch die ersten Kapitel *(Selbstwertgefühl, Bedürfnisse und Motivation)*, nicht zuletzt deshalb, weil die vielen Fallbeispiele aus den verschiedensten Lebensbereichen (beruflich wie privat) stammen, so daß wirklich jeder Leser »Zugang« finden kann.

Ein Verkaufsleiter schrieb, er hätte zwar schon viel über Motivation gehört, da es in seiner Firma geradezu ein »Modewort« sei, aber wirklich klar sei ihm der Begriff erst durch dieses Buch geworden. Nicht nur beruflich, sondern auch, was die Motivation seines Sohnes angehe, der absolut nicht lernen wollte!

Perfekte Kommunikation?

Lassen Sie mich Ihnen eine kleine Situation schildern, die vor ca. zwei Jahren passierte:

Ich kam hundemüde an einem Hotel an, in dem ein Seminar stattfinden sollte. Man hatte mir vorher versprochen, einen Standplatz und Strom für mein Büromobil (mit Computerarbeitsplatz) bereitzuhalten, aber dann waren doch alle Parkplätze besetzt. Ich war, wie gesagt, hundemüde und reagierte aus dem »Reptilien-Gehirn« (siehe Teil I), nämlich ziemlich patzig. Da sagte ein Herr, der neben mir stand, ich solle vielleicht einmal *dieses Büchlein* lesen, und er zeigte mir – Sie haben es erraten – das *Kommunikationstraining!* Ich grinste ihn an und entschuldigte mich bei dem Empfangschef (der dann plötzlich doch noch einen Platz finden konnte). Daraufhin sagte ich dem Herrn, ich würde ernsthaft über seinen Vorschlag nachdenken, und verabschiedete mich. Diese Geschichte zeigte zweierlei:

Erstens, auch wenn man sich intensiv mit Kommunikation befaßt, reagiert man manchmal (übermüdet, krank) falsch; aber schon ein kleiner Hinweis genügt, und man kann »umpolen«, weil man weiß, daß negative Kommunikation nichts bringt; weder mir noch dem Partner. Um jedoch im Hier und Jetzt »umpolen« zu können, ist es günstig, wenn man sich zuvor bewußt mit Kommunikations-Mechanismen auseinandergesetzt hat.

Und *zweitens:* Der Herr hatte ja gemeint, dieses Büchlein könne helfen, in Zukunft besser zu kommunizieren. Das hat mich gefreut. Ich hoffe sehr, daß er recht hat!

Alles in allem: Betrachten Sie das Buch bitte als eine Art *»psychologischen Supermarkt«:* Schlendern Sie durch die »Ladenstraßen« und picken Sie sich heraus, was Ihnen zusagt. Dabei werden Sie zum einen bekannte »Produkte« finden: Sie werden so manches, was Sie in der Vergangenheit intuitiv richtig gemacht haben, erkennen. Dadurch können Sie es in der Zukunft gezielter (und vor allem bewußt) einsetzen. Aber Sie werden auch »Produkte« finden, die Ihnen »vage vertraut« erscheinen, über die Sie jedoch mit dem hier angebotenen Vokabular besser und gezielter nachdenken können. Und Sie werden sicher auch den einen oder anderen neuen Gedanken finden, den Sie vielleicht »einkaufen« möchten . . .

Merke:

Es muß nicht jeder Gedanke für jeden Leser von gleich großem Interesse sein; aber wenn Sie <u>einige</u> Gedanken finden, die Ihnen in der Zukunft helfen werden, dann hat es sich gelohnt!

Odelzhausen, August 1986   Vera F. Birkenbihl

Vorwort zur 9. Auflage

Liebe Leser, seit dem Vorwort zur 7. Auflage sind weniger als drei Jahre vergangen, und schon wieder wurden so viele Exemplare verkauft, daß wir jetzt bei 85.000 Exemplaren liegen! Das freut mich natürlich außerordentlich, nicht zuletzt, weil es inzwischen einige neue Bücher/Cassetten beim selben Verlag (mvg) gibt (s. Nachwort, S. 294).

Auch sind in den letzten Jahren wieder zahlreiche Leserbriefe eingetroffen; so wurde das *Kommunikationstraining* z. B. in einer Abitur-Klasse als »Projekt« ausgewählt, d. h. je eine Gruppe von Schülern setzte sich intensiv mit je einem Kapitel auseinander und referierte anschließend darüber. Des weiteren schreiben mir immer häufiger Studenten, die das Buch bei ihrer Diplomarbeit zitieren wollen, und es schreiben immer wieder Trainer und Therapeuten sowie Leser, de-

nen das Buch für ihre tägliche Praxis (beruflich wie privat) echte Hilfestellung gab. Das freut mich am meisten!
Möge dieses von Kollegen immer häufiger als »Standardwerk« deklarierte Buch auch Ihnen Denkanstöße und Anregungen für die tägliche Kommunikation geben – das wünsche ich Ihnen! Viel Freude beim Lesen und viel Erfolg beim Umsetzen in die Praxis!

Odelzhausen, Frühjahr 1989   V.F.B.

PS: Zur 10. Auflage

Wenn Sie das nächste Mal Ihre Meinung durchsetzen wollen, überlegen Sie bitte: Könnte es sein, daß Sie sie von anderen (z. B. als Kind) übernommen haben? Falls ja, handelt es sich genaugenommen nicht um Ihre MEINung, sondern um eine ANDERung. ANDERungen erkennt man daran, daß man »das« genau »weiß«, wiewohl man diese sogenannte MEINung (= ANDERung) gar nicht gut begründen kann. Hier empfiehlt es sich, diese ANDERung kritisch zu überprüfen, um sie entweder aufzugeben oder aber sie wirklich zu Ihrer eigenen persönlichen MEINung zu machen. Jetzt können Sie diese Ihre MEINung auch wirklich gut begründen.

Vorwort zur 13. Auflage

Natürlich freut man sich als Autor über jede neue Auflage, aber diese dreizehnte markiert eine besondere Zeitspanne: Das Buch wurde gründlich überarbeitet (s. u.), es erschien vor kurzem in Italien *(L'Arte d'Intendersi)* und wir haben festgestellt, daß meine Bücher und Kassetten nunmehr die Grenze von 700 000 Exemplaren überschritten haben! Dabei spielen das *Kommunikationstraining* (117 000 Expl.) sowie *Stroh im Kopf? – Gebrauchsanleitung fürs Gehirn* (88 000 Expl.) entscheidende Rollen. Daß das *Kommunikationstraining* inzwischen zum Standardwerk wurde, freut mich auch deshalb, weil es eines meiner ersten Bücher war!

In dieser 13. Auflage wurde der in der 6. Auflage hinzugekommene neue Teil III (»Neue Gedanken«) ans Ende von Teil I (Theorie) gerückt. Wenn in einem Seminar ältere und neue Bücher gleichzeitig verwendet werden, entsprechen die Kapitel 1 bis 5 aus Teil III (alt) ab dieser 13. Auflage den Kapiteln 8 bis 12 (von Teil I) inhaltlich, während das ursprüngliche Kapitel 8 (zum Abschluß der Theorie) jetzt zu Kapitel 13 wurde. Somit ist jetzt der letzte Teil (Merkblätter) wieder zu Teil III geworden, und das Buch entspricht jetzt wieder dem originalen Plan:

Teil I – Grundlagen/Theorie (inkl. einer Reihe von kleinen **Aufgaben,** die Sie beim ersten Lesen (allein) durchführen können.

Teil II – Praxis mit Übungen und Spielen, die Sie teilweise allein und teilweise in kleinen Gruppen durchführen können. Sie benötigen keinen »Fachmann«, nur jeweils einen Spielleiter. Diese Aufgaben helfen Ihnen, eine Menge über sich und andere zu erfahren und bestimmte Kommunikationsaspekte zu trainieren. Insbesondere die Aufgaben zum Gefühlsrad können Ihnen helfen, auch »große«, ja sogar »chronische« Kommunikationsprobleme in der täglichen Praxis weit besser als in der Vergangenheit zu bewältigen.

Teil III – Merkblätter bietet **weiterführende Informationen** zu bestimmten Abschnitten des Buches an. Sie werden jeweils darauf hingewiesen, wenn ein Merkblatt existiert und können es sofort oder später lesen (bzw. auch auslassen).

Odelzhausen, Winter 1992   Vera F. Birkenbihl

Wichtiger Hinweis:

Aus platztechnischen Gründen mußte eine Nachbemerkung zur 24. Auflage auf Seite 306 plaziert werden. Bitte lesen Sie diese, bevor Sie jetzt weiterlesen.

TEIL I THEORIE

1. Das Selbstwertgefühl (SWG)

**Optimal kommunizieren heißt:
das SWG des anderen achten.**

Was sind Sie wert?

Versuchen Sie diese Frage einmal zu beantworten. Überlegen Sie ruhig ein paar Minuten, ehe Sie weiterlesen. Tragen Sie Ihr Ergebnis hier ein:

Was bin ich wert?

Ich

_____

_____

_____

_____

Hatten Sie Schwierigkeiten? Wahrscheinlich ja.
Warum? Weil wir unseren Wert nicht so ohne weiteres angeben können. Denn unser Wert besteht aus mehreren Werten, die sich auf verschiedene Bereiche erstrecken. Zum Beispiel:
»In puncto Menschenführung bin ich OK. Ich komme gut mit meinen Mitarbeitern aus. Sie mögen mich. Das Betriebsklima in meiner Abteilung ist gut.
Aber: Verhandlungen führt der Meier besser als ich.«

Oder:

»Beruflich bin ich in Ordnung. Wann immer es sich um besonders wichtige Angebote der Firma handelt, schickt man mich, um sie zu vertreten. Man schätzt meine Leistung; ich bin recht zufrieden.

Aber privat klappt es nicht besonders gut. Zum Beispiel gestern abend. Ich kam todmüde nach Hause und war kaum zur Tür drin, als meine Frau schon sagte: ›Hör mal, du mußt unbedingt mit dem Jungen reden. Der wird von Tag zu Tag frecher!‹ Worauf ich sie anschrie: ›Einmal möchte ich es erleben, daß du mit dem Erziehungsproblem alleine fertig wirst!‹

Hinterher tat es mir natürlich leid. Die Stimmung war jedoch nicht wieder zu retten.«

Was bedeutet das?

Wir können erst durch den Vergleich mit anderen ermessen, was wir wert sind.

Wenn Sie etwas tun, besonders wenn Sie etwas zum ersten Male machen, brauchen Sie die Beurteilung anderer, um zu wissen, ob sie es gut gemacht haben. Deswegen sind wir auf das Echo unserer Umwelt angewiesen. Also entscheidet:

- unser Chef, wessen Berichte besser sind;
- der Kunde, von welchem Verkäufer er sich lieber beraten läßt;
- die Frau, welches Verhalten ihres Mannes gefällt.

Das bedeutet:

Wir sind teilweise auf die Beurteilung anderer angewiesen, um unseren Wert zu finden.

Diese Beurteilung kann fair oder unfair sein. Sie kann uns nett oder unhöflich mitgeteilt werden. Der eine Chef lobt Positives und kritisiert Negatives, der andere bemerkt nur die Fehler.

Ein Freund hat Verständnis dafür, daß man mal zu spät zu einer Verabredung kommt, der andere ist hoffnungslos beleidigt.

Immer aber erhalten wir diese Beurteilung in dem Prozeß der Kommunikation.

In jeder einzelnen Kommunikation ist möglicherweise so eine Beurteilung versteckt. Daher beachten wir immer:

- Sieht der andere mich positiv? (Das erhöht mein SWG), oder:
- Sieht der andere mich negativ? (Das gefährdet mein SWG.)

Solange wir annehmen, daß in der Mitteilung des Gesprächspartners keine oder eine positive Beurteilung steckt, können wir uns auf die Nachricht konzentrieren. Aber wenn wir meinen, eine negative Beurteilung herauszuhören, konzentrieren wir uns mehr auf diese Beurteilung als auf die eigentliche Nachricht. Hierzu ein Beispiel:

Ein amerikanisches Paar betritt kurz vor Mitternacht ein großes Hotelrestaurant. Der Mann fragt den Ober auf englisch, ob es um diese Zeit noch etwas zu essen gäbe. Dieser eilt in die Küche, um sich zu erkundigen. Nach einigen Minuten erscheint der Oberkellner und sagt:
»Leider ist die Küche . . .«
Der Mann unterbricht: »Don't you speak English?«
». . . schon geschlossen . . .«
Der Amerikaner unterbricht ein zweites Mal, um sich ungeduldig zu erkundigen, ob man denn hier kein Englisch sprechen könne? Aber der Oberkellner vervollständigt seinen Satz trotzdem auf deutsch:
». . . Sie können jedoch gerne noch ein Sandwich haben.«
Darauf erbost sich die Dame darüber, daß man in einem solchen Hause zumindest ein Sandwich erwarten könne! Sie hatte nämlich in ihrer Verärgerung nicht einmal das Wort »Sandwich« verstanden.

Was ersehen wir aus diesem Beispiel?

1. Kommunikation verläuft schlecht, wenn sich ein Gesprächspartner so sehr auf die Nachricht konzentriert, daß er darüber die *Person* vergißt.

2. Ärgert sich der eine Gesprächspartner, dann ist er nicht mehr in der Lage, vernünftig zu denken. Er mißversteht sogar Dinge, die er unter normalen Umständen niemals mißverstanden hätte.

Die Amerikanerin unseres Beispiels fühlte sich in ihrem SWG verletzt. Sie fühlte nämlich durch den – nur auf seine Nachricht bedachten – Ober, daß sie ihm als Person völlig gleichgültig war.

Deshalb lautet eine Grundregel der Kommunikation:

Wann immer das SWG des anderen verletzt wird, leidet die Kommunikation.

Je mehr die Kommunikation leidet, desto weniger erfolgreich verläuft sie. Denn nun muß man sich mit diesem »Ballast« auseinandersetzen.
Bis zu 90 Prozent einer Kommunikation kann solcher Ballast sein.

Je mehr Ballast, desto schwerer wird die Kommunikation.

Um diesen Ballast zu reduzieren, um erfolgreich zu kommunizieren, muß man verstehen:

1. Was ist das SWG überhaupt?
2. Wie wird es erhalten?

Was ist das SWG?

Das SWG ist die zentrale Einheit unseres Seins, auf die wir letztlich alles beziehen.

Auf den ersten Blick mag dies eigentümlich anmuten, aber: Jeder Mensch möchte wertvoll sein. Ob er sich bemüht, ein besonders »guter Mensch« zu werden, oder ob er »gute Leistung« anstrebt. Ob er nun ein besonders »guter Spezialist« oder eine »perfekte Hausfrau« sein möchte. Was immer Ihre Ziele auch sein mögen: Wenn Sie diese erreichen, fühlen Sie sich gut. Dann »hat es sich gelohnt«. Dann fühlen Sie Ihren eigenen Wert.

Übung:

Erstellen Sie eine Liste von 10 Tätigkeiten, die Sie ausführen, und fragen Sie sich dann: Warum tue ich das eigentlich? Nachfolgende Liste ist als Hilfestellung gedacht, aus der Sie Zutreffendes herausschreiben und Anregungen gewinnen können:

1. Eine neue Aufgabe übernehmen:	Erhöhtes SWG, mehr Anerkennung durch die Umwelt, mehr Befriedigung durch die eigene Leistung.
2. Ein Fachbuch lesen:	Mehr Sicherheit, bessere Argumentationsfähigkeit.
3. Jemand von einer guten Leistung erzählen:	Seine Anerkennung erhöht mein SWG.
4. Dieses Kommunikationsbuch durcharbeiten:	Wie bei 2, s. o.
5. Gute Garderobe anschaffen:	Je besser ich aussehe, desto besser fühle ich mich, und umgekehrt.
6. Abendkurse besuchen:	Mehr Wissen, bessere Aufstiegsmöglichkeiten, mehr Gehalt, mehr Status.
7. Einen Witz erzählen:	Verschafft Anerkennung, Geltung und Bewunderung.

8. Jemandem zu Hilfe kommen:	Mein überlegenes Wissen/Können gibt ihm das Gefühl, ich bin (zumindest in dieser Angelegenheit) besser als er. Dies erhöht mein SWG.
9. Tanzen lernen:	Als Tanz-Partner gut sein. Je besser ich mich bewegen kann, desto besser bin ich. Geltung, Anerkennung. Erfüllen von Erwartungen anderer.

Machen Sie nun Ihre eigene Aufstellung. Lesen Sie erst weiter, wenn Sie mindestens 5 Punkte gefunden haben. Je mehr Sie finden, desto besser:

Ich tue . . .   weil . . .

_____

_____

_____

_____

_____

_____

Wenn Sie die Begründung kritisch bis zur letzten Konsequenz durchdenken, werden Sie feststellen:

Alles, was man tut, tut man letztlich, um das SWG zu erhalten, zu verteidigen oder zu verbessern.

Das bedeutet: Was man *tut* (oder unterläßt), zielt letztlich darauf ab, in den Augen der Umwelt positiv zu erscheinen. Denn: nur mit Hilfe von positiven Umweltreaktionen (positivem Feedback) können auch wir uns positiv sehen. Unsere Mitmenschen stellen einen Spiegel dar, und diese Funktion wird nur durch die Kommunikation möglich.

Wenn Sie noch immer zweifeln, wie sehr jeder von der Reaktion der Umwelt abhängt, versuchen Sie eines (oder mehrere) der folgenden Experimente:

Experiment 1: Wählen Sie einen Bekannten oder einen Mitarbeiter, der immer »gut gelaunt« ist. Jemanden, dessen Selbstwertgefühl gut ist. Jemanden, von dem Sie annehmen, seine Sicherheit sei »von innen her« geprägt; also nicht abhängig von seiner Umwelt. Nennen wir diese Person A.

A kommt herein. Dort warten Sie und vier eingeweihte Personen (V, X, Y, Z), mit denen Sie sich bereits abgesprochen haben, auf ihn. Wenn A erscheint, geht V auf ihn zu, blickt ihn an und sagt mitfühlend: »Mein Gott, Herr A, ist Ihnen nicht gut?« Worauf A erstaunt sagen wird: »Wie kommen Sie denn darauf?« V dreht sich zu den (eingeweihten) X, Y, Z um und fragt: »Sagen Sie mal, Herr X, schaut A heute nicht blaß aus?« Herr X betrachtet A kritisch, nickt bekümmert und fragt seinerseits: »Sind Sie OK? Sie schauen wirklich etwas schlecht aus.« Darauf mischt sich Y ein: »Vielleicht hat er heute nacht gefeiert, wie? Ein Kater vielleicht?« Und wenn A sich dann an Sie wendet, sagen auch Sie: »Wollen Sie ein Aspirin, Herr A? Das wird Ihnen bestimmt gut tun.«

Die Reaktionen von A sind voraussagbar. In unzähligen Wiederholungen dieses Experiments ergaben sich immer folgende Möglichkeiten:

a) Ich glaube, mir ist wirklich nicht besonders gut . . .

b) Nur ein bißchen müde heute . . .

c) Ich weiß gar nicht, was Ihr alle habt. Ich fühle mich ausgezeichnet!

Vielleicht meinen Sie, die dritte Reaktion beweise das Gegenteil, da A sich ja (dem Wortlaut nach) nicht hat überzeugen lassen. Aber: Der Ton macht die Musik. Jemand, der sich seiner Sache (hier: seines guten Aussehens) sicher ist, braucht nicht die Stimme zu erheben.
Vielleicht meinen Sie, das hätte nicht unbedingt etwas mit dem SWG zu tun. Das sei ja nur äußerlich? Aber wenn Sie nachdenken, wer-

den Sie sich darüber klar sein, daß wir uns am besten fühlen, wenn wir das Gefühl haben, auch gut auszusehen und umgekehrt. Dies gilt übrigens nicht nur für Frauen; obwohl Frauen sich im allgemeinen über die Wechselwirkung von gut aussehen und gut fühlen bewußter sind als Männer.

Oder machen Sie einen anderen Versuch, der die Beziehungen zwischen SWG und Umweltreaktion noch genauer aufzeigt:

Experiment 2: Bitten Sie eine Person, eine einfache Leistung zu erbringen. Stellen Sie A eine Aufgabe, die dieser ohne weiteres lösen kann. Wenn Sie mir zustimmen, daß eine gute Leistung das SWG erhält oder hebt, dann machen Sie folgenden Versuch:

Begutachten Sie die (gute) Leistung mit einem Stirnrunzeln und einigen kleinen Bemerkungen wie: »Na ja, so geht es schon.« Oder: »So ähnlich hatte ich mir das vorgestellt.« Warten Sie auf eine Frage (Bemerkung) von A, welche sich auf Ihre Äußerung bezieht. Z. B.: »Wie meinen Sie das?!« Oder: »Wieso, stimmt das nicht?« Oder: »Hatten Sie was anderes erwartet?« Oder: »Ich hab' das genauso gemacht, wie Sie es verlangt hatten!« Blicken Sie ihn dann prüfend an und murmeln Sie: »Ja, ja, ist schon gut. Ich sage ja gar nichts!« Oder: »Schon, schon, so in etwa wollte ich das ja auch, aber . . .«

Mit dieser Reaktion haben Sie zwar offiziell nur die Leistung angezweifelt; indirekt jedoch die Person, die die Leistung erbracht hat!

Experiment 3: Hier zeigt sich eine sofortige Wirkung auf negative Umweltreaktion:

Bitten Sie A, Ihnen zehn Tiere zu nennen sowie eine »Tätigkeit« dieses Tieres, z. B.: der Hund bellt, die Katze miaut, die Ratte nagt etc.

Nicken Sie beim ersten Tier, das der andere nennt, freundlich (aufmunternd) mit dem Kopf. Beim zweiten beginnen Sie das eigentliche Experiment:

Bei jeder weiteren Aufzählung ziehen Sie »erstaunt« und (oder) »enttäuscht« die Augenbrauen hoch, schütteln den Kopf »mißbilligend« (d. h., Sie geben negativen Feedback) und warten ab.

Spätestens nach 3 bis 4 weiteren Tieren wird der andere das Gleichgewicht verlieren. Er wird sagen bzw. fragen:

Ist da ein Trick dabei? – Wieso, was ist denn los?! – Was haben Sie denn? – Stimmt etwa was nicht? – Ich weiß nicht genau, was Sie von mir wollen. – Ich kann das nicht.

Sollte der andere zu den Menschen gehören, die beim Nachdenken »an die Decke« (d. h. von Ihnen weg-)blicken, dann starren Sie ihn trotzdem fest und stirnrunzelnd an; auch er wird ab und zu das »Echo« seiner Umwelt suchen. Bei ihm dauert es meistens bis zur 6. oder 7. Aufzählung, bis er das Gefühl bekommt, daß etwas nicht stimmt.

Sinn und Zweck dieses Experimentes ist es, Ihnen und der Versuchsperson ganz klar zu zeigen,

1. daß wir im allgemeinen die positiven Umweltreaktionen nicht beachten, sie als völlig normal hinnehmen, und

2. daß wir selbst die leichteste Aufgabe nicht optimal lösen können, wenn die Umweltreaktion wider Erwarten negativ ausfällt. Dann erst merken wir nämlich, wie sehr wir alle von positivem Feedback abhängen.

Sollten Sie feststellen, daß Ihre Versuchsperson nicht im geringsten auf Ihre negativen Signale reagiert, dann können Sie ihr sagen: Sie gehört zu den 3 Prozent, deren SWG so sicher verankert ist, daß sie die Aufgabe trotzdem lösen können! (Tausende von solchen Versuchsreihen haben jedoch ergeben, daß auch diese Personen beim 4. oder 5. Test dieser Art anfangen, an ihren Fähigkeiten zu zweifeln.)

Experiment 4: Bitten Sie einen Freund, Sie in 15 Punkten ehrlich zu kritisieren. Nehmen Sie sich ruhig vor, daß Ihnen diese Kritik nichts ausmachen wird, weil *Sie* ja nicht so abhängig sind vom Urteil der anderen.

Sagen Sie sich ruhig innerlich: »Es ist ja nur eine Übung.« Sie werden spätestens nach dem 6. Punkt merken, daß Ihre *Stimmung* beträchtlich *gesunken* ist. Sie werden sich dabei ertappen, daß Sie sich *verteidigen*. Daß Sie dem anderen erklären, *warum* Sie so und so handeln. Daß Sie versuchen, klarzustellen, daß Ihr *Wert* trotz der angebrachten Kritik noch beträchtlich ist.

Wir müssen also davon ausgehen, daß
- das SWG von Umweltreaktionen abhängig ist,
- Umweltreaktionen immer in Form von Kommunikation gegeben werden,
- jede Kommunikation so eine Reaktion beinhalten kann.

Wir müssen daher wissen, wie das SWG erhalten wird. Denn nur dann können wir vermeiden, das SWG des anderen grundlos anzugreifen . . .

damit wir z. B. nicht sagen: »Also, einmal möchte ich es erleben, daß Du mit dem Jungen alleine fertig wirst!«

Nur dann können wir verstehen, wie wir dem anderen helfen können, sein SWG aufzubauen, indem wir z. B. sagen: »Ich kann gut verstehen, daß der Junge dich manchmal auf die Palme bringt.«

Denn je besser das SWG des anderen ist, desto besser verläuft die Kommunikation für beide. Desto mehr Erfolg haben wir also.

Übung:

Wir hatten bis jetzt fünf Aussagen fett gedruckt, die den jeweils wichtigsten Gedanken herausgehoben haben. Tragen Sie jetzt bitte den Text dieser fünf Regeln hier ein. So erarbeiten Sie sich selbst den Überblick der Relation von SWG und Umweltreaktionen (Feedback):

Regel Nr. 1, Seite 22

Regel Nr. 2, Seite 22

Regel Nr. 3, Seite 23

Regel Nr. 4, S. 24

Regel Nr. 5, Seite 26

Nun können wir zur zweiten Frage übergehen, die wir uns anfangs
gestellt hatten:

Wie wird das SWG erhalten?

Wir kennen fünf Faktoren, die zur Erhaltung des SWG notwendig sind. (Tragen Sie bitte einen jeden, nachdem wir ihn erarbeitet haben, in das Diagramm auf Seite 41 ein!)

Der erste Faktor:

A. Situation:

Benny, ein Außendienstmitarbeiter einer großen amerikanischen Versicherung, stammt aus einer Baptisten-Familie. Seiner religiösen Erziehung gemäß darf er weder alkoholische Getränke zu sich nehmen, noch rauchen, singen oder tanzen. Kurzum, alles was Freude bereitet, ist ihm verboten.
Benny hat guten Kontakt zu seinen Kunden und ist im allgemeinen immer gerne gesehen.
Nur hie und da hat er ein Problem: Manche Kunden bieten ihm bei Abschluß einer Police einen Drink an. Sie wollen ihren Entschluß begießen und erwarten natürlich, daß Benny mittrinkt.
Dies bringt Benny in eine mißliche Lage, denn seine Erziehung verbietet ihm nicht nur, den Drink anzunehmen, sie verbietet ihm auch zu lügen (»Ich darf leider aus Gesundheitsgründen nicht . . .«).
Nun ist Benny in einer Zwickmühle: Entweder er akzeptiert den Drink, dann aber leidet er Stunden später noch an seinem »schlechten Gewissen«, d. h., er fühlt sich *nicht-OK*.
Oder aber er lehnt das Getränk ab. Dann aber muß er sich Bemerkungen anhören, die ihm peinlich sind. Man vermittelt ihm ein *Nicht-OK*-Gefühl, d. h.: *so oder so fühlt er sich nicht wohl.*

B. Analyse:

Das Gewissen ist der umweltbedingte Teil unserer Persönlichkeit. Das Kind wird ohne Gewissen geboren; es besitzt vorläufig nur sein genetisches Erbgut (Triebe, Anlagen). Es folgt dem Lustprinzip, wobei wir beachten müssen, daß wir »Lust« definieren als jede Bedürfnisbefriedigung im Gegensatz zu »Unlust«, die wir als jede Verhinderung einer Bedürfnisbefriedigung betrachten.

Der Säugling *will.* Er will Sättigung, Schlaf, frische Luft, Sicherheit, Geborgenheit ... Jede Verhinderung wird mit Schreien beantwortet. Ein Kleinkind kennt nur seine eigenen Interessen! Es hat noch keinerlei Verständnis für die Bedürfnisse anderer. Es weiß noch nicht, was »gut« und »böse«, »richtig« oder »falsch« ist. Es hat noch keinerlei »Gewissen«.

Die Umwelt jedoch modifiziert das Verhalten des Kindes. Sie sagt:

- Das darfst du!
- Das darfst du nicht!
- Das mußt du so und so machen!
- Dies ist erlaubt, und das verboten.

Da das Kind in seiner Bedürfnisbefriedigung von seiner Umwelt abhängig ist, lernt es bald, sich anzupassen. Es internalisiert (übernimmt) die verschiedenen Ge- und Verbote, die FREUD zusammengefaßt als Über-Ich, der Volksmund jedoch schon lange als das Gewissen bezeichnete. (S. auch Merkblatt Nr. 3: Das Es, Ich und Über-Ich nach FREUD.)

Das Gewissen besteht also aus:

- den Ge- und Verboten (der Umwelt),
- der »Moral« (welche wandelbar ist),
- den Kriterien, die wir von der Umwelt übernommen haben.

Wenn wir diese Ge- und Verbote innerlich akzeptiert haben, sind sie zu einem Teil unserer Persönlichkeit geworden. Das beschreibt der Volksmund wieder sehr akurat, wenn er von der »inneren Stimme« spricht, die uns dazu veranlaßt, uns »richtig« zu verhalten.

Da der Mensch in einer Gemeinschaft lebt, erfüllen diese Ge- und Verbote einen Zweck: Sie helfen dem Individuum, sich einzufügen. Sie ermöglichen ihm, Recht und Besitz anderer anzuerkennen.

Durch den Prozeß der Internalisation werden diese Ge- und Verbote zu einem festen Bestandteil seiner Persönlichkeit. (Diesen Prozeß nennt man *Sozialisierung,* weil erst durch ihn die Fähigkeit entwickelt wird, *innerhalb einer Gemeinschaft* zu leben. Durch diesen überaus wichtigen Lernprozeß erst wird es dem Menschen möglich, Rechte und Besitz anderer anzuerkennen.) – Das bedeutet, daß das Gewissen eines Menschen sein Leben (und SWG) entscheidend beeinflussen wird. Es gibt ihm Richtlinien, wie er sich verhalten darf, um von der Gesellschaft nicht ausgestoßen zu werden.

Problematisch kann das Gewissen jedoch dann werden, wenn das Individuum aus einer kleineren oder fremden (Sub-)Kultur kommt, d. h., wenn die Gemeinschaft, in der es *jetzt* lebt, eine andere Moral (= kollektives Gewissen) hat. Wie unser Benny, der ein Baptisten-Gewissen in einer übermäßig Nicht-Baptisten-Gemeinschaft hat.

Denn nun ergibt sich der Konflikt:

Handle ich meinem Gewissen gemäß (und werde von der Gemeinschaft abgelehnt)? Oder handle ich dem Kollektiv-Gewissen der Gemeinschaft gemäß (und leide in meinem SWG)?

Wir sehen ganz deutlich:

Jedes Nichteinhalten eines internalisierten Ge- oder Verbotes greift das SWG an!

Denn das »schlechte Gewissen« ist ja ein psychisches Nicht-OK-Gefühl. Erst wenn unser Gewissen wieder »rein« ist, fühlen wir uns wieder OK.

Für die tägliche Praxis bedeutet das:

Wenn Sie im Begriff sind, jemanden zu etwas zu überreden, das mit seinem Gewissen nicht vereinbar ist, so greifen Sie gleichzeitig sein SWG an. Seine Reaktion muß demzufolge zwangsläufig in einer Abwehr münden, da er ja sein Gewissen (als Teil seiner Persönlichkeit) verteidigen muß.

Ein Fall aus der Praxis:

Herr Niedermeyer, der (seinem Gewissen gemäß) ein ehrlicher, seriöser Geschäftsmann ist, wird mit folgender Situation konfrontiert:

Herr Edsel, sein neuer Partner, hat eine Situation anders dargestellt, als sie war, um so einen Vorteil für die Firma (also auch für Herrn Nieder-

meyer) zu erreichen. Zwar hat er nicht direkt gelogen, aber er hat den Verhandlungspartner bewußt in einem falschen Glauben gelassen.
Dies hat Herr Niedermeyer »um drei Ecken herum« erfahren. Nun will er Edsel zur Rede stellen.

Niedermeyer: Aber Herr Edsel, wie konnten Sie denn behaupten ...
Edsel: Ich verstehe Sie überhaupt nicht! Es ist doch *Ihr* Vorteil, Herr Niedermeyer!
Niedermeyer: Das interessiert mich im Moment überhaupt nicht! Ich arbeite jahrelang daran, mir den Ruf eines ehrlichen, seriösen, rechtschaffenen und vertrauenswürdigen Mannes zu schaffen ...
Edsel: Lieber Herr Niedermeyer, jetzt machen Sie mal einen Punkt. Erstens behaupten Sie damit, *ich* sei nicht ehrlich, und zweitens ist das Geschäftsleben eben keine Sonntagsschule! Hier wird mit harten Waffen gekämpft!
Niedermeyer: Ich weigere mich, *Ihre* Art von Geschäftspraktiken zu übernehmen.
Edsel: Dann werden Sie pleite machen!
Niedermeyer: Oder ich suche mir jemanden, der bereit ist, auf seriöser Basis zu arbeiten ...!
(Wie Sie sehen, lehnt Herr Niedermeyer jetzt nicht mehr die *Arbeitsweise,* sondern die *Person* von Edsel ab. Edsel spürt dies und reagiert dementsprechend.)
Edsel: Dann suchen Sie nur!
Sie müssen sich irgendwann einmal entscheiden: Entweder Sie machen ein Pfadfinderlager auf, oder Sie sind Geschäftsmann. Denn die anderen werden so weitermachen, ob Sie es tun oder nicht!
(Nun hat auch Edsel Niedermeyer als *Person* angegriffen.)

Bedeutet dies, daß das Gewissen eines Menschen in seiner Kindheit und Jugend unabänderlich festgelegt wurde? Nein. Auch das Gewissen kann verändert werden. Allerdings: Hier gilt es, ein festgefaßtes Bild des anderen anzugreifen. (Wie man so einen Bilderaustausch beim anderen erfolgreich gestaltet, besprechen wir in Kapitel 6.)

Wir halten also fest:

1. Jedes Einhalten von einem internalisierten Ge-/Verbot trägt zur Erhaltung des SWG bei.
2. Jeder Angriff auf so ein Bild (Ge-/Verbot) bedeutet automatisch einen Angriff auf das SWG.

3. Jedes Übertreten solcher Ge- und Verbote schwächt das SWG.
Dies drückt der Volksmund aus, wenn er sagt: »Ihn drückt das schlechte Gewissen« (= sein *Nicht-OK*).

Für die tägliche Praxis bedeutet dies:

Wenn wir jemanden überreden wollen, entgegen seiner »inneren Stimme« zu handeln, sollten wir uns überlegen: *Ist es wirklich notwendig, daß ich in diesem Punkt sein Gewissen (sein SWG) angreife?*
Wenn nein, dann unterlassen Sie spöttische Bemerkungen, wenn Sie gut kommunizieren wollen. Solche Bemerkungen drücken nämlich indirekt aus: »Mein Gewissen ist besser als deins.«
Solche Aussagen zwingen den anderen, eine Verteidigungsposition einzunehmen. Und: Wer fühlt sich schon wohl mit einem Gesprächspartner, der ihn in die Enge getrieben hat?
Also heißt der erste Faktor: *Übereinstimmung mit dem Gewissen.*
(Tragen Sie ihn bitte in den linken oberen Kasten im Diagramm auf S. 41 ein.)

Der zweite Faktor:

A. Situation:

Peter hält sich für einen ziemlich flotten Burschen. Er meint, die Mädchen müßten nur so auf ihn fliegen, mit seinen langen Haaren, den engen Jeans-Anzügen und wegen seiner weltmännischen Gewandtheit.
Tatsache ist jedoch, daß die Mädchen seine langen Haare für unordentlich (weil ungepflegt) und seine Jeans für langweilig halten. (»Hat er denn gar nichts anderes zum Anziehen?«) Sie empfinden seine »weltmännische Art« als zu direkt, zu grob und zu plump. Resultat: Wenn Peter sich einem Mädchen nähert, bekommt er negative Reaktionen statt der erwarteten positiven.

B. Analyse:

Wie wir in der Einführung schon sagten: Wir machen uns ein Bild von uns. Wir haben uns ein »Ideal-Bild« zusammengeschneidert. Dieses Ideal enthält viele Faktoren. Wir sehen uns z. B. als ehrlich, edel, tapfer, »gut«, mutig, attraktiv, stark etc.

Zeigt uns aber eine Umweltreaktion, daß das Bild, das sich der andere von uns macht, mit unserem nicht übereinstimmt, leidet unser SWG.*

Ein Fall aus der Praxis:

Frau M., eine Kundin in einem Bekleidungshaus, sieht sich noch so, wie sie vor Jahren einmal gewesen ist: schlank, gutaussehend, Konfektionsgröße 38 und jünger wirkend.

Sie wählt ein Kostüm, Größe 38, mit quergestreiftem Muster. Da sie heute aber beträchtlich schwerer (und damit rundlicher) geworden ist, ist das Kostüm zu eng.

Die Verkäuferin sagt: »Darf ich Ihnen eine größere Nummer bringen?« Und holt Größe 42. Die Kundin schlüpft wieder hinein. Nun ist die Situation wie folgt:

- das Kostüm ist zu »jugendlich« für ihre Erscheinung (man hat den Eindruck, sie will »mit Gewalt« jung aussehen) und
- die Querstreifen lassen sie noch fülliger erscheinen, als sie ist.

Resultat: Zwei andere Kundinnen, die daneben stehen, kichern und flüstern sich zu. Frau M. sieht diese Umweltreaktion und fühlt sich nicht-OK. Sie spürt, daß die beiden ihren blinden Fleck erkannt haben.

Für die tägliche Praxis bedeutet dies:

Wenn Sie jemandem klar und unverblümt zu erkennen geben, daß er sich »falsch« sieht, greifen Sie automatisch sein SWG an.**

---

* *Hierbei handelt es sich meist um Informationen, die unseren sogenannten blinden Fleck betreffen, d. h. um Informationen, die andere über uns haben, wir selbst jedoch nicht wahrhaben wollen (oder können). (S. Merkblatt 1.)*

** *Paradoxerweise gilt dies auch, wenn jemand sich sehr »klein« sieht und andere ihm sagen, wie »groß« (tüchtig, nett etc.) er doch sei. Er wird mißtrauisch abwehren und fühlt sich momentan verunsichert. Solchen Menschen muß man immer wieder bestätigen, daß sie besser sind als ihr Selbst-Bild (vgl. Kap. 2 und Übungen Nr. 1 bis 5), so daß sie langsam lernen können, sich selbst zu akzeptieren (s. auch Literaturverzeichnis Nr. 13 und Merkblatt 1 Seite 271).*

Bedeutet dies, daß man das Ideal-Bild eines Menschen überhaupt nicht angreifen darf?

Nein. Auch das Ideal-Bild kann noch verändert werden. Die Verkäuferin kann Frau M. (wenn sie erfolgreich kommuniziert) klarmachen, daß ein Kostüm in einer anderen Machart ihrem jetzigen Aussehen gemäß vorteilhafter wäre. Aber, auch hier greifen wir ein Bild an, das der andere sich gemacht hat. D. h., auch hier gilt die Anti-Nebel-Methode als Grundlage für das *Wie* derartiger Kommunikation (s. Kapitel 6).

Wir halten also fest:

1. Jeder Beweis, daß andere uns so sehen, wie wir gerne sein möchten (und wie wir meinen zu sein) trägt zur Erhaltung oder Verbesserung des SWG bei.
2. Jeder Beweis einer Diskrepanz (Nicht-Übereinstimmung) zwischen Ideal-Bild und dem Bild, das der andere sich macht, bedeutet automatisch: Angriff auf das SWG.
3. Jeder Angriff auf das SWG resultiert immer in einem Nicht-OK-Gefühl.
4. Je weniger OK man sich fühlt, desto schlechter kommuniziert man. (S. Kapitel 4 und 5.)

Also heißt der zweite Faktor: *Positive Umweltreaktionen auf das Selbst-Bild.* (Tragen Sie dies bitte in den rechten oberen Kasten im Diagramm auf Seite 41 ein.)

Der dritte und vierte Faktor:

A. Situation:

Ein Mann sitzt an der Bar und erzählt dem Barkeeper:
»Man schätzt mich nicht! Glauben Sie, daß *einmal* jemand sagen würde: ›Du bist OK!‹ oder: ›Das hast du gut gemacht!‹? Aber nein! Jahrein, jahraus plagt man sich ab ... Wozu, frage ich Sie? Es anerkennt ja niemand! Mißverstehen Sie mich nicht, man muß mich ja nicht *ständig* loben; aber *ab und zu* braucht doch jeder mal ein nettes Wort! Finden Sie nicht auch?«

B. Analyse

Jeder Mensch braucht die Wertschätzung der Persönlichkeit und die Anerkennung der Leistung. Niemand kann ohne diese »Streicheleinheiten« auskommen. Da dieses Bedürfnis nach Anerkennung aus der Umwelt so wesentlich ist, gehen wir im folgenden Kapitel ganz besonders darauf ein; und zwar im Rahmen der menschlichen Bedürfnisse. Denn, optimal kommunizieren heißt auch: Die Bedürfnisse des anderen beachten.

Vorläufig können wir jedoch bereits feststellen:

Wann immer man eine nette Bemerkung, ein Lob, ein ehrlich gemeintes Kompliment in eine Kommunikation »einbauen« kann, erhöht sich das SWG des anderen. Jede Verbesserung des SWG hilft uns, diese Kommunikation erfolgreicher zu gestalten.

Also heißen der dritte und vierte Faktor:

Wertschätzung der Person,
Anerkennung der Leistung.

Beide können nur in Form von Kommunikation übermittelt werden. (Bitte tragen Sie diese beiden Faktoren in den unteren linken, 3, und den unteren rechten Kasten, im Diagramm auf Seite 41 ein!)

Der fünfte Faktor:

A. Situation 1 und 2

Situation 1:
John und Mary haben eine sehr gute Ehe. Die Partnerschaft ist einmalig, sie fühlen sich wohl zusammen und akzeptieren einander. Sie haben gemeinsame Interessen, sie lieben sich. Trotzdem hat ihr Glück einen Haken: Im sexuellen Bereich klappt es nicht richtig. Obwohl die Ehe im Bereich *Eros* (zwischenmenschliche Beziehung einer Partnerschaft) sehr glücklich ist, besteht ein Defizit im Bereich des *Sex* (körperliche Beziehung einer Partnerschaft). Daraus resultiert Johns Angst, als Mann zu versagen, und Marys Gefühl, als Frau nicht OK zu sein.
Das SWG der beiden ist also angegriffen.

Situation 2:
Bob und Cindy verstehen sich nicht besonders, was den Bereich *Eros* (s. Sit. 1) betrifft, aber im Bereich *Sex* (s. Sit. 1) klappt alles vorzüglich. Sie verstehen, daß es im menschlichen Bereich nicht optimal verläuft. Sie beobachten Paare wie John und Mary und fühlen ihr Defizit. Dies gibt ihnen das Gefühl, als Partner nicht OK zu sein. Und dieses Gefühl greift ihr SWG an.

B. Analyse

Der Doppelfaktor Eros/Sex ist der fünfte Faktor, der zur Erhaltung des SWG beiträgt. Wir brauchen sowohl das partnerschaftliche Gefühl in einer guten Ehegemeinschaft, als auch das Gefühl, in der sexuellen Rolle OK zu sein. Fehlt es in dem einen oder anderen Bereich, so ergibt sich ein *Nicht-OK-Gefühl*. (Gerade im Bereich dieses Doppelfaktors ist die offene, ehrliche Kommunikation besonders wesentlich.)

Für die tägliche Praxis bedeutet dies:
Egal, wie böse Sie einem Menschen sein mögen, überlegen Sie es sich sehr gut, ehe Sie ihn im Bereich Eros/Sex angreifen.
Solche Wunden hinterlassen nie verheilende Narben, solche Bemerkungen werden Ihnen nie ganz verziehen.
(Tragen Sie den Doppelfaktor, Mitte unten, ein!)

Das SWG-Diagramm:

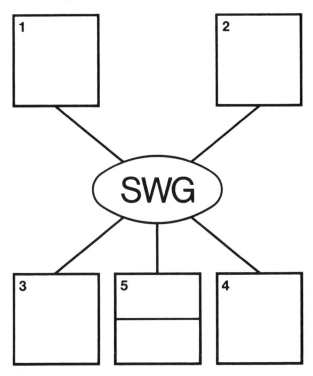

Kommunikation im Bett

Der intimste Kontakt zwischen zwei Menschen kann im Bett entweder entstehen oder aber verhindert werden. Nirgends fühlt man sich so leicht verletzlich und (oder) unsicher als hier. Wenn das Vertrauen nicht sehr stark (und beiderseitig) vorhanden ist, wird man sich »verpanzern«. Jede Art von Schutzreaktionen muß jedoch zwangsläufig drei Dinge mit sich ziehen:

1. Muskeln verkrampfen sich,
2. ungezwungenes Denken und Fühlen werden blockiert.
3. Kreislauf und Atmung werden negativ beeinflußt.

Diese drei Reaktionen führen dazu, daß der Mensch nicht mehr frei agieren kann.

Ganz abgesehen davon, daß hiermit die Orgasmusfähigkeit eingeschränkt wird (bzw. völlig verlorengeht), ist die zwischenmenschliche Kommunikation gefährdet. Etwaige Störungen tragen wir dann in den nächsten Tag mit hinein.

Je freier zwei Menschen sich miteinander aussprechen können, desto gebannter sind diese Gefahren.

Deshalb ist gerade im Bett eine offene, ehrliche Kommunikation unabdingbar, wenn die beiden Menschen die Pforte zu wirklicher Intimität finden wollen.

Solange »alles klappt«, kommuniziert man sowieso relativ frei. Aber: Sowie einmal etwas nicht hundertprozentig in Ordnung ist, sowie der eine oder andere Partner einmal nicht frei (re-)agieren kann, haben wir eine Krisensituation von ungeheurem Potential.

Da ja die beiden Faktoren Eros und Sex zur Erhaltung des SWG beitragen, gefährdet jedes »Versagen« im partnerschaftlichen bzw. sexuellen Bereich das SWG des »Versagers«.

Nur wenn der andere Partner hier mit-fühlend und annahme-zeigend reagieren kann, ist diese Gefahr gebannt. Zeigt jedoch der andere Nicht-Annahme, so verstärkt sich das Nicht-OK-Gefühl des Partners, was wiederum die nächste »Panne« um so wahrscheinlicher macht. Denn nun hat er Angst vor einem neuerlichen »Versagen«, er ist schon *vorher* nicht frei (sondern verkrampft), so daß dieses Versagen viel leichter wieder eintreten kann.

Wenn einem ein Partner nicht so viel bedeutet, daß man versucht, gute Gefühle für ihn zu erreichen, ist die Gefahr vorhanden, daß man im Falle einer Panne nur an die eigenen (nicht befriedigten) Bedürfnisse denkt. Dann reagiert das enttäuschte »Kind« in uns (s. Kapitel 4). Enttäuschte Kinder zeichnen sich durch besonders schlechte Kommunikation aus (s. Kapitel 5).

Hierbei soll nicht behauptet werden, daß man nur mit der »großen Liebe« ins Bett gehen dürfe. Es geht hier nicht um irgendeine Moral, es geht hier um das SWG des Partners. Selbst mit einem Nur-Bettpartner kann man versuchen, für die kurze Zeit, die man zusammen ist, eine *Gemeinsamkeit* herzustellen. Schließlich ist der sexuelle Akt eine gemeinsame Aktion, im Gegensatz zur Onanie.

Weiterhin wissen wir, daß viele Menschen sehr starre Regeln im Gewissen herumtragen, die es ihnen verbieten, dem Manne bzw. der Frau in sich freien Raum zu geben. D. h. die Ge- und Verbote können so stark sein, daß sie eine körperliche Verkrampfung hervorrufen, die dann eine »Panne« unumgänglich macht.

Nur Partner, die offen und ehrlich miteinander reden können, werden in der Lage sein, solche Ge- und Verbote langsam und behutsam abzubauen.

Für solche Gespräche eignet sich das Gefühlsrad (Teil II) ausgezeichnet.

Es sollte kaum mehr erwähnt werden müssen, daß Partner lernen sollten, so frei zu werden, daß sie sich auch darüber *verständigen* können, was sie mögen bzw. nicht mögen. Aber die Scheu zu überwinden, um diese Dinge frei auszusprechen, muß von vielen erst gelernt werden. Jeder Lernprozeß wird durch positive Verstärkung (positive Streicheleinheiten – s. Kapitel 2) unerhört erleichtert.

Für Menschen, die lernen wollen, alte (und zu starre) Ge- und Verbote in sich abzubauen, auf daß der Körper freier werden darf, sei auf folgende Bücher hingewiesen:
»Der sinnliche Mann« von M (Autor anonym), Reinbeck b. Hamburg 1972
»Die sinnliche Frau« von J (Autor anonym), Reinbeck b. Hamburg 1972.

Bis jetzt haben wir verschiedene einzelne Aspekte des SWG besprochen, um zu zeigen, wie wesentlich es ist, daß man sich gut fühlt. Wir haben versucht aufzuzeigen, daß Nicht-OK-Gefühle alle möglichen Störungen in zwischenmenschlichen Beziehungen hervorrufen können. Denken Sie an den Ober im Restaurant, der sich zu sehr auf die Nachricht konzentriert hatte, oder aber an den Ehemann, der noch so voll seiner eigenen Probleme ist, wenn er nach Hause kommt, daß er für die Erziehungsprobleme seiner Frau kein Interesse aufbringen kann. Was bedeutet denn der Streit, den es in beiden Situationen gab? Warum reagiert denn der Mensch so eigenartig, wenn man sein Selbstwertgefühl angreift, wenn man ihm das Gefühl gibt, nicht besonders wertvoll zu sein?

Wollen wir uns einmal kurz den Menschen als Ganzes vorstellen. Zuallererst muß er sein Überleben absichern. Er muß regelmäßig und genügend Nahrung aufnehmen. Er muß atmen können. Er muß sich ausruhen können. Erst wenn er krank wird, merkt er wieder, wieviele Dinge nötig sind, daß er sich körperlich gut fühlen kann. Solange er sich jedoch gut fühlt, ist er sich dieser Wichtigkeit ja gar nicht bewußt.

So ähnlich ist es mit dem SWG. Solange niemand unser SWG angreift, so lange sind wir uns seiner Wichtigkeit auch nicht bewußt. Erst wenn man uns das Gefühl gibt, wir würden nicht geachtet, erst wenn wir Signale der Nicht-Annahme gesendet bekommen, machen wir uns Gedanken darüber, wie wir auf den anderen wirken. Erst wenn jemand unser SWG angegriffen hat, werden wir uns dieses Gefühls erst richtig bewußt.

Ich möchte Ihnen noch ein Beispiel nennen: Stellen Sie sich vor, ein Einbrecher, den Sie in Ihrer Wohnung überraschen, greift Sie an und würgt Sie. Plötzlich und schmerzhaft muß Ihnen bewußt werden, wie wichtig das Atmen für Sie ist. Genau so ist das mit unserem SWG. Erst wenn wir uns darüber klar werden, wie leicht man uns hier angreifen kann und wie weh uns solche Angriffe tun, kann man das SWG verstehen. Dies aber ist der erste Schritt, um die Pannen in den zwischenmenschlichen Beziehungen zu verstehen. Dies gilt für das Privatleben genauso wie für den Beruf.

Wenn Sie sich also darüber klar werden, wie ungeheuer wichtig das SWG des anderen wird, wenn jemand ihn verletzt hat, dann verstehen Sie auch, warum wir so viel Wert darauf legen, daß Sie das SWG Ihres jeweiligen Gesprächspartners achten und schützen. Helfen Sie ihm, wenn er sich angegriffen, d. h. nicht-OK fühlt.

Ein letzter Gedanke noch: Es ist ungeheuer gefährlich, wenn jemand meint, dies alles gelte für ihn nicht. Er fühle sich immer sicher. Er kenne keine Nicht-OK-Gefühle. Denn dies bedeutet häufig, daß er Angriffe auf sich gar nicht als solche erkennen kann. Dann schreit er vielleicht seine Frau an, wie unser Ehemann, den seine Frau um Hilfe mit dem Jungen bittet. Das Schlimmste daran ist jedoch nicht, daß er sie angeschrien hat, sondern, daß er niemals einsehen wird, daß er damit im Unrecht war. Weiterhin besteht bei solchen Menschen die Gefahr, daß sie nicht auf die Gefühle ihrer Mitmenschen achten.

Wenn ich ein Stück Schokolade, das mir jemand schenkt, nicht zu schätzen weiß, werde ich niemandem mal ein Stückchen Schokolade schenken. Und, wenn ich mein eigenes SWG nicht (ein-)schätzen kann, kann ich natürlich auf die Gefühle der anderen auch keine Rücksicht nehmen. Das aber bedeutet, daß ich meinen Mitmenschen Schmerzen zufügen werde und letzten Endes immer meine, im Recht zu sein.

Können wir jetzt ein wenig besser verstehen, daß das SWG sozusagen das psychische Überleben darstellt, das für unser Wohlbefinden genauso wichtig ist, wie das körperliche Wohlsein? Dann werden wir vielleicht bewußter darauf achten, daß wir das SWG des anderen genauso achten, wie seinen Wunsch, ungehindert zu atmen.

2. Die menschlichen Bedürfnisse

Optimal kommunizieren heißt:
Die Bedürfnisse des anderen nicht mißachten.

Es muß wohl kaum bewiesen werden, daß uns ein Gesprächspartner, der unsere Bedürfnisse anspricht, lieber ist, als einer, dem es nur gilt, seine Bedürfnisse zu befriedigen.

Beobachten Sie Ihre eigene Reaktion auf Situation 1 und 2:

Situation 1:	Situation 2:
Sylvia: Du hör mal, Bert, was mir heute passiert ist! Also, ich gehe da ins Büro meines Chefs, und da sagt er mir doch ... Aber du hörst mir ja gar nicht zu?!	Sylvia: Du, Bert, ich hätte da gerne mal deine Meinung in einer Sache. Hast du 'n Moment Zeit? Bert: Schieß los. *Von welcher Situation fühlen Sie sich mehr angesprochen?* Sit. 1 ☐ Sit. 2 ☐

Natürlich reagiert auch Bert »besser« in Situation 2, denn hier hat Sylvia:

1. seine (Berts) Bedürfnisse angesprochen.

Denn: Wenn seine Meinung gefragt ist, so bedeutet die indirekte Nachricht ja: »Du bist wichtig«, da uns die Meinung von Leuten, die wir für unwesentlich halten, nicht sonderlich interessiert. Damit spricht sie Berts Bedürfnis nach Anerkennung an.

2. gefragt, ob er einen Moment Zeit hätte.

Dies bedeutet, daß er selbst die Entscheidung treffen konnte, ihr zuzuhören. Damit verhindert sie, daß er sich »überrannt« fühlt.

Sie sehen also, wie dieselbe Nachricht einmal in Form von guter, dann in Form von schlechter Kommunikation weitergegeben werden kann.

Um die Bedürfnisse des anderen beachten zu können, muß ich sie natürlich kennen. Und, um sie zu kennen, muß ich mich mit ihnen auseinandersetzen!

Übung:

Erstellen Sie eine Liste menschlicher Bedürfnisse. Denken Sie dabei nicht nur an Ihre eigenen, sondern auch an die anderer. Wenn Sie z. B. ein Mensch sind, der dem *Status* wenig Gewicht beimißt, so wissen Sie doch, daß manche Leute ein sehr starkes *Geltungsbedürfnis* besitzen. Denken Sie auch an *Grundbedürfnisse* (Nahrung, Schlaf etc.) sowie an die sogenannten »höheren Bedürfnisse« des Menschen; an das Bedürfnis, gute Musik zu hören oder ein »gutes« Buch zu lesen. (Erst wenn Sie auf mehr als 15 Bedürfnisse gekommen sind, sehen Sie sich die untenstehende Liste an.)

Meine Aufstellung:

1	_____	11	_____
2	_____	12	_____
3	_____	13	_____
4	_____	14	_____
5	_____	15	_____
6	_____	16	_____
7	_____	17	_____
8	_____	18	_____
9	_____	19	_____
10	_____	20	_____

Diese Liste wurde von einem Seminarteilnehmer innerhalb von ca. 10 Minuten erstellt. Sie ist natürlich noch lange nicht vollständig.

Schlafen, trinken, gute Musik hören, atmen, lesen, laufen, spielen, lernen, tanzen, Liebe erhalten, Liebe geben, verdauen, arbeiten, sich sicher fühlen, kommunizieren, Hobbies, Freizeitbeschäftigung, Verantwortung, Status, Wärme, Freude, Sex, Geltung, persönlicher Besitz, Zeit, um alleine zu sein, sich verstanden fühlen, Anerkennung, Informationen besitzen.

(Mit freundlicher Genehmigung von LUDWIG HEGGENSTALLER.)

Nun ergibt sich folgendes Dilemma:

Auf der einen Seite wollen wir den »Bedürfnis-Katalog« im Kopf haben, um die Bedürfnisse des anderen schnell zu erkennen, damit wir sie berücksichtigen können. Auf der anderen Seite hätten wir ja gar keine Zeit mehr für die eigentliche Kommunikation, wenn wir jedesmal so eine lange Liste der Bedürfnisse überprüfen sollten. Um zu wissen, welche Bedürfnisse des anderen wir berücksichtigen sollten, müssen wir versuchen, alle Bedürfnisse einigen wenigen Kategorien zuzuordnen, so daß das Erkennen der Bedürfnis-Kategorie des anderen schnell und leicht vonstatten geht. Denn: nur was im Prinzip einfach ist, kann automatisch werden. Und, nur wenn das Erkennen und Eingehen auf Bedürfnisse anderer automatisch (d. h. zur »zweiten Natur«) wird, werden Sie bei wesentlichen Gesprächen gut kommunizieren!

Der Bedürfnis-Turm[*]

Anhand dieses Denk-Modells erkennen wir zweierlei:

1. Alle menschlichen Bedürfnisse lassen sich in fünf Stufen gliedern. Jede Stufe beschreibt eine Kategorie von Bedürfnissen, deren Nicht-Befriedigung jedoch immer ein Defizit herbeiführt.

---

[*] Der »Turm« ist eine Weiterentwicklung von A. H. MASLOWS: Hierarchy of the Prepotency of Human Needs, USA.

2. Die »oberen« Stufen können nur solange realisiert werden, wie die Basis weiterbesteht.

Werden einem Menschen die »unteren« Stufen weggezogen, so interessieren ihn die Bedürfnisse der oberen Stufe erst wieder, wenn er das Fundament neu errichtet hat.

Der Bedürfnis-Turm:

Um zu sehen, wie sehr wir von der Basis der unteren Stufen abhängen, folgendes Beispiel:

Herr Dr. Ford, Wissenschaftler, hält sich überwiegend in den »oberen« Stufen auf: Er hat die sichere Basis erarbeitet, so daß er sich heute überwiegend um die Absicherung seiner Ich-Bedürfnisse kümmert. Außerdem arbeitet er an seiner Selbst-Verwirklichung (s. u.).

Nun fliegt Dr. Ford zu einem Kongreß und erlebt eine Notlandung.

Sofort wandert sein Interesse von der These, die er während des Fluges gelesen hat, zu den Stufen 1 und 2: Seine erste Frage, nachdem geklärt ist, daß alle überlebten:

Wieviel Nahrungsmittel haben wir? Seine zweite Frage: *Wie steht es mit Wasser?*

Nachdem geklärt ist, daß die Nahrungsmittel reichen, da sowohl Vorräte vorhanden als auch kleines Wild erlegt werden kann, stellt man fest, daß das Wasser aus einem Bach trinkbar ist.

Nun wendet Dr. Ford sich den Sicherheitsbedürfnissen zu: *Wie können wir uns vor Sonne und Regen schützen?* Man errichtet also ein »Dach« aus den Rettungsbooten, die im Flugzeug sind. Danach wird die dritte Stufe interessant: Dr. Ford stellt fest, daß einige Mitreisende Intellektuelle sind, zu denen er sich mehr »hingezogen« fühlt als zu den anderen.

49

Jetzt bilden sich also kleine Cliquen, womit die Zugehörigkeitsbedürfnisse (auch soziale Bedürfnisse genannt) befriedigt werden.

Und nun vertreibt sich Dr. Ford einen Teil seiner Zeit mit seiner These, weil erst jetzt die Bedürfnisse der 4. Stufe wieder interessant geworden sind.

Wollen wir also jede Bedürfnisstufe kurz beleuchten und sofort den Bezug zur Praxis herstellen:

Die 1. Stufe:

Denken Sie einmal an den entwicklungsgeschichtlichen Beginn der Menschheit:

Zuerst war der Mensch vornehmlich damit beschäftigt, die Bedürfnisse der 1. Stufe zu erfüllen. Er verbrachte seine Tage damit, Nahrung zu verschaffen, seine Nächte verbrachte er mit Schlafen. (Zur 1. Stufe gehören natürlich auch: atmen, verdauen, Nahrung ausscheiden etc.)

Damit war er voll ausgelastet, so daß er gar keine Energien frei hatte, mehr anstreben zu wollen.

Für die tägliche Praxis bedeutet dies:

Solange jemand dieses Fundament noch nicht erarbeitet hat, interessieren ihn die Bedürfnisse der nächsten Stufen nicht.

Deswegen sollte man:

einen gerade erschöpften Menschen,
einen müden, hungrigen Partner oder Freund oder Gast,
jemand, der Kopf- oder Magenschmerzen hat,

nicht gerade *jetzt* zur Kommunikation zwingen wollen.

Erst wenn das Fundament wieder abgesichert ist (nach dem Essen oder einer Ruhepause) hat er wieder Energien für die Kommunikation übrig.

Die 2. Stufe:

Langsam, aber sicher verbesserten sich die Jagdbedingungen des Menschen; man entwickelte Waffen und jagte in Gruppen.

Der Mensch hatte also mehr Zeit zur Verfügung und konnte sich um die 2. Stufe kümmern: Er befestigte seine Höhlen und baute Burgen. Heute kaufen wir Eigentumswohnungen und Lebensversicherungen, um dieses Bedürfnis zu befriedigen. (Hierbei geht es um das Gefühl der »inneren Sicherheit«, d. h. um das Gefühl des Sich-sicher-Fühlens. Der eine erreicht dies durch finanzielle Absicherung, der andere durch Heirat, ein dritter durch eine Beamtenposition. Ein Defizit an »innerer Sicherheit« führt zu Kompensationsversuchen in der 4. Stufe.)

Für die tägliche Praxis bedeutet dies:

Jemand, dessen Sicherheit bedroht ist, wird sich nur um die Sicherheitsbedürfnisse kümmern! Erst wenn die Stufe 2 wieder abgesichert ist, kann er sich wieder auf die Bedürfnisse der höheren Stufen konzentrieren.

Wenn sich also ein Mensch um seine Sicherheit sorgt, weil er

seinen Arbeitsplatz,

seine Unterkunft,

sein Einkommen,

seine Ersparnisse

gefährdet sieht, dann können Sie mit dieser Person erst dann über andere Dinge reden, wenn die 2. Stufe wieder abgesichert ist oder zu sein scheint.

Deswegen sind Bürger, die sich um ihre persönliche Sicherheit sorgen, den rationalen Argumenten einer Partei so wenig zugänglich. Für sie gilt dann nur die eine Frage: »Werden diese Politiker meine Sicherheit garantieren können?« (Vergleichen Sie die Parole: Keine Experimente! Experimente könnten ja die bestehende Sicherheit gefährden!)

Somit gewährleisten die ersten beiden Stufen das physische Überleben. Solange dieses Bedürfnis-Fundament besteht, ist ein einfacher Organismus vor dem Tod sicherer.

Nun ist der Mensch jedoch kein einfacher Organismus mehr. Je komplizierter ein Lebewesen, desto differenzierter ist sein Nervensystem. Und je weiter entwickelt das Nervensystem ist, desto mehr Bedürfnisse muß das Lebewesen erfüllen, um sich wohl zu fühlen.

Die 3. Stufe:

Nachdem das Nahrungsproblem gelöst war (bessere Jagdbedingungen und Ackerbau) und der Mensch sich abgesichert hatte, begann er, sich in Stufe 3 zu begeben: Plötzlich war Mensch nicht mehr gleich Mensch. Plötzlich bevorzugte er einige bestimmte Menschen: Er organisierte sich in Familien, Sippen, Stämmen und Völkerschaften. Er wollte einer Gruppe angehören und sich damit von Nichtmitgliedern dieser Gruppe absondern.
Wir nennen dies das soziale Bedürfnis.
Heute äußert sich die Befriedigung über Zugehörigkeit in einem: *meine* Familie, *meine* Firma, *meine* Freunde, *mein* Club, *mein* Land, *meine* Glaubensbrüder etc.

Für die tägliche Praxis bedeutet dies:

Wann immer uns jemand mit Stolz, Freude oder Genugtuung darüber berichtet, der einen oder anderen Gruppe anzugehören, fühlt er sich sicher und gut.
Denn die Befriedigung der Bedürfnisse bewirkt, daß wir uns OK fühlen, weil unser SWG erhalten bleibt.
Wenn Sie jedoch Zweifel an der Güte seiner Gruppe äußern, gefährden Sie seine Sicherheit in der 3. Stufe. Je schwerer Ihr Angriff auf seine Gruppe ist, desto weniger ist der andere in der Lage, gut zu kommunizieren.

Jetzt gilt wieder die Regel: Vorrangig ist die Absicherung der gefährdeten Bedürfnis-Befriedigung!

Bis hierher ist die ganze Entwicklung noch »einfach« zu nennen: Jedes primitive Naturvolk hat zumindest die 3. Stufe erreicht.
Aber manche Gruppen haben sich weiterentwickelt und haben somit die Bedürfnisse der 4. Stufe erschlossen.

Wieder sehen wir: je weiter entwickelt ein Organismus (oder eine Gruppe von Lebewesen), desto differenzierter werden auch die Bedürfnisse.

Die 4. Stufe:

Ein Naturforscher und Soziologe berichtete über seine Reisen im australischen Buschland.

Bei dem einen Zwergvolke, sagte er, gäbe es das Wort *Ich* überhaupt nicht. Man stellt sich vor, indem man sagt: »*Wir* von dem Stamme der Unter-jenen-Bäumen-Lebenden.« In diesem Volk, bemerkte er, gäbe es keinerlei Statusunterschiede. Alle sind »gleich«, keiner »gleicher«, d. h. dieses Volk lebt auf den Stufen 1 bis 3.

Es hat die 4. Stufe noch nicht entdeckt, im Gegensatz zu einem anderen Zwergvolk, das er beschreibt: Der Häuptling trägt einen bemalten Ast als Zeichen seiner Würde.

Allerdings muß er diesen Ast jeden »Mond« einmal verteidigen. Wer immer ihn im Zweikampf erbeutet, ist solange Häuptling, bis man ihm den »Statusstab« wieder abnimmt. D. h.: Erstens, Häuptling ist immer nur der derzeitig stärkste Mann im Dorf und zweitens: Status ist mit körperlicher Kraft verbunden.

Wie Sie wissen, kann bei uns, die wir die Bedürfnisse der 4. Stufe wesentlich weiterentwickelt haben, ein Titel, Geld oder die Tatsache, daß niemand uns unterbricht, wenn wir sprechen, zum Statussymbol werden.

Also nennen wir diese Bedürfnis-Gruppe die *Ich*-Bedürfnisse, denn ihre Befriedigung trägt dazu bei, unser *Ich* zu befestigen, sei es durch *Status, Macht* oder *Geltung* – immer handelt es sich darum, daß unsere Mitmenschen uns Anerkennung zeigen.

Da die 3. und 4. Stufe mit einer psychologischen Sicherheit verbunden sind, und da auch diese Bedürfnisse lebensnotwendig geworden sind, sprechen wir hier vom psychologischen Überleben! Zum Überleben gehört aber Anerkennung. Sie ist so wesentlich, daß wir uns mit ihr besonders auseinandersetzen müssen.

Was bedeutet Anerkennung?

Ein Kind will gefallen! Es braucht das Gefühl der Sicherheit, Geborgenheit, Zugehörigkeit und Anerkennung. Es richtet sich nach seiner Umwelt aus; es paßt sich an. Es will »gut« sein, damit es anerkannt wird.

Da das Kind jedoch noch nicht weiß, was »gut« und »richtig« ist, muß es sich nach den Umweltreaktionen richten, um festzustellen, ob es gefällt. Denn:

Nur wenn man sich akzeptiert und anerkannt weiß, fühlt man sich OK.

Das SWG hängt also direkt von diesen Umweltreaktionen (Feedback) ab, welche immer nur durch den Prozeß der Kommunikation mitgeteilt werden können. (Vgl. die Experimente in Kapitel 1 und das Kapitel 7.)

Ein gutes SWG (OK-Gefühl) erhält das Kind (und später der Erwachsene) durch die sogenannten Streicheleinheiten, d. h. durch die Anerkennung der Umwelt.

Streicheleinheiten (Strokes)

Der Ausdruck »Streicheleinheit« kommt aus der Mutter-Kind-Welt. Die Mutter vermittelt dem Säugling seine ersten OK-Gefühle, indem sie ihn streichelt: Sie hält ihn im Arm, streichelt, liebkost und küßt ihn.

Später wird das körperliche Streicheln durch ein Streicheln im übertragenen Sinn ersetzt: Ein Lächeln, ein liebes Wort, ein »Mutti hat dich lieb«, geben dem Kind das Gefühl OK, d. h. akzeptiert zu sein.

Alles Verhalten wird durch Streicheleinheiten sehr beeinflußt. Manche Verhaltensforscher gehen sogar so weit zu sagen: Alles Verhalten werde *nur* durch Streicheln geprägt (SKINNER u. a.). Aber bei diesem

Streit der psychologischen Schulen handelt es sich lediglich um eine Frage der Gewichtigkeit. Fest steht ohne jeden Zweifel heute:

Alles Verhalten kann durch Streicheln beeinflußt, modifiziert oder unterbunden werden!

Neben diesen positiven gibt es aber auch *negative Streicheleinheiten*.

Der Ausdruck »Streicheln« wurde vom englischen "to stroke" übernommen. "To stroke" aber heißt »streicheln«, »schlagen«. Vielleicht mutet dies im ersten Moment eigenartig an, weil wir streicheln für positiv, schlagen jedoch für negativ halten. Es muß uns aber ganz klar sein, daß

1. *jede Zuwendung* eine Auseinandersetzung mit der Person bedeutet;

2. ich mich aber nur mit Personen auseinandersetze, die ich für wichtig, wertvoll oder interessant halte;

3. auch eine *negative Streicheleinheit* des anderen eine *Anerkennung* meiner Person ist;

4. für den Organismus der Grundsatz gilt: Lieber negative Streicheleinheiten als gar keine. Es ist inzwischen ganz klar bewiesen, daß auch negative Streicheleinheiten das Überleben absichern. Wenn ein Organismus jedoch gar keine Streicheleinheiten erhält, stirbt er (SPITZ, BERNE, u. a.).

Deshalb sagen wir ja auch mit Recht, daß eine Ehe erst dann endgültig zu Ende ist, wenn die Partner sich nichts mehr zu sagen haben. Bedeutet dies doch die Nachricht: »Du bist es mir nicht mehr wert, daß ich überhaupt noch den Mund aufmache . . .«

Seins- und Tuns-Orientiertheit

Es gibt Eltern, die ihre Kinder einfach akzeptieren und dadurch (indirekt) ausdrücken:

Ich liebe dich, weil du bist,

nicht

Ich liebe dich, weil du das tust, was ich von dir verlange!

Solche Kinder werden oft gestreichelt, ohne irgend etwas Besonderes dafür getan zu haben.

Diese Kinder fühlen sich OK, akzeptiert, anerkannt und geliebt. Wir nennen sie »*seins*-gestreichelt«.

Dieses Wissen hilft uns zu verstehen, daß überwiegend *seins*-gestreichelte Menschen ihre Ziele relativ tief ansetzen.

Sie sind nicht ohne weiteres zu motivieren. Da man sie früher »um ihrer selbst willen« »akzeptiert« hat, erwarten sie auch heute die automatische Akzeptierung durch die Umwelt.

Über solche Mitarbeiter sagen wir dann: »Der meint wohl, bloß weil er der Herr X ist, schmeißen wir ihm alles nach, was?« (s. Kapitel 3).

Daneben gibt es Eltern, die ihre Kinder nur dann akzeptieren, wenn diese eine besondere Leistung vollbracht haben (artig sein, gute Noten erzielen, Bilder malen etc.). Sie sagen (indirekt):

Ich liebe dich nicht, weil du einfach da bist, ich liebe dich nur dann, wenn du etwas leistest!

Solche Kinder werden nur gestreichelt, wenn sie sich die Streicheleinheiten erarbeitet, d. h. verdient haben.

Diese Kinder fühlen, daß sie nur durch diese Leistung akzeptiert werden. Weil sie etwas tun müssen, ehe man sie streichelt, nennen wir sie »*tuns*-gestreichelt«.

Wir wissen aber auch, daß überwiegend *tuns*-gestreichelte Menschen ihre Ziele relativ hoch ansetzen.

Sie mußten immer schon viel leisten, um ihr OK-Gefühl zu erarbeiten. Solche Menschen sind von innen her motiviert. Solange man sie für ihre Leistung streichelt, kann man von ihnen viel verlangen und erwarten. Motivation wird also durch Lob erhalten; fehlendes Lob führt zu Selbstzweifel der Person sowie zu *Nicht*-OK. Je mehr *nicht*-OK man sich fühlt, desto weniger Energie hat man frei, um sich Arbeit, Hobbies oder anderen Menschen zuzuwenden.

Für die tägliche Praxis bedeutet dies:

Je mehr Anerkennung ich dem anderen zeigen kann, desto sicherer fühlt er sich (weil ja die Bedürfnisse der 4. Stufe befriedigt werden). Je sicherer er sich fühlt, desto mehr Energien hat er frei, um gut zu kommunizieren! Je besser er mit mir kommuniziert, desto erfolgreicher verläuft das Gespräch für beide.

Also erlauben uns die befriedigten Bedürfnisse der 3. und 4. Stufe die Erhaltung, Verbesserung oder Verteidigung unseres SWG, d. h.: Sie tragen zum psychologischen Überleben bei.
Denn: Was ein Organismus hat, muß er erhalten und verteidigen. Da der Mensch ein sehr spezifisches Gefühl des eigenen Wertes entwickelt, muß er dies nun absichern.

Sie wissen ja, daß sogenannte Brainwash-Techniken besonders darauf abzielen, die Bedürfnis-Befriedigung der 3. und 4. Stufe vorzuenthalten, denn so kann man einen Menschen systematisch fertigmachen. (Das Schlimme bei solchen Methoden ist die Tatsache, daß etwaige Beobachter [z. B. UN-Abgeordnete] keinerlei Mißhandlung bzw. Verletzung der Menschenrechte nachweisen können, da der Gefangene ja sowohl die Grundbedürfnisse [Stufe 1] befriedigen konnte, als auch eine dezente Unterkunft [Stufe 2] hatte. Vorenthaltung der Bedürfnis-Befriedigung der 3. und 4. Stufe ist unsichtbar. Daher kann es vom einzelnen nicht bewiesen, sondern nur behauptet werden.)
Außerdem sehen wir jetzt, warum der Gesprächspartner (der sich

angegriffen fühlt) rationalen Argumenten oft nicht zugänglich ist. Ein Mensch, der um die Absicherung der ersten vier Stufen kämpft, reagiert genauso »kopflos« wie ein Tier, dem man mit einer akuten Gefahr droht.

Denn jede Gefährdung der ersten vier Bedürfnisstufen bedeutet ja immer eine Gefahr für den Organismus. Wenn wir jedoch gefährdet sind, werden wir von Angst (Emotion) »gepackt«, da unsere primitiven Teile des Gehirns (die für das nackte Überleben zuständig sind) die Kontrolle ergreifen.

Und da auch die Absicherung der 3. und 4. Stufe zum Überlebensfaktor geworden ist, kann ein(e)

Verspottung der Gruppe, der jemand angehört,
Vorenthaltung von Anerkennung,
Angriff auf das SWG

solche »primitiven« Reaktionen hervorrufen. (S. Kapitel 5, Abwehrmanöver.)

Da diese Hilfestellung, die wir dem anderen (bzw. seinen Bedürfnissen der 3. und 4. Stufe) geben können, immer

in Form von Kommunikation und
in Form von Streicheleinheiten (Strokes)

gegeben wird, müssen wir diese Zusammenhänge verstehen, wenn wir erfolgreich kommunizieren wollen.

Man »weiß dies ja bereits«. Man hat in den letzten Jahren die wesentliche Funktion des Lobes sehr betont. Aber:

Lob ist nicht gleich Lob!

Wir müssen die Art von Lob (Anerkennung) finden, die den Bedürfnissen des anderen angepaßt ist, wenn wir in unserer täglichen Praxis vom Wert des richtigen Lobes profitieren wollen.

Ehe wir jedoch die richtige Art von Streicheleinheiten für den anderen finden, müssen wir uns darin schulen, zu erkennen, ob der andere ein überwiegend *seins*- oder *tuns*-gestreichelter Mensch ist.

Außerdem gibt es Menschen, die viel zu wenig gestreichelt wurden, die also weder genügend *seins*- noch genug *tuns*-orientierte Streicheleinheiten erhalten haben.

Wir sprechen hier von einem Stroke-Defizit. Gerade solche Menschen sind für jede Streicheleinheit dankbar, wenn wir sie richtig einsetzen.

Solche Menschen legen es manchmal darauf an, *negative Streicheleinheiten* zu erarbeiten, nach dem Motto: *Negative Anerkennung ist besser als keine*. BERNE verwies in seiner Abhandlung über psychologische Spiele auf das *Hau-mich*-Strategem: Der »Spieler« verhält sich so, daß er die Entrüstung, den Ärger, Haß und Zorn seiner Umwelt auf sich zieht. (Z. B.: tölpelhaftes Benehmen, häufige Unpünktlichkeit, übertriebene Angabe, Lügen, regelmäßiges Nichtausführen versprochener Arbeiten, Durchbrechen von Tabus etc.) Solche Menschen haben ein Streichel-Defizit, d. h., *sie leiden daran, nicht genügend beachtet zu werden.* Also versuchen sie ihre Umwelt dazu zu zwingen, sich mit ihnen auseinanderzusetzen. Ihnen kann man nur mit *häufigen positiven Streicheleien* helfen. Dazu muß man sie allerdings erst *akzeptieren.* Da sie es anderen jedoch durch ihr negatives Verhalten sehr schwer machen, sie zu akzeptieren, schließt sich in der Regel der circulus vitiosus. Hier hilft dann nur der *liebevolle P,* der dem *weinenden* »Kind« des anderen positive Streicheleinheiten zukommen lassen kann (s. Kapitel 4).

Menschenkenntnis, die die tägliche Kommunikations-Praxis verbessern soll, erwirbt man durch

1. theoretische Basis,
2. gezielte Selbst-Beobachtung und (oder) Selbst-Analyse,
3. Fremdbeobachtung,

wobei die kritische Selbstbetrachtung immer vorausgehen sollte.

In den nächsten Aufgaben üben wir uns darin, *Seins-* bzw. *Tuns-*Orientierung festzustellen.

Später lernen wir, wie man mit jedem Typ am gezieltesten kommunizieren kann.

Analyse Teil 1: Selbstbetrachtung

Übung:

Denken Sie an Ihre Kindheit. Hat man Sie überwiegend *seins*- oder *tuns*-gestreichelt? Zeichnen Sie Ihre Position(en) auf der Geraden ein. Wenn Vater und Mutter Sie verschiedenartig gestreichelt haben, machen Sie zwei Kreuzchen und beschriften diese. Wenn die *Streicheleinheiten* weiterer Personen für Sie bedeutsam waren, tragen Sie auch diese ein.

So ein Bewußtseinsdiagramm der Streicheleinheiten kann z. B. folgendermaßen aussehen:

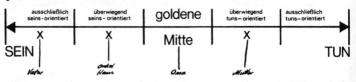

Mein eigenes Diagramm der Streicheleinheiten in meiner Kindheit:

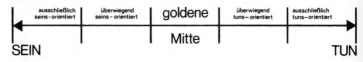

Diagramm 1

Nun nehmen Sie sich das zweite Diagramm vor. *Hier überprüfen Sie, wie Sie heute gestreichelt werden.* Denken Sie an Ehepartner, Familienmitglieder, gute Freunde, Chefs, Mitarbeiter etc. Kreuzen Sie wieder an, und beschriften Sie jedes Kreuz!

Mein eigenes Diagramm der Streicheleinheiten heute:

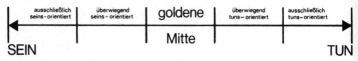

Diagramm 2

60

Wenn Sie sowohl Diagramm 1 als auch Diagramm 2 ausgefüllt haben, haben Sie getestet, ob andere Sie überwiegend *seins-* oder überwiegend *tuns-*orientiert streicheln. Sie haben festgestellt, ob die Orientierung, die Sie als Kind gelernt haben, auch heute noch gleichgeblieben ist.

Nun gehen Sie zum Diagramm 3. Hierbei handelt es sich um folgende Frage: *Wie streicheln Sie Ihre Mitmenschen?*
Nehmen Sie alle die Personen noch einmal vor, die Sie im Diagramm 2 angekreuzt und beschriftet haben. Bekommen diese Menschen von Ihnen überwiegend *seins-* oder *tuns-*orientierte Streicheleinheiten?

Mein aktives Diagramm der Streicheleinheiten heute:

ausschließlich seins-orientiert	überwiegend seins-orientiert	goldene	überwiegend tuns-orientiert	ausschließlich tuns-orientiert
		Mitte		

SEIN   TUN

Diagramm 3

Analyse Teil 2: Fremdbetrachtung

Bis jetzt haben wir uns selbst kritisch angesehen. Jetzt beobachten wir unsere Mitmenschen.
Da *seins-* und *tuns-*gestreichelte Leute sich grundlegend voneinander unterscheiden, haben Sie auch verschiedene »Redewendungen«, die sie verraten. Außerdem bestehen Unterschiede in ihrer Einstellung der Leistung gegenüber. (Je mehr jemand zum einen oder anderen Extrem neigt, desto klarer fällt er in die eine bzw. andere Kategorie.)

Je *seins*-orientierter ein Mitmensch, desto mehr ist er gegen
- Benotungssysteme (solange sie Leistung bewerten),
- Leistungsdruck,*
- Elitegruppen, die sich durch Leistung hervortun.

Je *tuns*-orientierter ein Mensch ist, desto mehr befürwortet er
- Benotungssysteme (solange sie bewerten),
- Leistungsgesellschaft,*
- Elitegruppen, die sich durch Leistung hervortun.

Ein *seins*-orientierter Mensch nimmt ungerne, der *tuns*-orientierte dagegen gerne an Wettbewerben teil. Ein *seins*-orientierter Mensch neigt dazu, die Umstände fürs Versagen verantwortlich zu machen, ein *tuns*-orientierter Mensch dagegen beschuldigt eher sich und seine zu schwache Leistung.

Wenn etwas schiefgeht, sucht der *Seins*-Orientierte die Ursache (Was ist passiert?), während der *Tuns*-Orientierte dazu neigt, den Schuldigen zu suchen (Wer hat das gemacht?).

Seins-orientierte Leute neigen dazu, zu meinen, Elite werde geboren, d. h. sie anerkennen Status, Familienzugehörigkeit und andere Umstands-Einflüsse. *Tuns*-orientierte Leute hingegen meinen, Elite werde gemacht und versuchen sich daher durch Leistung in eine Elite-Gruppe hineinzuarbeiten.

Diese verschiedenen Einstellungen spiegeln sich in Redewendungen wider.

Hier folgt eine Liste, die Sie jedoch noch vervollständigen sollen. Je mehr Bemerkungen eines Menschen in eine der beiden Kategorien fallen, desto mehr neigt der Mensch in seiner Orientierung dieser Kategorie zu. Bei wohlausgeglichenen Leuten teilen sich die Redewendungen zu ca. 50 Prozent auf jede Kategorie.

---

* Der Seins-Orientierte tendiert dazu, vom »Druck« zu sprechen. Dies bedeutet: Alle extrem Seins-Orientierten empfinden den Leistungsstandard leicht als Druck, aber: Nicht alle, die vom *Leistungsdruck* sprechen, sind unbedingt seins-orientiert. Wenn man z. B. eine Person immer wieder vor Aufgaben stellt, die diese nicht bewältigen kann, muß diese Person die Situation nach einer Weile als Druck empfinden. Die ständigen Mißerfolgserlebnisse »drücken« nämlich dann auf das SWG und erwecken Angst vor ähnlichen Situationen, in denen man dann vielleicht wieder versagt.

Seins-orientierte Menschen sagen oft Dinge wie:	*Tuns-orientierte Menschen sagen oft Dinge wie:*
Ich lebe nicht, um zu arbeiten, sondern ich arbeite, um zu leben!	Ohne Fleiß kein Preis!
	Wer nicht arbeitet, soll auch nicht essen!
Arbeit adelt; wir bleiben bürgerlich.	Arbeit adelt.
Beschäftigung ist recht, solange sie nicht in Arbeit ausartet.	Von nichts kommt nichts!
Müßiggang zur rechten Zeit, vermeidet oftmals Zank und Streit!	Ich bin bereit, mich zu beweisen.
	Müßiggang ist aller Laster Anfang.
Gott erhalte mir meine Gesundheit und die Schaffenskraft meiner Frau.	Arbeit hat bittere Wurzeln, aber süße Frucht.
Abwarten und Tee trinken.	Glück hat auf die Dauer nur der Tüchtige!
Wer die Arbeit kennt und sich nicht drückt – der ist verrückt.	
	Arbeit schändet nicht.
Blinder Eifer schadet nur.	Ora et labora!
Edel sei der Mensch, hilfreich und gut.	Arbeit ist des Lebens Würze!
Kleider machen Leute!	Geduld und Fleiß erringt den Preis.
Wie man's macht, macht man's falsch!	Leben heißt kämpfen!
	Arbeit macht das Leben süß!
	Arbeite nur; die Freude kommt von selbst (Goethe).
	Erst die Arbeit, dann das Vergnügen!
Was fällt Ihnen noch ein?	**Was fällt Ihnen noch ein?**

Übung:

Denken Sie nun an bestimmte Personen und decken Sie je eine Seite in der vorangegangenen Aufstellung ab, während Sie die andere Seite lesen und dabei an je eine Person denken: In welche Kategorie fällt sie?

Am wesentlichsten sind alle Personen aus dem 2. und 3. Diagramm (Analyse, Teil 1) sowie die Personen, mit denen Sie im täglichen Leben viel zu tun haben.

Wenn Ihnen dies sehr viel Mühe zu sein scheint, bedenken Sie bitte: Sobald Sie diese Aufstellung einige Male bewußt durchstudiert haben, bekommen Sie ein »Gespür« dafür. D. h. Sie werden ab jetzt in der täglichen Praxis automatisch »hellhöriger«, wenn andere Leute Bemerkungen machen, die in die eine oder andere Kategorie fallen. Wenn Sie also diese Übung durchführen, wird es Ihnen viel leichter fallen, die extrem *seins-* bzw. *tuns-*orientierten Menschen zu erkennen!

Tragen Sie die von Ihnen für diese Übung erwählten Personen hier ein:

1. _____

2. _____

3. _____

4. _____

5. _____

6. _____

Kehren wir jetzt zu unserem Bedürfnis-Turm zurück.

Die 5. Stufe:

Da die unteren vier Stufen das physiologische und psychologische Überleben absichern sollen, erhebt sich nun die Frage: *Was ist dann die 5. Stufe?* Um welche Art von Bedürfnis handelt es sich hier? Es handelt sich um *Selbstverwirklichung.* Was meinen wir damit? Früher hatte man nur ein unvollständiges Bild des »Menschenziels«. Man nahm an, daß der Mensch den Göttern (oder dem einen Gott) gefallen solle. Daß er, wenn er die ersten 4 Stufen befriedigen könne, »menschlich« genug sei. Man spekulierte wenig darüber hinaus. Einzelne Menschen, die schon 5-Stufen-Bedürfnisse zeigten, erachtete man als außerhalb der Norm liegend, d. h. als nicht wesentlich für das Erarbeiten eines Menschenbildes.

Dies hat sich in den letzten Jahrzehnten grundlegend geändert. Immer wieder hören wir heute, der Mensch habe ein Recht auf Selbstverwirklichung. Er könne psychologisch erfolgreich werden.

Die Basisarbeit, die zu einem Profil des psychologisch erfolgreichen Menschen führte, wurde von einigen wesentlichen Medizinern, Psychologen und Soziologen geleistet.

Hingewiesen sei hier wieder auf Prof. A. H. MASLOW. Er stellte fest, daß ein *Defizit* in den Stufen 2 und 3 (Sicherheit, Zugehörigkeit), die er zusammen mit *Liebe* bezeichnete, zu überhöhten Anforderungen in Stufe 4 (Anerkennung) führt. Er sagt z. B., daß ein Angeber es wirklich nötig hat, weil es ihm an *Liebe* (die innere Sicherheit vermittelt) fehlt; weil er ein Streichel-Defizit hat.

DR. ERIC BERNE, der Begründer der Transaktionalen Analyse (s. Kapitel 4) erarbeitete die Kriterien eines psychologisch erfolgreichen Menschen (Winner), die sich weitgehend mit MASLOWS Erkenntnissen über den 5.-Stufe-Menschen decken.

Beide stellten fest, daß erst, nachdem das Überleben schlechthin abgesichert ist, der Mensch fähig wird, sich seinem wirklichen *Sein* zuzuwenden. D. h., daß der Mensch erst nach Befriedigung der ersten vier Stufen an die Selbstverwirklichung denken kann.

Übung:

Im folgenden finden Sie zwei *Checklisten*, die sich mit einzelnen Aspekten der Selbstverwirklichung beschäftigen. *Checkliste Nr. 1* basiert auf der Arbeit von BERNE, *Checkliste Nr. 2* auf MASLOW.

Testen Sie sich: Wo immer Sie die »Winner«*-Seite ankreuzen können, wissen Sie, daß Sie sich in diesem Punkt schon um die Selbstverwirklichung kümmern. Wo immer Sie die andere Seite ankreuzen, wissen Sie, daß Sie sich in dem Punkt noch um die Bedürfnisse der ersten vier Stufen bemühen.

Merke: Es gibt niemanden, der ständig bei »Winner« ankreuzen kann. Das wäre dann der perfekte Mensch, den es nicht gibt. Wesentlich ist hier die Tendenz: Wie weit sind Sie schon? Haben Sie sehr viele oder sehr wenige Kreuze auf der »Winner«-Seite? Diese beiden Tests zeigen also einen gewissen Reifegrad an, den man erreicht hat. Außerdem können Sie Ihnen helfen, wenn Sie an sich arbeiten wollen, da er Ihre noch schwächeren Stellen (psychologisch gesehen) anzeigt.

---

* Mit »Winner« bezeichnete BERNE den psychologisch erfolgreichen Menschen. Für ein Profil eines solchen Menschen siehe das gesamte 1. Kapitel von: *»Der persönliche Erfolg«*. Erkennen Sie Ihr Persönlichkeitsprofil und aktivieren Sie Ihre Talente.
Mit »Loser« bezeichnete BERNE Menschen, bei denen Aussagen der rechten Seite so stark waren, daß sie das ganze Leben dieses Menschen bestimmten. Daher sind dies, nach BERNE, Loser-Aussagen.

Winner-Loser-Tests

Checkliste nach BERNE:

Winner-Aussagen	*Loser*-Aussagen
☐ Ich mag mich	☐ Mag mich nicht
☐ Komme mit anderen gut aus	☐ Habe Angst vor anderen
☐ Man kann mir vertrauen	☐ Man kann mir nicht vertrauen
☐ Ich bin, wie ich bin	☐ Ich spiele meine Rolle gut, trage meine Maske ohne Tadel
☐ Allgemein sage ich das Rechte	☐ Allgemein sage ich immer das Falsche
☐ Andere mögen mich	☐ Andere verletzen mich häufig
☐ Ich sehe der Zukunft gelassen entgegen	☐ Habe Angst vor der Zukunft
☐ Gebrauche meine Talente	☐ Kann meine Talente nicht nützen
☐ Ich bin OK	☐ Ich bin nicht OK
☐ Ich denke für mich selbst	☐ Lasse andere für mich denken
☐ Kenne meine Gefühle	☐ Unterdrücke und verstecke meine Gefühle
☐ Fühle mich frei	☐ Fühle mich bedrängt und gefangen
☐ Im allgemeinen sind die anderen OK	☐ Im allgemeinen sind die anderen nicht OK
☐ Nütze meine Zeit	☐ Habe oft Langeweile
☐ Bin mit meiner Arbeit zufrieden	☐ Wechsle ständig die Stellung
☐ Habe Selbstvertrauen	☐ Habe kein Selbstvertrauen
☐ Bin gerne mit anderen zusammen	☐ Kann andere Leute nicht ausstehen
☐ Bin gerne ein Mann (Frau)	☐ Möchte lieber zum anderen Geschlecht gehören*
☐ Das Leben erfreut mich	☐ Das Leben belastet mich nur
☐ Arbeite gerne	☐ Hasse die Arbeit
☐ Tue meistens das Richtige	☐ Ich mache immer alles falsch
☐ Suche die Ursache, wenn was schiefgegangen ist	☐ Immer beschuldigen alle Leute mich!

Diese Loser-Aussagen sind in bezug auf das weinende »Kind« in uns besonders aufschlußreich. (Kapitel 4 und 5.)

---

* Es gibt zwei Ausnahmen: 1. eine Hormon-Imbalance oder aber 2. die sogenannte Trans-Sexualität (im Gegensatz zu zeitweisen Gefühlen dieser Art). Diese beiden Fälle sind hier ausgenommen. Hier werden Menschen gemeint, die in der sexuellen Rolle, der sie sich **zugehörig** fühlen, kein OK-Gefühl erleben können.

Checkliste nach MASLOW:

Winner-Aussagen	*Loser*-Aussagen
☐ Wirklichkeitsgetreue Aufnahme der Umwelt	☐ Aufnahme nur durch »gefärbte Gläser«.
☐ Kann authentisch sein, d. h. kann seine Gefühle a) erleben, b) ausdrücken, c) analysieren, deshalb ehrliche, echte Kommunikation möglich.	☐ Kann nicht authentisch sein, deshalb Zuflucht zu psychologischen Spielen.
☐ Aufgeschlossen für Probleme der Gesellschaft; bereit, zu deren Lösung beizutragen.	☐ Von sozialer Problematik isoliert, mit mir selbst zu beschäftigt.
☐ Fühle mich meinem Selbst gegenüber verantwortlich.	☐ Schiebe Verantwortung gerne auf andere ab (inkl. »Höhere Mächte«).
☐ Meine Ethik hängt von verstandesüberprüften Überlegungen ab.	☐ Unkritisches Übernehmen der Moral von anderen.
☐ Sehe Probleme problembezogen	☐ Sehe Probleme ich-bezogen*.
☐ *Winner:* 5.-Stufe-Mensch	☐ Loser: Stufen 1–4 mit besonderem Anspruch in Stufe 4
☐ Bereit, Neues zu erproben. Suche für neue Probleme neue Lösungen.	☐ Furcht vor Neuem. Muß Status quo erhalten. Wiederhole alte Verhaltensmuster bei neuen Problemen.
☐ Aktualisiere mein inneres Ich, bei voller Nutzung innerer Qualitäten und äußerer Gegebenheiten.	☐ Übertriebener Anspruch auf Realisierung des äußeren Selbst, wobei wegen Minderwertigkeitsgefühlen dem Status übertriebene Bedeutung zugemessen wird.
☐ Energieverbrauch: a) ich selbst zu sein, b) andere daran teilhaben zu lassen, c) auf meine Ziele hinzuarbeiten.	☐ Energieverbrauch: a) um Schau abzuziehen, b) mein verletztes Selbstwertgefühl zu schützen, c) mich ständig zu verteidigen.
☐ Werfe unrealistische Selbstbilder ab (wie die Schlange ihre Haut).	☐ Verstecke mich hinter Masken.
☐ Bin sowohl liberal als auch tolerant.	☐ Kann liberal sein, bin aber intolerant.

---

* Jemand, der ein Problem ich-bezogen sieht, fragt sich: Wie wirke ich, wenn ich die und die Lösung vorschlage. Jemand, der ein Problem problem-bezogen sieht, fragt sich: Welche Lösung ist die beste für die Situation? Ersterer denkt nur daran, wie er in den Augen der anderen wirkt, zweiterer denkt nur an das Problem selbst.

☐ a) Dependenz = Abhängigkeit,
b) Independenz = Unabhängigk.,
c) Interdependenz = Angewiesen-Sein auf zwischenmenschliche Beziehungen.
Geht von a) zu b) zu c).

☐ Bleibe entweder in a) oder b), d. h. in einer vermeintlichen absoluten Unabhängigkeit. (Meine, ich brauche keinen Menschen.)

Vgl. hierzu auch »Der persönliche Erfolg«.

Wenn Sie die beiden Checklisten kritisch durchdenken, werden Sie feststellen: Sie eignen sich auch sehr gut zur Fremdbeobachtung. Je mehr Winner-Charakteristika der andere zeigt, desto mehr ist er schon »in der 5. Stufe«. Je mehr Loser-Aussagen auf ihn zutreffen, desto größer ist bei ihm die Gefahr der Abwehrmanöver (Kapitel 5).

Für die tägliche Praxis bedeutet dies:

Je mehr Sie in die Winner-Kategorie »fallen«, desto mehr Aussichten haben Sie, erfolgreich zu kommunizieren.

Je mehr der Gesprächspartner in die Winner-Kategorie »fällt«, desto leichter ist es, mit ihm erfolgreich zu kommunizieren.

Jedoch, je mehr der andere darauf abzielt, die Bedürfnisse der 1.–4. Stufe zu befriedigen, desto leichter ist es für Sie, Kommunikations-Hilfen der späteren Kapitel anzuwenden und trotzdem gut mit ihm zu kommunizieren.

Diese Regeln können Sie jedoch nur anwenden, wenn Sie erkennen,

wo der andere *steht,*

ob er überwiegend *seins-* oder *tuns-*orientiert ist, und wenn Sie auf seine Bedürfnisse eingehen!

Die »positiven Denker« Amerikas weisen schon seit Jahrzehnten darauf hin, daß ein Eingehen auf die Bedürfnisse anderer letzten Endes *uns* den Nutzen bringt.

D. h., daß man aufgrund egoistischer Einstellung altruistisch werden soll.

Je mehr Sie auf die Bedürfnisse Ihres Gesprächspartners eingehen, desto mehr wird er (automatisch) Ihre eigenen Bedürfnisse befriedigen.

Nun haben wir uns bemüht zu verstehen, welche Bedürfnisse ein Mensch hat. Die Bedürfnisse unserer Mitmenschen sind ein ebenso großer Faktor wie ihr SWG. So lange zwei oder drei dieselben Bedürfnisse haben, denken sie nicht daran, welche Wünsche andere haben. Erst wenn andere Forderungen stellen, die unsere Wünsche nicht respektieren, erst wenn unsere Wünsche miß-interpretiert werden, fällt uns auf, daß andere fremde Ziele anstreben. Denken Sie noch einmal an den Wissenschaftler nach dem Flugzeugabsturz. Wir, mit ihm notgelandet, begreifen sehr wohl, daß er sich zuerst um Nahrung und Wasser (Stufe 1) Gedanken macht, dann erst auf die Sicherheit zu sprechen kommt usw. Wenn aber ein Anwohner auf unsere Gruppe stoßen würde, der nicht wüßte, daß wir die Überlebenden aus einem Unglück sind, könnte er sich wundern (oder uns verachten), weil wir uns so vornehmlich auf die Befriedigung der »unteren Stufen« konzentrieren. Da er seine Stufen 1 bis 3 regelmäßig befriedigt, versteht er uns nicht.

Oder denken Sie an die Entwicklungsländer! Wir, die wir täglich unsere drei Mahlzeiten einnehmen, mit denen wir uns sogar Gewichtsprobleme anessen können; wir, die wir ein Dach über dem Kopf und einen Fernseher unter diesem Dach und einen Wagen davor stehen haben; wir, die wir uns einen gewissen Freundeskreis und Status erarbeitet haben – wir haben große Probleme zu begreifen, daß es Menschen gibt, für die eine Schale Reis das Glück bedeuten kann. Wir gehen zu diesen Völkern und wollen ihnen unsere Religion aufoktroyieren und begreifen gar nicht, daß sie hauptsächlich Nahrungs- und Sicherheitsprobleme haben. Sie kann es im Moment wirklich nicht interessieren, ob unser Gott nun Jehova, Gott oder Lord heißt, während sie den großen Geist immer mit Shiva angefleht haben. Vielleicht lächeln Sie nun und denken: »So dumm sind unsere Missionare und Entwicklungshelfer heute nicht mehr. Sie bringen Wissen und Werkzeuge, Häuser, Straßen und Fabriken zu diesen Leuten.« Das ist richtig. Heute machen wir das so, weil wir erkannt haben, daß wir auf die Bedürfnisse der anderen eingehen müssen, wenn wir ihnen wirklich helfen wollen!

Aber im Gespräch mit unseren Familienangehörigen, Freunden, Kollegen, Chefs oder Kunden vergessen wir diese einfache Weisheit viel zu häufig. Wir sprechen nur über unsere eigenen Bedürfnisse. Die Mutter sagt z. B.: »Ich will, daß du *jetzt sofort* den Mülleimer hinausträgst!«, obwohl der Junge der Mutter schon zweimal erklärt hat, daß ihm der Leim an seinem Modellflugzeug trocken wird, wenn er gerade jetzt unterbrechen muß.

Wenn wir also gut kommunizieren wollen, müssen wir lernen, auf die Bedürfnisse des anderen einzugehen. Damit wir dies aber tun können, müssen wir diese Bedingungen zuerst *erkennen lernen*. Diesem Zweck diente das zweite Kapitel. Was wir mit diesen Erkenntnissen dann anfangen können, sehen wir in Kapitel 3.

3. Motivation

Ein *Motiv* ist etwas, das den Organismus dazu treibt, sich durch das, was er tut, einem Ziel näher zu bringen.

Dieses »Etwas« wird oft als eine »innere Spannung« bzw. ein »innerer Drang« *(Drive)* beschrieben. FREUD sprach vom *Triebdruck,* da er alle Bedürfnisse in Triebe und Antriebe einteilte. Triebe aber sind mit *Energien* besetzt, um sich durchsetzen zu können.

Ein Motiv kann bewußt oder unbewußt sein, d. h. der Handelnde kann bewußt auf sein Ziel zusteuern. Er kann aber auch nicht wissen, *was* ihn veranlaßt hat, so oder so zu handeln. (Dieses »was« wäre dann ein unbewußtes Motiv.)

Jedes Motiv entspringt einem Bedürfnis (s. Kap. 2), jedes Bedürfnis hat die Bedürfnis-Befriedigung zum Ziel. Jedes *Verhalten,* das dieses *Motiv* veranlaßt hat, zielt also darauf ab, den Organismus zu seinem Ziel zu bringen.

Ohne ein Motiv also kein Verhalten. Ohne unbefriedigte Bedürfnisse kein Motiv.

Denn:

Jemanden motivieren heißt, jemanden dazu bewegen, ein von mir gewünschtes Verhalten an den Tag zu legen.

Sylvia wollte, daß Bernd ihr zuhört.

Wenn sie ihn nicht motiviert, wird sein Verhalten darauf abgezielt sein, ein spezielles Bedürfnis zu befriedigen (z. B. sich ausruhen nach der Arbeit). Motiviert sie ihn aber, so veranlaßt sie ihn, sein Verhalten darauf auszurichten, ein anderes seiner Bedürfnisse zu befriedigen (z. B. sein Bedürfnis nach Anerkennung, Stufe 4). Wenn wir also das Verhalten, das der andere ohne die Motivation des Gesprächspartners gezeigt hätte, sein *altes Verhalten* nennen und das durch die Motivation entstandene sein *neues Verhalten,* dann ergibt sich folgende Definition von »Motivation«:

Jemanden motivieren heißt: jemanden veranlassen, ein altes Verhaltensmuster zugunsten eines neuen aufzugeben.

Fallstudie: Dichtungsfabrik:

Herr Weber ist Vorarbeiter in einer Dichtungsfabrik. Er hat folgendes Problem mit Karl, einem neuen Mann, der die Presse Nr. 5 bedient:
Sogenannte Rohlinge werden vor dem Vulkanisierungsprozeß in Formen eingelegt, in denen sie dann gepreßt und »gebrannt« werden. Durch diesen Vorgang kommen die Chemikalien in dem »Teig« zur Wirkung, so daß dann eine vulkanisierte Dichtung entsteht.
Wenn nun ein Rohling nicht exakt eingelegt wird, so geht diese Dichtung kaputt.
Karl ist ein schlampiger Arbeiter, d. h., er legt die Rohlinge so nachlässig ein, daß bei jedem Brand (= Vulkanisierungsprozeß) 20 Prozent Ausschuß produziert wird. Rechnet man dann noch den Ausschuß dazu, der ohne Karls Schuld entsteht, so wird die Ausschuß-Rate ungeheuer groß.

Wenn Herr Weber Karl richtig motiviert, so wird er ihn veranlassen, die Rohlinge in Zukunft sauberer einzulegen, d. h., Karls altes (schlampiges) Verhalten muß zugunsten eines neuen (ordentlichen) Verhaltens aufgegeben werden.
Wenn uns einmal klar ist, daß Motivation eine Verhaltensveränderung bedeutet, so müssen wir folgende Schlußfolgerung in die Kalkulation miteinbeziehen:

1. Nur *momentanes* Verhalten kann sofort beeinflußt werden. (Sylvia wollte, daß Bernd ihr jetzt, im Moment, zuhört.)
2. Jedes *regelmäßige* Verhalten ist durch Lernprozesse entstanden. (Karl hat in seiner alten Firma gelernt, daß es doch keinen Sinn hat,

sauber zu arbeiten, da niemand es anerkennt, wenn man sich Mühe gibt.)

3. Jede Änderung von regelmäßigem Verhalten bedarf eines *neuen Lernprozesses*.

4. Jeder Lernprozeß braucht *Zeit*.

Sollten Sie zu den Chefs gehören, die erwarten, daß ein Mitarbeiter sein altes (und lange eingeübtes Verhalten) über Nacht aufgibt, dann sollten Sie folgendes Experiment machen:

Experiment:

Nehmen Sie sich irgendeine Verhaltensänderung vor, z. B. ab morgen früh immer den Schuh zuerst anzuziehen, den Sie bis jetzt als zweiten angezogen hatten. Oder: Wenn Sie bis jetzt das Telefon in der linken Hand hielten, die Nummer aber mit der rechten gewählt hatten, wechseln Sie die Hände, also links wählen, und mit der rechten Hand den Hörer halten.

Hierbei geht es um folgendes: Egal, wie sehr Sie sich vornehmen mögen, den Fehler, d. h. das alte Verhalten nicht mehr zu begehen, Sie werden Wochen brauchen, bis Sie das neue Verhalten ohne »peinliche« Zwischenfälle (Rückfälle ins alte Verhalten) regelmäßig einsetzen können.

Dieser Lernprozeß kann durch Anerkennung der neuen Leistung (Streicheleinheiten von Mitmenschen) verkürzt werden. Trotzdem ist es nie über Nacht möglich, da jeder Lernprozeß Zeit benötigt. (S. Merkblatt 2.)

Wie gesagt: Dies ist ein Experiment. Wenn Sie an der Aussage zweifeln, probieren Sie es aus.

Verhalten überdenken, es rational beurteilen, und es dann in die tägliche Praxis übertragen – sind nämlich zwei verschiedene Prozesse. Jedes neue Verhalten will gelernt und geübt sein. Dies gilt ganz besonders auch für die Kommunikation.

Wenn wir also bereit sind zu berücksichtigen, daß eine Verhaltensveränderung eine gewisse Zeit dauern darf, erhebt sich natürlich eine Frage nach dem *Wie*.

Wie motiviere ich jemanden?

Ich motiviere jemanden, indem ich eines seiner unbefriedigten Bedürfnisse anspreche und ihm zeige, durch welches Verhalten er dieses befriedigen kann.

Beispiel:

Wenn Sie sehr hungrig sind, kann ich Sie anhand des Bedürfnisses leicht motivieren. Ich verspreche Ihnen einen saftigen Schweinebraten mit Semmelknödel und Salat, wenn Sie mir einen bestimmten Gefallen tun.

Wie Sie sehen, sagte ich nicht »irgend etwas zum Essen«, sondern ich malte Ihnen ein »Bild« des Zieles (d. h. der Bedürfnis-Befriedigung). Denn die Regel lautet:

Je besser der andere sich die Zielsituation vorstellen kann, desto motivierter wird er.

Dies erkannte vor vielen Jahren bereits ELMER WHEELER, Amerikas Verkaufs-Kanone Nr. 1, als er in einem Lehrbuch über Verkaufstechniken schrieb:

Don't sell the steak — sell the sizzle.

»sizzle« = das zischende Geräusch beim Steakbraten verbunden mit dem angenehmen Geruch, der einem schon das »Wasser im Munde zusammenlaufen« läßt, d. h. der Aspekt, der in einem den Wunsch wachruft, ein Steak zu essen. Eine freie Übersetzung wäre demnach: *Verkaufe nicht das Steak – verkaufe den Geruch.*

Wenn Sie die gängigsten Werbeslogans kritisch betrachten, werden Sie feststellen, daß die meisten von ihnen ›the sizzle« verkaufen, nicht das Produkt selbst. Eine Zigarettenmarke z. B. verkauft das Gefühl, Teil der »großen weiten Welt« zu werden. Ein Waschmittel verkauft die Hoffnung, daß der Ehemann sich lobend aussprechen würde, wenn auch ihm ein Mikrophon vor die Nase gehalten werden würde.

75

Also motiviere ich jemanden, indem ich ihm helfe, seine Bedürfnisse zu befriedigen. Deshalb haben wir uns ja bereits mit den Bedürfnissen auseinandergesetzt.

Für die tägliche Praxis bedeutet dies:

Schritt eins: Die Bedürfnisse des anderen erkennen.
Schritt zwei: Die Bedürfnis-Befriedigung als Ziel definieren.
Schritt drei: Das Verhalten suggerieren, das ihn an das Ziel bringt – bzw. das Ziel so präzise beschreiben (verkaufen), daß er von alleine das Verhalten zeigt, das ihn an das Ziel bringt.

Ein klassisches Beispiel:

Situation (Quelle: I. Buch Mose, Kap. 25, Verse 29–34)	Analyse (Aufgrund der Erkenntnisse des 2. u. bisherigen 3. Kapitels)
29. Und Jakob kochte ein Gericht. Da kam Esau vom Feld und war müde.	Beide befanden sich überwiegend in den *oberen* Stufen, aber die Müdigkeit
30. Und Esau sprach: Laß mich essen das rote Gericht, denn ich bin müde.	und der Hunger Esaus hatten sein Fundament bedroht, so daß eine Wiederbefestigung der Stufe 1 für ihn immer dringlicher wurde, was die »oberen Stufen« immer mehr abschwächte.
31. Aber Jakob sprach: Verkaufe mir heute deine Erstgeburt.	Die »Erstgeburt« bedeutete: den Segen des Vaters. Dieser wiederum bedeutete: *Status und Macht* (also Stufe 4).
32. Esau antwortete: Siehe, *ich muß doch sterben,* was soll mir da die Erstgeburt.	Esau sprach zu sich selbst. Er begründete vor sich selbst sein plötzliches Aufgeben der 4.-Stufe-Bedürfnisse, die bis zu dieser Notlage (welche seine Stufe 1 gefährdete) genauso vorrangig für ihn gewesen waren, wie für seinen Bruder. (Also: Bedürfnis-Stufe 1 verdrängt 4)
33. Jakob sprach: So schwöre mir zuvor. Und er schwor ihm und *verkaufte so Jakob seine Erstgeburt.*	D. h., Esau verkaufte Jakob die Vorteile der Erstgeburt und verzichtete somit auf seine eigene Bedürfnisbefriedigung der 4. Stufe, um Bedürfnis Stufe 1 *jetzt* wieder abzusichern.

| 34. Da gab ihm Jakob Brot und das Linsengericht, und er aß und trank und stand auf und ging davon . . . | Nachdem er wieder satt war, reute ihn das Aufgeben des 4.-Stufe-Zieles, denn: Sowie die Basis wieder abgesichert war, erwachte Stufe 4 wieder zu ihrem »Recht«. Deshalb mußte er ja auch in hungrigem Zustand schwören. |

Warum habe ich gerade dieses Beispiel gewählt, in dem es sich doch ganz offensichtlich nicht nur um Motivation, sondern sogar um *Manipulation* (um nicht zu sagen: Erpressung) handelt? Weil ich der Meinung bin, daß viele Arten der *Manipulation* heute unter dem Schlagwort »Motivation« laufen.

Und, weil ich hoffe, Ihnen anhand des Beispiels ganz klar zu zeigen, daß das *Opfer einer solchen Motivation* es dem Manipulator später *übelnehmen* wird.

Der Manipulierte fühlt sich nämlich hinterher (mit Recht) betrogen. Denn:

Bei Manipulation werden nur die Bedürfnisse des Manipulierenden befriedigt, während die Bedürfnisse des Manipulierten außer acht gelassen werden. Am Ende ist nur der Manipulierende zufrieden.

Daraus ergibt sich folgende Goldene Regel:

Das Kriterium optimaler Motivation ist, daß beide Parteien hinterher zufrieden sind (da die Bedürfnisse beider befriedigt wurden).

Und nun ein Beispiel für Motivation:

Herr Weber hat also festgestellt, daß Karl die Rohlinge schlampig einlegt. Karls altes Verhalten soll zugunsten eines neuen aufgegeben werden.

Schritt eins: Die Bedürfnisse des anderen erkennen.

Herr Weber unterhält sich mit Karl. Hierbei fallen ihm einige Bemerkungen Karls auf:

... Es dankt einem ja doch keiner, wenn man's richtig macht.

... Wenn mal was nicht stimmt, seid Ihr gleich da.

... Wenn man für gute Produktion mehr Geld bekommen würde, wäre das ja auch anders! Aber, das ist ja hier nicht drin!

Er erkennt, daß es Karl auf die Anerkennung der Leistung ankommt. (Stufe 4, außerdem einer der fünf Faktoren, die zur Erhaltung des SWG beitragen.)

Schritt zwei: Die Bedürfnisbefriedigung als Ziel definieren.

Er hakt also bei Karls letzter Bemerkung ein:

Karl: Wenn man für gute Produktion mehr Geld bekommen würde, wäre das ja auch anders! Aber, das ist ja hier nicht drin!

Weber: Sie meinen also, daß mehr Geld für gute Arbeit ein Anreiz für Sie wäre?

Karl: Sicher!

Weber: Sind Sie über unsere Gewinnbeteiligung informiert?

Karl: Ja, da kriegen wir alle ein paar Piepen am Jahresende, oder so.

Weber: Jawohl. Die Sache verläuft folgendermaßen: Je mehr Gewinn die Firma macht, desto höher ist Ihr Gewinn-Anteil!

Karl: So?

Weber: So – je mehr Ausschuß jemand produziert, desto weniger Gewinn macht die Firma. Ausschuß kostet vierfach Geld.

Karl: Wieso vierfach?

Weber: *Erstens,* die Rohmasse ist kaputt. Also: Materialverlust. *Zweitens:* Der Ersatz muß wieder durch die gesamte Produktion, also erhöhte Produktionskosten. *Drittens:* Der Ausschuß muß entdeckt werden (Arbeitskräftekosten in der Kontrollabteilung) und *viertens* muß er verpackt und vernichtet werden. D. h., wir müssen jemanden bezahlen, der das Zeug abholt und wegschafft. Da der Kunde das ja nicht mitbezahlt, kostet uns das Geld. Und, was uns etwas kostet, kostet letzten Endes auch Sie was.

Karl: Das hauen Sie doch alles in den Preis mit rein, den der Kunde zahlt!

Weber: Jeder Ausschuß, der über den Durchschnitt hinausgeht, kostet extra. Das ist Geld aus Ihrer Tasche, Karl.

Um das Ziel klar zu definieren, rechnet Weber Karl noch vor, auf wie viele Mark die Summe sich für Karl (am Jahresende) belaufen kann, wenn der Ausschuß bei einem Mindestmaß bleibt. Schließlich deutet er noch an, daß das Extra-Geld ohne Extra-Arbeitszeit zu verdienen wäre.

Hier ist Weber bereits mitten im

Schritt drei: Das Verhalten suggerieren, das ihn (Karl) an dieses Ziel bringt.

Weber stellt fest, daß es sich ja nur darum handelt, etwas *anderes,* nicht aber etwas *Zusätzliches bzw. mehr zu tun.*

Das heißt: Karls altes Motiv wurde von Weber durch ein neues ersetzt, weil Karl das neue Ziel akzeptierte.

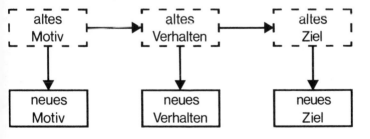

Da jedes Motiv ja sein spezielles Ziel anstrebt, wurde auch dieses ausgetauscht.

Wenn der andere dieses neue Motiv und die dazugehörende Zielsetzung akzeptiert hat, dann folgt automatisch das neue Verhalten, denn nur dieses kann zum neuen Ziel führen.

Alles schön und gut, werden Sie sagen, aber: Was, wenn Karl das neue Ziel nicht akzeptiert? Was, wenn ihn das Geld nicht reizt? Was, wenn er sagt: »Ich pfeif' auf die paar Mark mehr in meinem Gewinnanteil?«

Wie sieht es denn in der Praxis aus? »Geht's« im Guten nicht, versuchen wir's halt im »Bösen«, sagt man dann oft.

Das bedeutet: Wenn wir nicht positiv motivieren können (s. o.), dann greifen wir zur negativen Motivation!

Negative Motivation – nach HERZBERG (42) »KITA« genannt – bedeutet: Durch Druck und (oder) Strafandrohung zwinge ich den anderen, auf das Ziel hinzuarbeiten. Bei positiver Motivation verglich HERZBERG den Prozeß damit, daß man dem Esel eine Karotte vor das Maul hält. D. H., ich zeige dem anderen, welche Bedürfnisbefriedigung er erhalten kann, indem er mein Ziel anstrebt.

Wollen wir uns über eines im klaren sein:

Manche Probleme würden in der Praxis soviel Energien (und Zeit) kosten, daß sich eine optimale Lösung nicht rentiert.

Wenn Herr Weber sich ständig mit Karl auseinandersetzen müßte, um ein Bedürfnis zu entdecken, mittels dessen er dann doch die positive Motivation einsetzen könnte, dann hätte er ja für nichts anderes Zeit. Außerdem hängt die Motivations-Fähigkeit des einzelnen sehr von seiner *Seins-* bzw. *Tuns-*Orientiertheit ab, die wir als nächstes besprechen wollen.

Aber:

Selbst mit der negativen Motivation kann man Erfolg haben, wenn man die folgenden Regeln beachtet.

1. Man sollte die positive Motivation zuerst versucht haben *und nur im Falle eines Mißerfolgs* zur negativen Motivation greifen*.
Damit hat man ein echtes Interesse dem anderen als Mitmensch gezeigt, dies wirkt sich auf weitere Kommunikation positiv aus.
2. Man braucht sich vor sich selbst nicht zu genieren, denn man hat eine optimale Lösung angestrebt.
3. Man sollte die negative Motivation nicht mit einer Diktatur verwechseln. Negative Motivation heißt: Jemand durch Druck zum Ziel hinbewegen. (Während er bei der positiven Motivation von alleine geht.) Negative Motivation ist zwangsläufig mit strikter Kontrolle verbunden, denn sowie der Druck nachläßt, läßt die Leistung nach.

Wenn sie jedoch gekoppelt ist mit:

- Anerkennung der Menschenwürde,
- Zusicherung der Bedürfnisbefriedigung, solange die Forderungen erfüllt werden,

kann sie eingesetzt werden, ohne daß die Mitarbeiter sich schlecht behandelt fühlen.
Hier wird der Fußtritt zum milden Zwang, der harte Manager zu einer strengen, aber fairen Vaterfigur.

Positive Motivation in unserem Beispiel von der Fabrik:
Die »Karotte« war das Geld. Nachdem Karl erkannt hat, daß ihm daran etwas liegt, kann Weber »ihn alleine laufen lassen«.
Nur muß er hier und da positive Anerkennung austeilen. Nur so kann der Umlerneffekt erzielt werden.
Das heißt, er kann weitgehend auf Kontrolle verzichten. Er weiß, daß Karl auch sauber arbeiten wird, wenn niemand ihm über die Schulter schaut (weil er ja jetzt positiv motiviert ist).

---

* Laut ADORNO (2) sind mindestens 70 Prozent aller Menschen autoritätsverliebt (authoritarian personalities, Berkeley, USA, 1950), d. h., sie sehnen sich danach, klare Anweisungen zu erhalten und durch Erledigen dieser Aufgaben ein OK-Gefühl zu erarbeiten (vgl. Tuns-Orientation, Kapitel 2). Es ist allerdings notwendig, daß man die Leistung belohnt!

Anders bei der negativen Motivation:

Hätte Karl sich nicht positiv motivieren lassen, wäre Weber zur negativen Motivation übergegangen, er hätte vielleicht gesagt:

»Also, wenn Sie es schon nicht wegen des zusätzlichen Gewinns machen wollen, dann tun Sie's wenigstens, um Ihren Arbeitsplatz zu behalten.«

Nun aber passiert folgendes: Da Karl durch Druck motiviert wird, darf dieser Druck nie nachlassen! Auch die Kontrolle muß ständig vorhanden sein. Denn sobald Karl meint, man »käme ihm nicht drauf«, wird sich wieder sein altes Verhalten einstellen. Dies ist völlig einleuchtend: Sein altes Motiv soll ihn ja nach wie vor zum alten Ziel führen. (Nämlich so lässig wie möglich durch den Arbeitstag zu kommen.)

Deshalb muß zwangsläufig sein altes Verhalten eintreten, wann immer er meint, daß er es sich leisten kann (weil der Druck oder die Kontrolle fehlen).

Wenn man diesen Gedankengang kennt, wundert man sich eigentlich über solche Chefs, die zwar einerseits die negative Motivation einsetzen, andererseits aber immer klagen:

»Kaum läßt man die Leute mal eine Minute aus den Augen, ist der Teufel los.«

Solche Bemerkungen beweisen nämlich, daß sich dieser Chef mit der Motivation noch nicht auseinandergesetzt hat.

Deshalb ist ihm noch nicht klargeworden, daß negative Motivation ohne anhaltenden Druck bzw. ohne strikte Kontrolle erfolglos sein muß.

Die negative Motivation anzuwenden und sich gleichzeitig darüber zu beklagen, daß die Leute bei Auflösung der Kontrolle aufhören, »motiviert« zu sein, ist nicht nur unfair, sondern auch unpraktisch.

Negative Motivation geht immer mit Druck und ständiger Kontrolle einher.

Wenn einem dies klar ist, sieht man ganz deutlich, welche Vorteile die positive Motivation hat:

Positive Motivation
benötigt keinen Druck (also kann man Zeit und Energien sparen), benötigt nur minimale Kontrolle (also kann man ruhig mal den «Rücken drehen»).

Hier zeigt sich erneut, daß es sich für den Chef lohnt, auf die Bedürfnisse seiner Mitarbeiter einzugehen, um seine eigenen Bedürfnisse besser befriedigen zu können. Weber will Karl ja nur deshalb motivieren, weil damit er (Weber) seine eigenen Bedürfnisse befriedigen will. Er will »gut dastehen« (Anerkennung seiner Leistung, Stufe 4), weil in seiner Abteilung weniger Ausschuß produziert wird als in Parallelabteilungen.

Nicht jeder Mitarbeiter ist jedoch positiv zu motivieren. (Zumindest nicht ohne einen Aufwand, der in keinem Verhältnis zu der Situation steht.) Es ist aber immer noch früh genug, auf negative Motivation überzugehen, wenn die positive Motivation nicht (leicht) durchführbar ist.

Für die tägliche Praxis müssen wir folgende Frage beantworten:

Woran scheitern positive Motivationsversuche in der Praxis am häufigsten?

An einem der drei folgenden Gründe (wobei Grund 1 und 2 ausschließlich schlechte Kommunikation darstellen, d. h. sie könnten aus dem Wege geräumt werden).

Grund Nr. 1

Fehlendes Streicheln von überwiegend *tuns*-orientierten Menschen

Überwiegend tuns-orientierte Menschen neigen dazu, ihre Ziele sehr hoch anzusetzen.

Sie bedeuten also kein Motivationsproblem für uns, *solange wir ihnen die Anerkennung ihrer Leistung zukommen lassen,* d. h., sie weiterhin *tuns*-streicheln. Damit gewährleisten wir ihr OK-Gefühl, das sie sich ja ständig neu erarbeiten (er-leisten) müssen.

Bleibt das Lob jedoch aus, so haben sie »umsonst« gearbeitet und können zu einem Motivationsproblem werden.

Übung:

Welche meiner Angehörigen, Nachbarn oder Mitarbeiter sind überwiegend *tuns*-orientiert?

1. _____

2. _____

3. _____

4. _____

Habe ich ihr *Tun* in der letzten Zeit honoriert? Habe ich *tuns*-gestreichelt? Habe ich gelobt? Habe ich sie dadurch veranlaßt, weiterhin »von innen motiviert« zu bleiben?

Ja ☐ Nein ☐

Wenn die Antwort *nein* zutrifft, wissen Sie ja bereits, wie Sie dieses Problem lösen können.

Grund Nr. 2

Falsches Streicheln bei überwiegend *seins*-orientierten Menschen

Daß »Lob« eine unerhört aufbauende Funktion hat, wurde hervorgehoben. Was man allerdings in den letzten Jahren nicht so genau besprochen hat, ist die Tatsache, daß man richtig loben muß. Wieder muß ich die Bedürfnisse des anderen sowie seine Streichel-Orientierung kennen.

Wenn der andere seine Bedürfnis-Stufe 4 (Status, Macht, Geltung und Anerkennung) durch besonders schnittige oder moderne Kleidung zu befriedigen sucht, dann bedeutet ihm ein Lob bezüglich seiner Garderobe (oder bezüglich seines Aussehens) sehr viel, ein Lob bezüglich seiner Pünktlichkeit jedoch weniger.

Übung:

Kenne ich die »Einstellung« der von mir zu Motivierenden? Weiß ich bei jedem, welche Art von Lob ihn (oder sie) am meisten freuen würde, d. h. welche Art von Streicheln den größten Motivationsnutzen hätte?

Ja ☐   Nein ☐

Wenn *nein,* dann machen Sie folgende Übung:

Welche Art von Lob (Kompliment, Streicheln) erfreut mich am meisten:

_____

_____

_____

_____

_____

Jetzt haben Sie Ihr Gefühl dafür, worauf es »ankommt«, ein wenig geweckt. Entwickeln Sie es weiter, indem Sie Ihre Mitmenschen beobachten: Bei welcher Art von Lob reagieren sie am erfreutesten?

Wenn Sie einen Blick für die Bedürfnisse bekommen, die bei den meisten Menschen noch ungenügend befriedigt sind, erwerben Sie gleichzeitig ein gutes Gefühl für die Art von Streicheln, die meistens »gut ankommt«. Dieses Gefühl hat jede gute Mutter, jede beliebte Lehrerin, jeder erfolgreiche Verkäufer, Chef, Partner entwickelt. Darauf basiert ja ihr Erfolg. Und, da dieses Streicheln in Form von Kommunikation ausgeteilt wird, sehen wir wieder einmal, daß erfolgreiche Kommunikation der Weg zum Erfolg ist!

Die innere Einstellung teilt sich immer mit! Wenn Sie daher »scheinheilige« positive Streicheleinheiten austeilen und der andere »kommt Ihnen drauf«, dann gilt jede dieser Streicheleinheiten wie drei negative! (Weil der andere meint, er müsse nicht-OK sein, wenn man ihm nichts ehrlich gemeintes Positives sagen kann. – Teil II, Übungen zur inneren Einstellung.)

Grund Nr. 3

Die Psyche des zu Motivierenden

Wiewohl wir zwar versuchen sollten, die Bedürfnisse des anderen zu erkennen, um auf sie einzugehen, ist uns jedoch klar, daß dies nicht immer möglich ist.

Es gibt Mitmenschen, bei denen wir zwar erkennen können, warum sie schwer zu motivieren sind, aber wir stehen dem Problem doch recht hilflos gegenüber. Hier greift man dann auf negative Motivation zurück. Denn: Ein guter Chef geht zwar so weit wie möglich auf die Bedürfnisse des zu Motivierenden ein, aber er weiß, daß es nicht seine Aufgabe ist, den Psychiater zu spielen.

Es gibt leider wirklich (viele) Menschen, bei denen man nur mit negativer Motivation (also mit Druck und ständiger Kontrolle) etwas erreichen kann. Dies gilt besonders für überwiegend *seins*-orientierte Menschen. Wir wissen, daß sie häufig dazu neigen, ihre Ziele tief anzusetzen. Im Gegensatz zum *Tuns*-Orientierten, der sich seine Strokes ja immer erarbeiten (er-leisten) mußte. Deswegen sind *Seins*-Orientierte nur dann positiv zu motivieren, wenn man sie dazu bringen kann, ihre Ziele höher anzusetzen.

Dann würde sich mit dem neuen Ziel automatisch auch das neue Verhalten einstellen. Dies aber erfordert: Zeit und Methodik sowie psychologische Kenntnisse. Dieser Aufwand steht im allgemeinen in keinem richtigen Verhältnis zur Situation.

Für die tägliche Praxis gilt jedoch:

Wenn wir unsere Kommunikationsfehler bezüglich Lob (besonders bei überwiegend *tuns*-orientierten Mitarbeitern) beseitigen, haben wir doch einige Leute positiv motiviert.

Selbst wenn wir die »anderen« trotzdem negativ motivieren müssen, ist unsere Gesamtbalance wesentlich erfolgreicher geworden.

Wir streben ja keine Perfektion an, sondern Erfolg durch optimale Kommunikation!

Nicht jedes Problem läßt sich (für die Person und zu der Zeit) optimal lösen. Wenn wir jedoch versuchen, die Probleme optimal zu lösen, deren erfolgreiche Lösung uns möglich ist, dann ist das: *Erfolg im Unternehmen und im Leben!*

Übung:

Achten Sie auf Ihre häufigen Redewendungen. Neigen Sie im allgemeinen von vornherein zur positiven oder zur negativen Motivation?

Sagen Sie häufig:

»Wenn das und das nicht so und so, dann ... (Drohung)!«

Oder sagen Sie häufig:

»Wenn die und die Bedingungen erfüllt sind, dann ... (Karotte)!«

Zum Beispiel

negativ: Wenn du deinen Spinat nicht aufißt, darfst du auch nicht spielen!

positiv: Wenn du deinen Spinat jetzt ißt, darfst du später spielen.

Formulierungsübung:

Machen Sie aus jeder negativen Motivation eine positive, und versuchen Sie dabei, ehrlich festzustellen, welche beiden Formulierungen Ihnen geläufiger sind.

Negativ:	Positiv:
1. »Wenn Sie nicht 140 pro Tag schaffen, fliegen Sie!« (d. h., Ihr Bedürfnis nach *Sicherheit* ist gefährdet).	
2. »Entweder Sie verkaufen x Abonnements pro Woche, oder Sie erhalten keinerlei Bonus!« (Bonus-Status, also Bedürfnis-Stufe 4 gefährdet.)	
3. »Solange Sie Ihr Soll nicht erfüllen, muß ich Sie von allen Belohnungen der Firma ausschließen!«	
4. »Wenn Sie einen Kunden noch einmal so dumm anreden wie den letzten, schicke ich Sie in die Buchhaltung; dann können Sie dort Ihren letzten Scheck abholen!«	
5. »Entweder Sie arbeiten in Zukunft sauber, oder Sie arbeiten in Zukunft woanders!«	
6. »Wenn Sie diese Police nicht abschließen, haben Sie keinerlei Schutz, wenn Ihnen irgendwas zustößt.«	

Vielleicht hat Ihnen diese Übung ein wenig Mühe gemacht? Es ist eben einfacher, die negative Motivation einzusetzen als die positive. Bei der negativen Formulierung brauchen wir nur an unsere eigenen Bedürfnisse zu denken, während wir die positive Formulierung nur dann finden, wenn wir auf die Bedingungen und Wünsche des Gesprächspartners eingehen.

Vielleicht erscheint es Ihnen doch ein wenig mühevoll, sich so sehr auf den anderen zu konzentrieren. Aber bedenken Sie bitte, daß sein Verhalten (was immer wir an ihm jetzt verändern wollen) ja durch *seine eigenen Motive* entstanden ist. Diese seine Motive aber wurden durch seine eigenen Bedürfnisse geweckt. Also können wir ihn doch letzten Endes schneller und leichter überzeugen, wenn wir ihm anhand *seiner Bedürfnisse* zeigen, warum es auch für ihn günstig wäre, das zu tun, was wir von ihm wünschen. Außerdem verwechseln wir nicht Manipulation mit positiver Motivation. Wie wir schon sagten, befriedigt der Manipulierende ja ausschließlich seine eigenen Bedürfnisse, weil ihm die Wünsche der anderen egal sind. Wer manipuliert, findet kaum positive Formulierungen, weil er nicht bereit ist, auf die Bedürfnisse der Gesprächspartner einzugehen!

Wollen wir uns auch darüber klarwerden, daß wir im allgemeinen zu wenig auf die Wünsche anderer geachtet haben. Auch dies hat seinen Grund: So hat man uns ja auch immer behandelt. Früher wäre es doch einem Lehrherrn nie in den Sinn gekommen, nach den wirklichen Bedürfnissen seiner Lehrlinge zu fragen. Also wird dieser Lehrling heute als Chef kaum auf die Bedingungen seiner Mitarbeiter achten. Oder eine Mutter, der man früher immer nur sagte: »Tu das und frag nicht so dumm, warum!« wird oft ähnliches zu ihren Kindern sagen.

Fragen wir uns jedoch einmal: »Ist es eine Entschuldigung, daß man es früher auch so machte?«

Wenn Sie diese Frage mit Nein beantworten, erkennen Sie auch, daß dies zwar eine Erklärung, nicht aber eine Entschuldigung darstellt. Weiterhin erkennen wir, daß es nie anders werden kann, wenn nicht einer diesen Teufelskreis einmal durchbricht. Wenn nicht irgend jemand sich Gedanken über die Motive und Bedürfnisse seiner Mitmenschen macht, um diese dann positiv zu motivieren. Um mit ihnen, statt an ihnen vorbei zu reden! Um besser mit ihnen auszukommen. Denn sie werden es ihm danken, und letzten Endes hat er

selbst ja den größten Nutzen davon. Weil wieder einmal die Bedürfnisse beider Parteien befriedigt werden konnten.
Wollen Sie nicht dieser Jemand sein?

Für die tägliche Praxis bedeutet dies:

Gute Kommunikation muß gelernt und eingeübt werden. Deshalb sollen Sie ja die Übungen und Spiele im Teil II durcharbeiten.
Lesen der Theorie hilft besonders hier nur bedingt. Das *Erkennen* ist zwar ein wesentlicher Teil, den Sie jetzt erarbeitet haben, aber ohne das *Tun* nützt es relativ wenig.
Außerdem: Wenn Sie Motivationsprobleme haben, dann sollten Sie m. E. zuerst Ihre eigene Bereitschaft beweisen, Ihr altes Verhalten zu ändern, ehe Sie dies von anderen verlangen!
Sie wissen ja, einem Führer, der mit gutem Beispiel vorausgeht, folgt man viel lieber als einem, der die Fehler macht, die er den anderen verbietet!

4. Transaktionale Analyse (T. A.)

**Optimal kommunizieren heißt:
die zwischenmenschlichen Transaktionen verstehen können.***

Transaktionale Analyse ist eine von DR. ERIC BERNE entwickelte Form der Analyse, die es dem Laien gestattet, in kürzester Zeit sowohl emotionales als auch intellektuelles Verständnis für sich und andere zu erlangen. Transaktionale Analyse führt in kürzester Zeit zu wesentlichen »aha-Erlebnissen« bezüglich des Versuches, sich und andere besser zu verstehen (frei nach JAMES und JONGEWARD [45]).

BERNE stellte nämlich fest, daß *ein Mensch* sich zu gewissen Zeiten so verhält; zu einem anderen Zeitpunkt jedoch ganz anders. *Ein Mann* kann nachmittags um 14.00 Uhr der gestrenge und allmächtige Herr Generaldirektor sein, der mit Würde und Autorität eine Generalversammlung leitet. Zwei Stunden später kann *derselbe Mann* ein Bargast unter »Männern« sein, der mit kindlichem Vergnügen über einen anzüglichen Witz lacht. Kurz darauf kann *derselbe Mann* zu Hause seinen Sohn maßregeln, wobei er ihm mit ernster Miene und erhobenem Zeigefinger erklärt, daß man sich so verhalten muß. Kurz darauf kann *derselbe Mann* mit seinem Sohn an einer Mathematikaufgabe knobeln: heller, wacher Blick und sachliche Fragen versuchen sachliche Probleme zu lösen. Und wenig später kann *derselbe Mann* ein stürmischer oder zärtlicher Liebhaber seiner Frau (oder Freundin) sein.

Eine Frau kann nach Hause kommen und ihr Kind mit fürsorglicher Liebe untersuchen, weil es weint und auf sein angeschlagenes Knie deutet. Zehn Minuten später kann *dieselbe Frau* ihrem Kind mit ernster Miene und erhobenem Zeigefinger erklären: »Nimm die Hände aus der Butter, das macht man nicht!« Kurz darauf kann *dieselbe Frau* mit ihrem Kind auf dem Teppich herumkugeln und in kindlicher Freude an der aufregenden Entdeckerwelt ihres Dreijährigen teilnehmen. Zwei Stunden später, wenn ihr Mann (oder Freund) nach Hause kommt, kann *dieselbe Frau* mit kindlich-betretener Miene erklären, daß sie leider vergessen hat, seine

---

* Zwischenmenschliche Beziehungen werden in der transaktions-analytischen Theorie in einzelne Transaktionen eingeteilt. Eine Transaktion = eine zwischenmenschliche Beziehung; allerdings müssen wir dabei beachten, daß eine einzelne Transaktion sowohl aus der Äußerung des einen Gesprächspartners besteht, als auch aus der Antwort des anderen. Zum Beispiel: Hans: »Guten Morgen, Peter!« (Erste Hälfte der Transaktion.) Dann Peter: »Guten Morgen, Hans!« (Zweite Hälfte.)

Rasierseife zu kaufen. Und kurze Zeit später kann *dieselbe Frau* sich in stürmischer oder zärtlicher Gemeinsamkeit mit ihrem Mann (oder Freund) vereinigen.

BERNE stellte fest, daß diese verschiedenen »Selbst-e«, die jeder Mensch in sich trägt, sich in einer recht vollständigen Wandlung äußern. Er bemerkte markante Unterschiede in: Mimik, Gestik, Körperhaltung, Stimme (Stimmlage), Sprachmelodie, Satzbau(weise) und Vokabular (JAMES und JONGEWARD).

Es ist wirklich so, als lebten »verschiedene Leute« in jedem einzelnen Menschen. Manchmal scheint einer dieser »Leute« den Menschen direkt zu beherrschen, z. B. der »aggressive« Anteil der Persönlichkeit. Dann sagt man später: »Ich weiß gar nicht, was in mich gefahren ist, ich wollte es nicht sagen und habe es trotzdem gesagt. Ich wollte mich wirklich nicht streiten, aber dann habe ich ihn doch wieder dumm angeredet . . .«

Weiterhin beobachtete BERNE, daß diese einzelnen *Ich-Zustände** (wie er die verschiedenen Aspekte des Selbst später nannte) sich in sich ähnelnden *Verhaltensmustern* (behavioral patterns) äußerten; und daß man diese analysieren kann. Er sah, daß manche Transaktionen versteckte Motive hatten und daß das Individuum sich ihrer bedient, um andere zu manipulieren. Diese Manipulationen folgen wiederum gewissen Mustern, die er als Psychologische Spiele bezeichnete (s. Literaturverzeichnis). Letztlich beobachtete er noch, daß Leute manchmal handeln, als stünden sie unter einem Zwang, oder: als spielten sie ihr Leben; als folgten sie einem Drehbuch, das ihnen Anweisungen gibt, wie sie sich verhalten müssen (dürfen, können, sollen).

Diese Beobachtungen führten zur Begründung seiner Theorie, die er später Transaktionale Analyse (TA) nannte (JAMES und JONGEWARD).

BERNE sagte, das Ziel von TA sei es, *eine möglichst offene und authentische Kommunikation zwischen den gefühlsbezogenen und intellektuellen Aspekten der Persönlichkeit herzustellen.*

---

* Ein Ich-Zustand kann . . . als ein zusammenhängendes System von Gefühlen . . . und Verhaltensmustern – beschrieben werden. (BERNE)

Das bedeutet: TA kann uns natürlich auch helfen, mit anderen besser zu kommunizieren, da wir durch TA mehr Verständnis für uns sowie für unsere zwischenmenschlichen Beziehungen erhalten. Wir sagten ja bereits, daß Menschenkenntnis, die uns helfen soll, die tägliche Kommunikationspraxis zu verbessern, gewonnen wird durch

Fremd- und Eigenbeobachtung.

Wenn Sie also die folgenden Seiten lesen, fragen Sie sich immer wieder:

Erkenne ich mich? – Erkenne ich meine Mitmenschen?

Denn nur durch Ihre persönlichen Übertragungen der TA in Ihre persönliche Praxis können Sie den maximalen Nutzen erzielen. Schließlich findet Kommunikation ja immer zwischen zwei oder mehreren Menschen statt. Was läge also näher, als sich mit dem Menschen zu beschäftigen? Je mehr Sie das menschliche Element in einer zwischenmenschlichen Beziehung verstehen, desto mehr können Sie sich dann auf die *Nachricht* konzentrieren, weil Sie die Kommunikationspannen, die durch menschliches Versagen verursacht wurden, besser verstehen. Und: Je mehr Verständnis Sie haben, desto geringerer ist die Gefahr, daß Sie auf eine »Panne« des anderen nun mit einer »Panne« Ihrerseits reagieren.

TA setzt sich aus 4 Teilen zusammen (deren 2. wir ganz besonders besprechen wollen):

1. Strukturale Analyse (= Selbstanalyse)
2. Transaktionale Analyse (= Analyse der zwischenmenschlichen Transaktionen = Analyse der Kommunikation)*

3. Analyse der Psycho-Spiele
4. Analyse der Drehbücher

---

* Da die Transaktionale Analyse der wesentlichste Aspekt von BERNES Theorie wurde, wurde das ganze System später mit TA bezeichnet.

Wir werden zuerst die Strukturale Analyse kurz umreißen, uns dann aber mit den Aspekten der Transaktionalen Analyse beschäftigen, die uns für die tägliche Kommunikationspraxis den größten Nutzen bringt.

Wer sich für den gesamten Bereich von TA interessiert, sei besonders auf das Literaturverzeichnis hingewiesen.

Strukturale Analyse

BERNE stellte fest, daß sich die verschiedenen Aspekte der Persönlichkeit, die er Ich-Zustände nannte, auf drei zusammenfassen lassen. Diese drei Ich-Zustände hat jeder Mensch; wir könnten also sagen, daß sich die Psyche in drei Schichten entwickelt hat. Da BERNE ursprünglich Freudianer war, entwickelte er seine Analyse aus FREUDS Dreiteilung der Psyche heraus: dem Es, dem Ich und dem Über-Ich. Nur erkannte BERNE die Aspekte, die bei FREUDS System fehlen, so daß uns TA einen wesentlich besseren Überblick bietet und der noch dazu in einer viel verständlicheren Sprache erklärt wird (s. Teil III, Merkblatt 3).

Der *Ich-Zustand*, der sich zuerst entwickelt, ist das C; es steht für Child; also nennen wir ihn auf deutsch »K« für »Kind«. Wir benutzen Anfangsbuchstaben für die Ich-Zustandbezeichnung, um den Ich-Zustand nicht mit dem lebenden Kind zu verwechseln. Somit können wir es uns von nun an ersparen, immer zu sagen: Der Ich-Zustand »Kind«. Wir sprechen ab jetzt von K, wenn wir ihn meinen; vom »Kinde« jedoch, wenn wir wirklich ein lebendes Kind meinen.

Das K entwickelt sich zuerst. Im K stecken:
Alle Erbanlagen (Triebe, Talente, Fähigkeiten), also:
das Wollen des Kindes   (Vgl. Kapitel 1: Lustprinzip)
Spontaneität   (prima!)
Kreativität   (Papierkorb wird zum »Hut«)

Neugierde	(Was ist das? Wie geht das?)
die Gefühle sowie ihr	Ausdruck: z. B. Schmollen und Trotzen
	(Wenn die Umwelt die Befriedigung der Bedürfnisse verhindert)
Neid – Mißgunst	(Das will *ich* haben!!
	Ich will auch sowas!)
Manipulieren	(Da das Kind ja vorläufig nur seine eigenen Bedürfnisse kennt, manipuliert es. Erst eine wohlintegrierte Persönlichkeit kann motivieren lernen, da sie auch die Bedürfnisse anderer beachten kann.)

Im K ist der Sitz unseres SWG. Daher ist es das K, das sagt: Ich bin OK, ich bin nicht OK, ich fühle mich akzeptiert bzw. nicht akzeptiert, ich fühle mich beschuldigt, ich fühle mich bedroht, ich muß mich wehren. Im K liegt natürlich auch die Fähigkeit, Freude bzw. Schmerz auszudrücken: das Lachen, das Weinen, das Traurig- bzw. Glücklichsein usw.

Da das K ein sehr wesentlicher Aspekt unserer Persönlichkeit ist, der sich gerade in der Kommunikation besonders bemerkbar macht, wollen wir es noch einmal etwas genauer betrachten: Wir unterscheiden das *natürliche* K, welches sich im Ausdruck von Freude und Schmerz, in der Spontaneität, Kreativität, Neugierde und im Spielen ausdrückt (im Sex »spielt« das Kind). Wir kennen aber auch das *weinende* K, welches sich (= sein SWG) verteidigen muß. Dieses Verteidigen führt zwangsläufig zu »Ballast« in der Kommunikation; wir werden noch darauf zurückkommen.

Berne unterteilt das K in drei Teile, da wir aber für die Analyse der Kommunikationsschulung nur die beiden genannten brauchen, beschäftigen wir uns hier mit diesen. Sollten Sie wirklich »in die Tiefe gehen« wollen, sei hier nochmals auf das Literaturverzeichnis verwiesen.

Wenn Sie also kindlich handeln oder fühlen, so sagen wir transaktional-analytisch: *Sie sind im K* oder *das ist Ihr K*. (Wir sagen »kindlich«, niemals »kindisch«, da wir beschreiben und nicht bewerten wollen.)

Das Kind *will;* nun aber kommt die Umwelt und modifiziert das Verhalten. Außerdem programmiert diese Umwelt Ihr Gewissen, so daß Sie später durch Ihre »innere Stimme« veranlaßt werden, sich »richtig« zu verhalten. Da diese Umwelt zuerst durch die *Eltern* repräsentiert wird, nannte BERNE diesen Teil der Persönlichkeit, der durch sie beeinflußt und programmiert worden ist, das P (P steht im Englischen für parent, was »Elternteil« bedeutet). Wir nennen diesen Ich-Zustand weiterhin P, wobei wir das P im Deutschen mit »Programmierung« assoziieren.

P beinhaltet also:
Ge- und Verbote,
die sogenannte Moral,
das sogenannte Gewissen.
Aber auch:
Vorurteile, und
alle starren, inneren Einstellungen und geistigen Haltungen sowie:
von den Eltern übernommene Verhaltensweisen und Gewohnheiten.

(Ihr P wird natürlich *zuerst* von den Eltern, später aber auch von anderen Personen in Ihrer Umwelt geprägt. Der Einfachheit halber nennen wir auch diese Personen »Eltern«.)

Im P steckt aber auch die »elterliche Liebe«, die fürsorgliche, sich Sorgen-machende Liebe für einen Mitmenschen, sowie: das Pflegen- und Helfen-Wollen.
Im P steckt aber auch das Belehren-Wollen. (So mußt du's machen.)

Da der P sowohl positive als auch negative Aspekte beinhaltet, unterteilen wir ihn in den *liebevollen P* und den *kritischen P.* Im täglichen Leben ist es der kritische P, der uns Schwierigkeiten macht, weil er uns zu viel verbietet; weil er uns veranlaßt, anderen zu viel zu verbieten; weil er unsere Vorurteile sowie unsere Werturteile enthält. Je stärker der kritische P eines Menschen ausgeprägt ist, desto intoleranter muß dieser Mensch zwangsläufig werden.

Der kritische P nennt kindliches Verhalten »kindisch«. Er bewertet (im Sinne von aburteilen), während der analytische Aspekt beschreibt.

Die inneren Einstellungen, geistigen Haltungen und Vorurteile, die man (meist kritiklos) übernommen hat, bezeichnen wir als elterliche Aufzeichnungen. Je mehr elterliche Aufzeichnungen man im Kopf herumträgt, desto weniger bereit ist man, Situationen analytisch zu überprüfen, da man ja bereits eine vorgefertigte Meinung parat hat. Manche dieser elterlichen Aufzeichnungen stecken im liebevollen P. Wenn's jemandem weh tut, muß man versuchen, ihm zu helfen. – Die meisten elterlichen Aufzeichnungen stecken jedoch im kritischen P: Rote Krawatten trägt *man* nicht! *Alle* Arbeiter sind primitiv!

Diese Art von elterlichen Aufzeichnungen verraten sich durch die universalgültige Art, in der man sie konstatiert, als gäbe es keinen Zweifel. Wenn man sie aber begründen soll, so kann man keine rationalen Gründe finden, da man diese kritischen elterlichen Aufzeichnungen kritiklos übernommen hat. Man hat sich über diese Aussage noch keine eigenen Gedanken gemacht.
Wenn Sie es also mit einem Menschen zu tun haben, der ständig solche (negativen) elterlichen Aufzeichnungen verlauten läßt, so wissen Sie automatisch, daß der analytische Teil seiner Persönlichkeit nicht besonders gut entwickelt sein kann. Solche Menschen erscheinen stur, denkträge, besserwisserisch und kritikbereit, da sie alles, was nicht in ihr »Bild« paßt, ablehnen. Hier muß man sich darüber im klaren sein, daß sie Versuchen, ihnen die »Realität« zu zeigen, ebenfalls mit Abwehr begegnen werden. (Hierbei ergibt sich ein interessanter Koppelungseffekt: Jetzt verteidigt nämlich das K »sein P«, so daß, was wir später über das weinende Kind und dessen Abwehrmanöver sagen werden, gültig ist, obwohl der Sprecher vielmehr einem erzürnten Elternteil als einem Kind gleicht.)*

---

* Es passiert häufig, daß Ich-Zustände nicht allein auftreten, d. h., daß an einer Aussage mehrere Ich-Zustände gleichzeitig beteiligt sind. Wir werden die Aussagen der Ich-Zustände trotzdem so analysieren, als träten sie in einer überwiegend reinen Form auf, um an solchen etwas überspitzten Beispielen die transaktionale-analytische Methode zu demonstrieren.

Wenn Sie also »elterlich« handeln, wenn Sie väterliche Ratschläge oder mütterliche Fürsorge entwickeln, wenn Sie beraten, belehren, kritisieren, bemängeln, »meckern«; wenn Sie Vorurteile verlautbaren oder jemandem Schutz und Geborgenheit geben, dann *sind Sie im P*, oder, dann *ist das Ihr P*.

Der dritte Ich-Zustand heißt A. Im Englischen steht A für adult, was »Erwachsener« heißt, da ein Mensch ohne das A nie erwachsen werden könnte. Sein K würde spielen, spontan sein, schmollen oder trotzen. Vor allem würde es versuchen, *seine eigenen Bedürfnisse* zu befriedigen; sein P würde Althergebrachtes wiederholen, alte Vorurteile weitergeben oder in Gewohnheit ersticken.

Erst die Funktion des *analytischen* A kann einem Menschen helfen, sich selbst aus der Erbanlage und Umweltprogrammierung heraus zu entwickeln und damit erst »menschlich« – im Sinne von Homo sapiens – zu werden.

A (A steht im Deutschen für analytisch) sammelt und verwertet Fakten. Er übt eine auf Beobachtung basierende Kritik. Wenn P kritisiert, sagt er: »Sitz gerade!« Wenn A kritisiert, sagt er: »Aufgrund der und der Fakten erweist sich dies als falsch.«

Deshalb differenzieren wir zwischen P-Kritik (die bemängelt) und A-Kritik, die Fehler findet, statt sie zu bemängeln.

 A beinhaltet also:
Das Denken, das Analysieren sowie den Intellekt.
Die Funktion des A besteht aus:
Daten und Fakten analysieren, interpretieren und speichern,
Möglichkeiten errechnen und Schlüsse ziehen.
Im Optimalfall werden Entscheidungen überwiegend vom A beeinflußt.

Wenn Sie sich also so »objektiv wie möglich« mit der Realität auseinandersetzen, wenn Sie Informationen sammeln und auswerten, dann *sind Sie im A* oder dann *ist das Ihr A*.

Für die tägliche Praxis bedeutet das:

Wenn Sie privat kommunizieren, *soll Ihr K herauskommen*. Lernen Sie auch über Ihre Gefühle und Wünsche zu sprechen (siehe Gefühlsrad, Teil II). Lernen Sie wieder, spontan fröhlich zu sein (ein fröhlicher Mensch ist überall gerne gesehen) oder Schmerz zu zeigen, wenn Sie traurig sind (statt immer alles zu »schlucken«).

Aber: Wenn Sie geschäftlich oder beruflich kommunizieren, *lernen Sie das K vom A zu unterscheiden.* Oft »verpackt« man Forderungen des K als A-Aussagen. (Man sagt: »Hier muß noch ein Bild her, damit das harmonisch wirkt« und meint: »Ich will hier noch ein Bild.«) Wenn der andere unsere Behauptung, die ja zugleich unsere Begründung darstellt, anzweifelt, regt sich das ungeduldige K, statt dem analytischen A zu erlauben, diese Fakten nochmals zu überprüfen.

Wenn Sie jemanden angreifen, kritisieren, belehren wollen, weil er etwas tut (oder trägt), was man doch nicht macht, dann besteht die Möglichkeit, daß Sie von Ihrem kritischen P geleitet werden. D. h., daß Sie dem anderen Ihr Gewissen oktroyieren wollen; denn dies ist für Sie leichter, als mit Ihrem A zu überprüfen, ob es wirklich nötig ist, diese Bemerkung zu machen. Hier handelt es sich wieder um eine »Mein-Gewissen-ist-besser-als-deins«-Aussage, die vom K ausgelöst wird, das sein eigenes Gewissen verteidigt (s. Kapitel 1).

Diese Art von Aussagen äußert sich häufig in Bemerkungen wie:

»Sie müssen das *so* machen.«
»Das macht (trägt, sagt . . .) man doch nicht!«
»Also, *ich* an Ihrer Stelle . . .«
»Sie sollten eigentlich . . .«

Kommunikation kann verbal (mit Worten) und nicht-verbal (ohne Worte) verlaufen. Wir können »ja« sagen (verbal) oder mit dem Kopf nicken (nicht-verbal).
Hier folgt nun eine Aufstellung der wesentlichsten P-A-K-Aussagen, und zwar verbaler und nicht-verbaler Art.

Übung:

Lesen Sie die folgende Liste einige Male durch (über einen Zeit-
raum von einigen Wochen verteilt), und fragen Sie sich:

Welche Redewendungen wende ich besonders häufig an?
Welche dieser Gesten und Körpersprachsignale?
Schreiben Sie dies auf zwei Zettel: Auf einen die Äußerungen, die
Sie selbst als negativ betrachten, auf den zweiten jene, die Sie selbst
als positiv ansehen.

Für die tägliche Praxis:

Bemühen Sie sich, die negativen abzubauen, die positiven jedoch in
Zukunft bewußter einzusetzen.

Verbale und nicht-verbale Äußerungen des P, A und K

Der P

Verbal: Das macht man so!
                 So geht das doch nicht!

(P)   Was werden denn die anderen (Nachbarn, Freunde)
                 sagen?
                 Alle X sind immer so! (als Vorurteil)
                 Das weiß doch jeder!
                 Das darfst du!
                 Das darfst du nicht!
                 Das ist erlaubt.
                 Das ist verboten!
                 Ich an deiner Stelle würde das so machen!*

---

* Bitte beachten Sie, daß man zwar *sagt* »wenn ich *du* wäre«, man aber *meint*:
 »Wenn ich, *ich*, an deiner Stelle wäre . . .« Dies zeigt uns, wie schwer es doch
 ist, sich wirklich in den anderen hineinzuversetzen.

Tut dir etwas weh?

Kann ich dir helfen?

Immer machst du alles falsch!

Nie machst du's richtig!

Jetzt hast du das noch immer nicht (richtig) gemacht!

Tu das und das! (Alle Befehle, Anweisungen und »autoritären« Aussagen)

Das mußt du aber anders machen!

Du bist ja unmöglich!

Sei doch vernünftig!*

Sowas muß man immer so machen!

Soll ich dir ein Aspirin holen?

Tu gefälligst das und das!

Übung:

Welche weiteren verbalen typischen P-Reaktionen fallen Ihnen noch ein?

Äußerungen des kritischen P: Äußerungen des liebevollen P:

---

* Eine »Sei-doch-vernünftig«-Aussage bedeutet in letzter Konsequenz: »Du Depp, kannst du denn meinen Standpunkt nicht sehen?« Der andere spürt, daß ein »Sei-doch-vernünftig« keine vernunftsuchende Aussage des A ist, sondern eine kritisierende Aussage des P, der einen für »unvernünftig« (= nicht-OK) hält; deshalb reagiert meist der entrüstete K auf solche Aussagen; d. h., man erreicht das Gegenteil von dem, was man wollte.

Nicht-verbal: Mit dem erhobenen Zeigefinger drohen
                Arme über der Brust verschränken (bei Kritik)
                Warnende Bewegungen
                Nase rümpfen
                Belehrendes Gebaren
                Jemanden liebevoll in die Arme nehmen
                Schutz und Geborgenheit ausstrahlen
                Augenbrauen hochziehen (bei Kritik)

Übung:

Welches andere typische »*elterliche*« Verhalten fällt Ihnen noch ein?
(Denken Sie an Ihre eigenen Eltern sowie wesentliche Bezugspersonen in Ihrer Kindheit!)

_____

_____

_____

_____

_____

_____

Der A

Verbal: Was ist das? Wie funktioniert das? Wozu braucht
                man das? Wie spät? Wieviel kostet das? Können
                wir das ins Budget einplanen? Was sagt der X-
                Fachmann dazu? Das paßt hier hinein. Die Span-
                nung ist zu hoch. Wir müssen noch zwei Grad
                zugeben. Die Ergebnisse zeigen . . . Nach unseren
                neuesten Berechnungen . . . Der Anwalt meint, wir
                sollten . . . Alle X sind immer so. (Als Schluß-
                folgerung.)

Nicht-verbal: Gesten und Mimik der Nachdenklichkeit / Erwägung; Abwägen; Finger an die Nase; Fingerspitzen zusammen; deuten (Hier ist es); zuhören etc.

Das K

Verbal: Ich bin OK – nicht OK. Das gefällt mir! – Das gefällt mir nicht! Ich will das! Ich will das ausprobieren! (Neugierde) Gib mir das! Das ist meins! Laß mich! Du tust mir weh! Das ist aber schön! Welch aufregende Farbe! Jetzt rede ich überhaupt nichts mehr mit dir! Schau mal, was ich kann . . .! Ich kann das viel besser! Ich habe ein viel schöneres! (Angabe), Was du alles kannst! (Bewunderung), Immer bin ich schuld! Laß mich doch! Ich kann ja gar nichts! Ich bin ja unmöglich! Du bist ein Depp! – Wollen wir spielen?

Nicht-verbal: Hüpfen, tanzen, lachen, springen, schmollen, mit dem Fuß aufstampfen, Luft anhalten, verschmitzt lächeln, grinsen, weinen, beleidigt sein, neugierig suchen / forschen usw.

So sieht eine Persönlichkeitsstruktur nach BERNE aus:

Um den Einstieg in die *Transaktionale Analyse* zu verstehen, wollen wir die Ich-Zustände anhand eines kleinen Fallbeispiels analysieren.

Übung:

Analysieren Sie, in welchem Ich-Zustand sich die jeweils sprechende Person befindet. (Auflösung folgt nach der Übung.)

Situation	Analyse
a) Eine Mitarbeiterin (M) kommt ins Büro ihres Chefs (C): M: Hier ist der Bericht.	Sie stellt eine Tatsache fest. Fakt: Hier ist der Bericht. Ich-Zustand: _____
b) C: Aber das ist ja unmöglich! Sie müssen solche Berichte immer mit drei Durchschlägen tippen! Das macht man doch schon immer so!!!	Er diskutiert mehr als Fakten, wiewohl Fakten in Kommunikation enthalten sind (A). Überwiegend jedoch spricht hier sein: _____
c) M: Ich bin ja unmöglich! Das hat mir ja Frau Müller schon gesagt, und ich hab's vergessen. Ich bin wirklich unmöglich!	Sie hält sich für nicht-OK. (Gefühle sind in welchem Ich-Zustand?) Sie ist jetzt im: _____
d) C: Ist ja schon gut, Frau Eberlein. Da machen wir jetzt einmal eine Xerox, und das nächstemal tippen Sie eine Kopie mehr, ja? Kein Grund zur Selbstanklage, die Arbeit ist ja sauber und ordentlich gemacht.	Er tröstet sie jetzt. Jedoch trösten heißt, sich fürsorglich um jemand kümmern. Sie sehen, Ich-Zustände treten meist nicht 100% »rein« auf. Sein A ist mitbeteiligt (Fakt: Eine Xerox kann eine Kohlepapierkopie ersetzen), aber hauptsächlich spricht ein anderer Ich-Zustand bei ihm! Welcher ist es? _____

Auflösung: a) = A
           b) = P kritisierend
           c) = K weinend
           d) = P liebevoll

Wie Sie aus dieser Mini-Studie gesehen haben: Der P als er sagt: »Das ist ja unmöglich!« ist der kritische P; der P am Ende jedoch der liebevolle P.

Genauso kann das K positiv auf andere wirken: spielen, lachen, vor Freude in die Hände klatschen. Aber es kann auch negativ wirken: trotzen, schmollen, angreifen, verteidigen, selbstanklagen usw.

Wesentlich ist nicht, daß wir jedesmal bewerten, ob der andere gerade positiv oder negativ wirkt. Wesentlich ist, daß wir lernen, festzustellen, welcher Ich-Zustand spricht. Diese Erkenntnis benötigen wir in der transaktionalen Analyse; sie wird uns helfen, unsere Kommunikation erfolgreich zu gestalten.

Zur strukturalen Analyse selbst sei noch gesagt: Wer sich selbst besser erkennen lernen und selbst noch »wachsen« möchte, wer sich selbst besser verstehen oder seine Persönlichkeit zum Winner (s. Kapitel 2) entwickeln möchte, der sei nochmals auf das Literaturverzeichnis verwiesen. (Nummern 7, 41, 45 und 63.)

Die strukturale Analyse kann uns wirklich helfen, als *Mensch erfolgreich zu werden,* während TA hilft, in der Kommunikation erfolgreich zu sein. Da dies ein Kommunikationsbuch ist, müssen wir uns hier hauptsächlich auf eine Übersicht über die strukturale Analyse beschränken.

Wenn der eine Gesprächspartner sein P A K hat, dann hat es der andere natürlich auch. Und damit beginnt die Analyse der Kommunikation auf transaktionaler Basis.

Da bei jedem Gesprächspartner jeder der drei Ich-Zustände »sprechen« kann, gibt es eine Reihe möglicher *Kombinationen* und *Komplikationen.* Diese zu verstehen, wird es möglich machen, die Teufelskreise der Kommunikation zu unterbrechen.

In TA nennen wir eine Kommunikations-Einheit eine Transaktion. Wenn Sylvia sagt: »Du, Bert?« – so ist das eine halbe Transaktion. Wenn er sagt: »Hmm?« – so ist das die zweite Hälfte. Beide zusammen ergeben eine Transaktion. Die meisten Kommunikationen bestehen aus einer *Kette von Transaktionen.* Um die Kette zu verstehen, wollen wir uns jetzt das einzelne Glied vornehmen (je 2 Glieder = 1 Transaktion).

Drei Arten der Transaktion

Es gibt prinzipiell drei Arten von Transaktionen:

1. einfach   (auch komplementär genannt)*
2. gekreuzt   (wenn man nicht mehr auf »einer Wellenlänge« kommuniziert)
3. kompliziert (auch verdeckt genannt, weil ein verdecktes Motiv dahintersteckt. Dies äußert sich dann in der »Komplikation«, weil zwei Ich-Zustände des Sprechers gleichzeitig beteiligt sind.)

Es kann also jeder Ich-Zustand sprechen. Dabei wendet er sich jedoch immer an einen der drei Ich-Zustände des anderen.
Analysieren wir das Fallbeispiel von Seite 104 noch mal. Diesmal wollen wir nicht nur feststellen, welcher Ich-Zustand spricht, sondern darüber hinaus, an welchen Ich-Zustand der Sprechende sich wendet.

M: Hier ist der Bericht!

Das ist Frau Eberleins
A an den A im Chef.

Im Diagramm sieht das so aus:

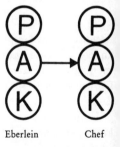

Eberlein   Chef

---

* BERNE nannte diese Art der Transaktion auch parallel, weil sie im Diagramm parallel verläuft. Da meine Seminarteilnehmer jedoch festgestellt haben, daß es einfache Transaktionen gibt, die trotzdem nicht parallel verlaufen, benutze ich den Terminus nicht mehr, weil er verwirrend sein kann! Für diesen wesentlichen Hinweis danke ich der zweiten deutschen TA-Gruppe. (Februar 1973, München.)

C: Aber das ist ja unmöglich!!!

Hier spricht sein P und adressiert ihr K.
Sein P schimpft also ihr K.

Im Diagramm sieht das so aus:

Eberlein   Chef

Darauf sagt Frau Eberlein:
Ich bin ja unmöglich!

Hier fühlt sich ihr K von seinem P beschimpft
und reagiert wieder zu seinem P. (Bitte hau
mich nicht, ich geb's zu!!) Außerdem zielt ihre
Selbstbeschuldigung auf Trost ab.

Im Diagramm sieht das so aus:

Eberlein   Chef

Allerdings: Er hat im kritischen P gesprochen. Sie adressiert ihn jetzt im liebevollen P.

Daraufhin fühlt er sich tatsächlich im liebevollen P angesprochen und adressiert von
neuem das K in ihr.
»Ist ja schon gut . . .«

Im Diagramm sieht das so aus:

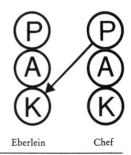

Eberlein   Chef

Wenn wir diese Diagramme nacheinander betrachten, also Glied um Glied der Kette, werden aus den einzelnen Transaktionen die *Kommunikationen*. Wir fassen dabei immer 2 halbe Transaktionen zu einem Diagramm zusammen, damit wir sie in dem Bezug sehen können, in dem sie zueinander stehen.

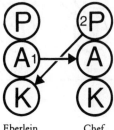

Transaktion 1:

gekreuzte Transaktion

Eberlein   Chef

Eberlein: Hier ist der Bericht. (A → A) (1)*
Chef: Unmöglich!   (krit. P → K) (2)

Wie wir sehen, verläuft diese Transaktion nicht »auf gleicher Wellenlänge«. Die Kommunikationsdrähte sind gekreuzt.

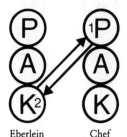

Transaktion 2:

einfach oder komplementär

Eberlein   Chef

Chef: Unmöglich!   (kritisches P → K) (1)
Eberlein: Ich bin ja unmöglich. (weinendes K → liebev. P) (2)

Hier verläuft die Kommunikation komplementär. D. h. der Ich-Zustand, der adressiert wurde, spricht an den Ich-Zustand, der ihn ansprach, zurück.

---

* Die Nummern (1) und (2) stellen die erste und die zweite Hälfte der Transaktion dar, damit auch die Reihenfolge im Diagramm ersichtlich wird.

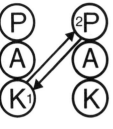

Transaktion 3:

einfach

Eberlein   Chef

Eberlein: Ich bin ja unmöglich!!   (weinendes K → P) (1)
Chef: Ist ja schon gut, Frau E!   (liebevolles P → K) (2)

Nun hat ihr (weinendes) K eine (tröstende) Streicheleinheit (= Zuwendung, Aufmerksamkeit, Anerkennung) bekommen. Nun kann die Kommunikation wieder zu einer A-Ebene zurückkehren.

Denken Sie an Ihre Kinder oder Kinder aus der Bekanntschaft:

Manchmal sind sie leicht getröstet; manchmal brauchen sie lange, bis sie sich wieder OK fühlen, bis sie wieder strahlen, lachen, fröhlich sein können.

Genauso ist es beim K. Manchmal genügt eine Streicheleinheit, um es wieder OK »fühlen zu machen«; manchmal jedoch braucht es einige Streicheleinheiten, bis der Schmerz sich verzogen hat.

Da ein weinendes K letztlich immer *Abwehrmanöver* einsetzt, ist die Investition einiger netter, ansprechender, beruhigender Bemerkungen (liebevoller P → K) wesentlich geringer, als auf »ausgewachsene« Abwehrmanöver reagieren zu müssen.

Für die tägliche Praxis bedeutet das:

Je besser Sie die Ich-Zustände des anderen erkennen, desto besser können Sie *zielgerecht* kommunizieren. Besonders wesentlich ist dabei, das weinende K zu erkennen, da dies immer auf ein Nicht-OK schließen läßt.

Dies zu wissen bedeutet zweierlei:

1. Je besser es mir gelingt, dem anderen wieder das Gefühl zu geben, OK zu sein, desto eher können wir wieder ohne »Ballast« auf A- oder P-Ebene kommunizieren. Diese Verbesserung des SWG wird erreicht durch
a) tröstendes Verhalten,
b) Schutz, Geborgenheit bieten,
c) Mitgefühl,*
d) ein Anerkennen eines positiven Aspektes des anderen.

2. Je mehr *nicht*-OK der andere sich fühlt, desto sicherer ist es, daß er auf Abwehrmanöver zurückgreifen muß, da er sich bedroht fühlt.

Deshalb wollen wir üben, *Ich*-Zustände zu erkennen, besonders den kritischen (nörgelnden) P und das weinende (Nicht-OK) K.

Komplizierte Transaktion

Die dritte Art der Transaktion nennen wir kompliziert. Hier handelt es sich darum, daß ein verstecktes (nicht zugegebenes) Motiv mitschwingt. Man »verpackt« diese Nachricht und sendet eine andere. Z. B.: »Hier gehört noch ein Bild her, damit es harmonisch wirkt« (A → A), wenn man meint: »Ich will hier ein Bild.« (K)

---

* Wenn jemand Mitgefühl zeigt, so ist das leider meistens kein Mit-Fühlen, sondern das Gefühl, die Situation des armen Würstchens »als unsere« verstehen zu können. D. h., wir stehen auf einem Podest und blicken auf den armen Leidenden hinunter, wobei wir meinen, viel besser als er zu sein. Diese Art von »Mitgefühl« wird beim anderen notwendigerweise Ressentiments hervorrufen, da man merkt, daß sich der »Mitfühlende« überlegen fühlt. Mitgefühl sollte aber bedeuten, daß man neben dem anderen steht und sein Leid versteht, d. h. sich damit identifiziert und sein Leid mit ihm teilt. Dieses wirkliche Mit-Fühlen kommt vom liebevollen P und wird vom weinenden K des anderen als tröstend empfunden. Das »sogenannte Mitgefühl« jedoch kommt vom K des anderen und drückt indirekt aus: »Ich bin besser als du«, so daß diese Art von Mitleid in Wirklichkeit keinerlei Mitleiden beinhaltet.

Im Diagramm sieht das so aus:

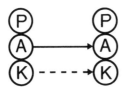

In der Praxis werden sie besonders dann kompliziert, wenn der andere *nur* auf die gesprochene (direkte) Nachricht achtet, die ungesprochene (indirekte) jedoch nicht versteht.

Zwei Beispiele komplizierter Transaktionen

1. Das Rendezvous. Sie haben sich heute zum erstenmal getroffen. Zuerst lud er sie zum Abendessen ein, dann kam man auf die Idee, sich einen Film anzusehen, nach diesem landete man wieder in einem kleinen Café, um noch zu diskutieren. Schließlich sagt er: »Frau Müller, Sie drückten vorhin ein Interesse für Kupferstiche aus. Zufällig habe ich welche zu Hause. Wenn Sie wollen, könnten wir mal kurz zu mir gehen ...« D. h., seine direkte Nachricht (A–A) lautet: Ich habe Kupferstiche. Sie interessieren sich dafür. Frage: Wollen Sie diese sehen? Seine indirekte Nachricht jedoch lautet (K–K): Willst du mit mir spielen? (Wir sagten ja bereits, daß im Sex das K »spielt«.)

Sie antwortet nun: »Aber sicher, das interessiert mich sehr. Gerne sehe ich sie mir an.« Hier lautet ihre direkte Nachricht (A–A): Sie haben mir angeboten, die Kupferstiche anzusehen; ich habe akzeptiert. Ihre indirekte Nachricht jedoch lautet (K–K): Jawohl, spielen wir!

Problematisch wird die Angelegenheit jedoch, wenn ein Partner die indirekte Nachricht nicht verstanden hat. Nehmen wir einmal an, sie hätte wirklich nur die Kupferstiche sehen wollen; sie ist ein

Nachtmensch, und es kommt ihr gar nicht in den Sinn, daß diese Anfrage seinerseits etwas »anderes« beinhalten könnte.

Beim ersten Blusenknopf denkt sie: »Das ist ja ganz nett, daß er es versucht; zumindest findet er mich interessant genug«; beim zweiten findet sie sein Vorgehen bereits etwas übertrieben, und beim dritten steht sie auf und geht erbost.

Er jedoch fand beim ersten Blusenknopf: »Ist ja klar, ein bißchen muß sie sich ja zieren . . .«; beim zweiten Knopf fand er, daß sie langsam aufhören könnte mit dem »Theater«, und wenn sie geht, ist er ehrlich erbost: »Die kann doch nicht im Ernst angenommen haben, daß ich ihr nachts um 1 Uhr wirklich nur Kupferstiche zeigen will?«

Wieder einmal sehen wir: Wahr ist nicht, was er sagte; wahr ist, was sie hörte.

Regel: Wir haben kein Recht anzunehmen, daß der andere unsere indirekten Nachrichten auch versteht! Wir haben kein Recht ihn zu beschimpfen, daß er zu »dumm« oder »blöde« sei, wenn er uns falsch verstanden hat. Wesentlich wäre es jetzt, die Kommunikation zu verbessern, statt den Schuldigen zu suchen!

2. *Der Vertreter:* Sie kennen das klassische Vertreter-Argument aus unzähligen Witzen: »Ihre Nachbarin sagte mir, daß Sie sich den Staubsauger hier leider nicht leisten können!« Die direkte Nachricht lautet (A–A): Das Gerät kostet mehr, als Sie sich leisten können. Die indirekte Nachricht lautet jedoch (K–K): Du kannst das nicht haben! Wenn die Hausfrau die direkte Nachricht (mit ihrem A) aufnimmt, wird sie sagen: »Sie haben recht, es ist mir zu teuer.« (Wir gehen hier von der Annahme aus, daß sie sich das Gerät aus finanziellen Gründen wirklich nicht leisten kann!) Hört sie aber die indirekte Nachricht (mit ihrem K), so kann es durchaus sein, daß ihr K antwortet: »Aber sicher kann ich! Ich nehme ihn . . .« Später am Abend wird sie wahrscheinlich ihrem Mann mit bedrückter (Kinder-)Miene erzählen, daß sie heute zu viel Geld ausgegeben hat.

Hier gilt wiederum:

Wahr ist nicht, was man sagt. Wahr ist, was der andere hört —

Im Moment ist es jedoch besonders wesentlich, einfache und gekreuzte Transaktionen unterscheiden zu lernen. Wer über komplizierte mehr wissen will, siehe Literaturverzeichnis zu TA.
In den folgenden Transaktions-Mustern finden Sie die am häufigsten vorkommenden Kombinationen von *Ich-Zuständen:*

P ⟶ P	Man bemängelt, kritisiert oder sorgt sich über Abwesende, da ja jeder im P ist. Ein beliebtes »Spiel« ist: IST ES NICHT SCHRECKLICH? Es hat die Funktion, daß man sich über Gott und die Welt aufregen (also Aggressionen ablassen) kann, ohne einen der Anwesenden direkt anzugreifen.
A ⟶ A	Man tauscht Fakten, Informationen aus. Eine Fachsimpelei. Das gemeinsame Lösen eines Problems.
K ⟶ K	Man freut sich. Man spielt (im Sex spielt das K). Man bekämpft oder verteidigt. Man teilt Freud und Leid. Man geht auf Entdeckung zusammen und er-lebt gemeinsam. Man trotzt, schmollt, manipuliert. Man gibt an.
P ⟶ K	Kritischer P → K. Man beschuldigt, bemängelt, belehrt. Man kritisiert herum. Man bedroht (negative Motive).
P ⟶ K	Liebevoller P → K. Man versorgt liebevoll. Man hilft, heilt, tröstet. Man gibt. Man liebt (positive Motive).
K ⟶ P	Man entschuldigt sich. Man bittet um Verzeihung, Verständnis, Liebe, Aufmerksamkeit, Anerkennung.

Beispiele für die häufigsten Transaktions-Muster:

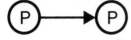

Ein alter Herr gesellt sich zu einer alten Dame auf einer Parkbank. Ein junges Mädchen im Minirock geht vorbei.

Der alte Herr: Ts, ts, ts – schrecklich diese jungen Leute von heute, nicht wahr?

Die alte Dame: Schamlos! So sind sie heute alle! Damals, bei uns ...

Vier Menschen im Wartezimmer eines Augenarztes. Eine Mutter mit Kind kommt herein. Sie spricht und spielt mit der Kleinen, wobei sie das Tabu (im Wartezimmer amüsiert man sich doch nicht!) bricht. Die anderen schweigen eisig und werfen böse Blicke auf die beiden (auch das ist schon P, nämlich nicht-verbal kommunizieren). Kurz darauf wird die junge Mutter zum Bestrahlen abgerufen.

1. PT*: Also, da hört sich doch alles auf!

2. PT: Da soll man lesen können, bei der ihrem ständigen Gequassel!

3. PT: Gegrüßt hat sie auch nicht. Aber das haben sie ja nicht mehr nötig, heutzutage.

4. PT: Überhaupt, haben Sie diese unmöglich gefärbten Haare gesehen? Einfach unmöglich!

3. PT: Die Augen hat sie auch bemalt wie 'n Indianer.

4. PT: Ist es nicht schrecklich, wie die sich herrichten heute? Kein Geschmack, sage ich immer! Absolut kein Gefühl dafür, was sich gehört!

* PT = Patient(in)

Schüler: Warum nennen die Chinesen das Jahr 1974 das Jahr 4672?

Lehrerin: Weil wir die Zeit nach der Geburt Christi berechnen. Das Jahr 1974 ist das 1974. Jahr nach Christus. Da die Chinesen ihren Kalender nicht nach diesem Ereignis ausrichten ...

Klempner: Seit wann tropft das Rohr schon?

Hausfrau: Seit gestern. Aber das war ja Sonntag.

Klempner: Das ist nicht viel Wasser seit gestern. Wahrscheinlich ist nur die Dichtung kaputt. Du, Paul, dreh mal den Haupthahn zu, bitte.

Paul: OK.

Das K im Kind:

Otto: Gib her, das ist meins!

Hans: Hol dir's doch!

Ella: Ich sag's deiner Mutti, wenn du dem Otto immer seine Sachen wegnimmst.

Das K im Erwachsenen (20 Jahre später):

Otto: Ich mache Sie darauf aufmerksam, daß dies mein Locher ist.

Hans: Sie können ihn mir ja wegnehmen, wenn Sie darauf bestehen.

Ella: Herr Müller hat ausdrücklich gebeten, mit diesen Streitigkeiten aufzuhören. Holen Sie doch einen neuen aus dem Materialschrank, Herr Hans. (jetzt: P)

Herr Kapp: Sie sind mir sehr sympathisch, Fräulein Bauer!

Frl. Bauer: Sie mir auch, Herr Kapp.

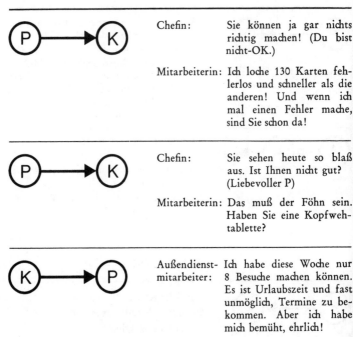

Chefin:	Sie können ja gar nichts richtig machen! (Du bist nicht-OK.)
Mitarbeiterin:	Ich loche 130 Karten fehlerlos und schneller als die anderen! Und wenn ich mal einen Fehler mache, sind Sie schon da!
Chefin:	Sie sehen heute so blaß aus. Ist Ihnen nicht gut? (Liebevoller P)
Mitarbeiterin:	Das muß der Föhn sein. Haben Sie eine Kopfwehtablette?
Außendienstmitarbeiter:	Ich habe diese Woche nur 8 Besuche machen können. Es ist Urlaubszeit und fast unmöglich, Termine zu bekommen. Aber ich habe mich bemüht, ehrlich!
Chef:	Schon gut, ich weiß. Den anderen geht's zur Zeit auch so. Machen Sie sich keine Sorgen, Herr ... (liebevoller P)

TA in der täglichen Praxis:

Vergleichen wir eine Kommunikation mit einer Partie Tischtennis. Wir meinen aber jetzt nicht das Turnier, wo der eine den anderen als Gegner betrachtet und wo man darauf abzielt, den Ball dorthin zu spielen, wo der andere gerade nicht steht. Sondern wir meinen eine freundschaftliche Partie, in der beide sich als Partner sehen und versuchen, den Ball so »zu spielen«, daß der andere ihn auch bestimmt »erwischen« kann.

Einfache (komplementäre) Transaktion

Bei einfachen Transaktionen geht der Ball reibungslos (und freund-schaftlich) hin und her. Man spricht auch von *reibungslosen* Bezie-hungen. Hierzu ist jeder weitere Kommentar überflüssig; dies ist einfache Kommunikation. Solange beide sich als OK betrachten, ist dies optimale Kommunikation. Wenn sich jedoch zwei »weinende Kinder« streiten, müssen wir auch diese Transaktion als komple-mentär bezeichnen. Wir sehen, daß beide auf derselben »Welle« lie-gen, selbst wenn der Gesprächsinhalt von einem Beobachter als ne-gativ gewertet würde.

Gekreuzte Transaktion

BERNE liefert uns ein Beispiel für eine gekreuzte Transaktion:

Michael und Evi wollen ins Theater gehen. Man ist bereits verspä-tet, er zieht sich gerade das Frackhemd an, sie sitzt noch vor der Frisierkommode und tuscht sich die Wimpern. Plötzlich fragt er: »Wo sind denn eigentlich meine Manschettenknöpfe?«

Hätte sie geantwortet: »Ich weiß es nicht«, oder »in der linken Schublade«, dann wäre diese Transaktion eine einfache (komple-mentäre) geworden. Aber das tut sie nicht. Sie schreit ihn nämlich an:

»Immer beschuldigst du mich, wenn du dein Zeug nicht finden kannst. Woher soll ich denn wissen, wo du sie hin hast?!«

Hier spielte Michael den Ball an A. Da aber dort gerade das K stand, wurde K »getroffen« und reagierte.

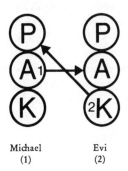

Michael
(1)

Evi
(2)

Wenn Michael sich die Gesetze der TA zunutze macht, kann er diese Transaktion retten: Wir sagten ja, solange die Transaktionen komplementär verlaufen, ist alles in Ordnung. Wenn er nun, statt auf dem A zu bleiben, zum »liebevollen« P überwechselt, dann kann er ihrem »weinenden« K eine Streicheleinheit geben. Somit ist die Transaktion »fertig«, und er kann eine neue beginnen (auf A). D. h., er betrachtet ihre Bemerkung als die erste Hälfte einer neuen Transaktion und fügt jetzt die komplementäre zweite Hälfte hinzu:

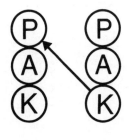

Michael

Evi

Die neue (komplementäre) Transaktion:
Evi: Erste Hälfte
»Immer beschuldigst du mich.«
(Es ist immer das K, das sich beschuldigt fühlt.)
»Woher soll ich denn wissen . . .«
(Es ist immer das K, das sich rechtfertigt.)

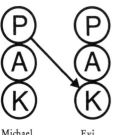

Michael   Evi

Nun kann er die nächste Transaktion beginnen:
Michael: Zweite Hälfte
»Natürlich habe ich sie verlegt, Evi, ich dachte nur, du wüßtest wohin. Meinst du, wir schaffen es noch rechtzeitig?«
Sein liebevoller P streichelt ihr K.
Er hat jetzt ihren A angepeilt.

Da ihrem weinenden K die nötige Streicheleinheit gegeben wurde, kann auch sie jetzt auf den A umschalten.

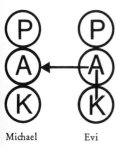

Michael   Evi

Evi:
»Ich glaube schon, wenn du mich jetzt in Ruhe läßt.«
Dies ist eine Über-A-Nachricht (wiewohl vom gekränkten und sich entschuldigenden K noch etwas mitschwingt).*

Wenn wir zu unserem Tischtennis-Vergleich zurückkehren, so sehen wir: Wenn ein anderer Ich-Zustand getroffen, also angespielt wurde, fällt der Ball. Derjenige, bei dem er fiel, gibt meist eine »unmögliche« Angabe (was ja zu dem »Kreuz« in der Transaktion führt). Wenn nun der andere einen »schiefen« Ball mit einem »schiefen« Ball seinerseits vergilt, haben wir überwiegenden »Ballast« in der Kommunikation.

---

* Dies ist ein K-beeinflußter A. Aber der Einfachheit halber diskutieren wir den Ich-Zustand, der stark »durchkommt«.

Deshalb ist es besser (wenn man in der Lage ist, die Situation zu überblicken), eine komplementäre Transaktion aus dem letzten Ball (vom anderen) und dem nächsten (von mir) zu machen, wenn man erfolgreich kommunizieren will.

Vielleicht meinen Sie: Wie umständlich! Muß man denn tatsächlich jedes Wort auf die Goldwaage legen?

Die Antwort ist Ja und Nein.

Ja insofern, als Sie, wenn Sie sich betroffen fühlen, auch denken: »Das hätte der ja nicht sagen müssen!« Oder: »Warum bringt der das jetzt mit rein?« Oder: »Mußte er denn das sagen?« D. h., wenn *Ihr* K getroffen wurde, reagieren Sie ebenso.

Nein insofern, als gute wie schlechte Kommunikation ein lang eingeübtes Verhaltensmuster ist. Wenn Sie sich über die Kommunikations-Pannen Gedanken machen, wenn Sie Ihre häufigsten Kommunikations-Fehler finden und umlernen, dann wird Ihnen die gute Kommunikation zur neuen Gewohnheit! Und wie Sie wissen: Über Gewohnheiten denkt man nicht mehr nach!
Außerdem: Letzten Endes sind in diesem Buch wesentlich mehr Kommunikations-Fehler aufgezeigt, als *Sie persönlich* regelmäßig machen. (Damit Sie erkennen können, an welcher Schwäche des anderen die Kommunikation leidet.) Wenn Sie also Ihre eigenen Fehler verbessern und die der anderen verstehen, dann kommunizieren Sie besser.

Deshalb besteht Teil II dieses Buches ja auch nur aus Übungen und Spielen. Dort suchen Sie sich diejenigen heraus, die Ihnen helfen werden, Ihre Kommunikations-Fehler abzubauen. Durch dieses Einüben wird Ihnen das neue Kommunikations-Verhalten zur neuen Gewohnheit. Dann sorgen Sie automatisch dafür, daß Sie eine gekreuzte Transaktion wieder komplementär machen. Bisher taten Sie es auch oft, aber ohne bewußte Methode.
Noch ein Fakt macht die Angelegenheit wesentlich einfacher, als es zuerst vielleicht den Anschein hat:

Die meisten gekreuzten Transaktionen ergeben sich, wenn man P oder A »anpeilt«, statt dessen aber das K trifft (das dann auch sofort reagiert).

Warum ist das so?

Wie in Kapitel 1 bereits gesagt, ist das SWG die zentrale Einheit. Sowie unser SWG nicht OK zu sein scheint, müssen wir es verteidigen oder wiederaufbauen. Dann sind wir so sehr damit beschäftigt, daß wir uns überwiegend im K aufhalten. Daher fangen wir dann viele »Bälle« mit dem K auf, obwohl diese an A oder P gerichtet waren.

Wenn das K das SWG verteidigt, so »tut es ihm innerlich weh«, weil man sich *nicht* OK fühlt.

Deshalb nennen wir diesen Teil des K das *weinende* K.

Alle folgenden Aussagen sind besonders typisch für das weinende K:

---

jammern	»Warum passieren solche Dinge immer mir?«
sich entschuldigen	»Es tut mir leid!«
sich beschuldigen	»Ich bin furchtbar, ich weiß!«
sich »reinwaschen« wollen (von Schuld)	»Ich kann nichts dafür!«
andere beschuldigen	»Daran ist der Gärtner schuld.«
die Umstände beschuldigen	»Weil wir doch umgezogen sind, können wir nichts finden!«
sich beschuldigt fühlen, wenn man gar nicht beschuldigt wurde	Er: »Wo ist mein Filzstift?« Sie: »Warum beschuldigst du immer mich, wenn du dein Zeug nicht finden kannst?«
bitten, daß man nicht gestraft, geschimpft wird	»Bitte schimpfen Sie nicht...« »Bitte sag jetzt nicht: ›Ich hab's dir gleich gesagt‹!«
sich kleiner machen (Nashorn)	»Sie können immer alles!«
sich größer machen (Löwe)	»Vergessen Sie nicht, hier bin ich der Meister, ob's Ihnen paßt oder nicht!«

den anderen klein machen	»Dafür kann ich aber besser verkaufen als Sie!«
Flucht	»Ich muß jetzt ins Kontor!«
	(S. Abwehrmanöver, diese gehen immer vom K aus und richten sich entweder an das K oder den P im anderen.)
	»Mein Gewissen ist besser als deins.«
	(Hier verteidigt das K »sein« P.)
	(Ton, Mimik und Gestik werden oft kindlich.)

Jede dieser Arten von Bemerkungen wird am besten vom liebevollen P → weinende K beantwortet. Der Klügere gibt nach; das ist wahr für gute Kommunikation. Der andere, dessen K sein Schutzschild »hochgezogen« hat, kann ja gar nicht nachgeben, weil er dazu den analytischen A bräuchte, der aber zur Zeit nicht einsatzbereit ist.

Stellen Sie sich also den schlecht kommunizierenden Gegner, der auf P- oder A-ausgerichtete Bemerkungen mit weinendem K reagiert, so vor:

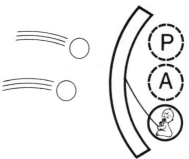

Deswegen treffen alle Ihre Bälle sein K! Deshalb ist es völlig unfruchtbar, jetzt mit Gewalt seinen P oder A treffen zu wollen. Diese sind jetzt hinter K's Schutzschild verborgen und somit nicht zugänglich:

Daher sind gewisse Bemerkungen die »falschesten«, weil sie weitere Kreuze hervorrufen müssen und weil sie dem K nicht helfen, den Schutzschild herunterzunehmen (das kann nur eine liebevolle Streicheleinheit für's K).

Falsch ist also:

vom K.: »Du Depp, ich hab' dich doch gar nicht beschuldigt!«
Hier verteidigt sich jetzt *Ihr* Kind und greift noch dazu (aus Verteidigung) an!
Achtung – wenn so ein Satz relativ »sachlich« ausgesprochen wird, gibt man sich oft der Täuschung hin, aus dem A heraus reagiert zu haben.
(Feststellung: »Ich hab nicht angegriffen!«
Schlußfolgerung: »Du bist im Irrtum! Ist doch ganz sachlich. Oder?«)

von P: »Jetzt sei doch vernünftig!«

von A: »Ich hab' lediglich festgestellt, daß ich meinen Filzstift nicht finden kann.«
Je aggressiver dies gesagt wird, desto mehr K schwingt mit.
(Die meisten A-Aussagen in solchen Fällen sind kompliziert: offiziell spricht A, inoffiziell »meint« K; also indirekte Nachricht: Du Depp . . .)

Richtig ist also:

Jede Art von positiver Streicheleinheit für das weinende Kind.

Achten Sie darauf, daß das K nicht mehr weint; daß das K den Schild eingezogen hat, ehe Sie dann wieder auf die original geplante Ebene »umschalten«.

Wenn Ihnen das zuviel Mühe macht, bedenken Sie bitte folgendes:

1. *Sie* haben die Wahl, ob Sie *gut* oder *schlecht* kommunizieren wollen.
2. Wenn es Ihnen zu mühevoll erscheint, gut zu kommunizieren, so ist das Ihre Entscheidung. Nur dürfen Sie dann nicht den anderen beschuldigen, wenn die Kommunikation schlecht verläuft.

3. Der, dessen K den Schild hochzieht, tut dies, um sich zu schützen. D. h., er fühlt sich hilflos, sonst hätte er den Schild nicht hochgezogen. Außerdem geschieht dieser Abwehrmechanismus meist unbewußt, also

a) weiß er's nicht,

b) kann er nichts dafür.

4. Der, der diese Zusammenhänge (im Moment der Kommunikation) begreift, befindet sich im analytischen A (sonst hätte er's nicht analysieren können)! Also liegt es *nur an ihm*, die Kommunikation zu verbessern.

5. *Je schneller* Sie den anderen veranlassen, sein K-Schild wieder abzubauen, desto eher können Sie auf A (oder P) weiterkommunizieren. Je weniger Sie ihm helfen, desto mehr leiden *Sie beide,* denn nun ergibt ein Abwehrmanöver das andere.

6. Je öfter *Sie* derjenige sind, der die Kommunikation verbessert, desto gesünder sind Sie psychisch; d. h. desto besser ist Ihr eigenes SWG.

7. Je mehr man *gibt,* desto mehr wird einem gegeben (positiv wie negativ). Jeder, der immer nur meckert oder angreift, erhält wieder Abwehrmanöver als Reaktion. Mit diesen muß er sich dann wieder auseinandersetzen. So jemand sagt dann oft seufzend: »Wenn ich doch nicht immer schimpfen müßte. Ich tue das ja so ungern . . .« Würde er öfter mal positiv streicheln (ein Lob, ein Kompliment), so würde er mehr positive Umweltreaktionen bekommen, da die anderen nicht so oft ihr K-Schild hochziehen müssen!

Energienmodell

Warum kann der eine eine Situation analytisch durchdenken (A) während der andere mit dem K reagiert? Warum kann der eine frei und spontan mit dem fröhlichen K reagieren, während der andere vom P her kritisch reagiert?

Unsere Energien werden so eingeteilt, daß der Teil unserer Psyche, der sie momentan am nötigsten hat, sie benutzen kann. Das gleiche gilt übrigens im physiologischen Bereich. Nach dem Essen ist ein Großteil Ihrer Energien mit der Verdauung beschäftigt, deshalb das träge Müdigkeitsgefühl nach der Mittagspause. Erst eine Aufregung irgendeiner Art (oder großes Interesse an der Arbeit) löst dann wieder Flucht- oder Kampfreaktionen aus, die den Körper durch plötzliche Adrenalin- und Hormonstöße wieder »wach« machen.

Im psychologischen Bereich gilt: Solange man »freie« Energien hat, kann man eine Situation mit dem A analysieren; kann man auf den anderen eingehen; kann man mit-fühlen, Verständnis zeigen und optimal kommunizieren. Dann kann man sich auch neue Bilder machen, d. h., man ist bereit zu lernen oder eine Meinung zu ändern.

Hat man aber nicht genügend Energien (infolge Übermüdung, Stress, Krankheit, Bedrohung der unteren 4 Stufen nach MASLOW), so sind nun die meisten Energien auf eine Verbesserung dieser Probleme ausgerichtet. Sie »sitzen« nun überwiegend im K oder im P. Das K braucht Energien, um sich zu wehren. Der P hilft dem »Sich-Wehren«, indem er mit Vorurteilen oder festen Meinungen aushilft, da feste Meinungen oder Verhaltensmuster keine analytische »Arbeit« des A fordern; d. h., sie sind Energien-sparend.

Ein Test, festzustellen, wie viele Energien man frei hat, ist sehr leicht: Man testet sich bezüglich der drei Aspekte, die nur dann frei agieren können, wenn Energien übrig sind: Kann ich analytisch denken (A), kann ich aus dem liebevollen P heraus reagieren? Kann ich frei und spontan mit dem fröhlichen K reagieren? Je sicherer das *Ja* zu einem gewissen Zeitpunkt, desto mehr Energien hat man derzeit frei. Je stärker ein *Nein,* desto weniger Energien sind derzeit frei. Wenn man sich diese Fragen ab und zu stellt, wird man von seinen negativen P- und K-Reaktionen nicht so überrascht und kann versuchen, eine Ruhepause einzulegen, wenn irgend möglich. S. auch Energien in Kap. 6.

Wie wir gesehen haben, ist es gar nicht so schwer, den Gesprächspartner zu verstehen bzw. ihn ein wenig zu durchschauen, denn er wird entweder aus seinem P, aus seinem A oder aber aus seinem K zu uns sprechen. Wenn ein Ich-Zustand, der gar nicht angesprochen wurde, Antwort gibt, haben wir eine gekreuzte Transaktion. Dann liegen wir nicht mehr »auf einer Welle«. Dann müssen wir versuchen, die Kommunikation zu verbessern. Es gibt einen netten Witz: Drei Soldaten in einer Reihe werden vom Spieß inspiziert. Der Spieß aber schielt. Nun schreit er den ersten Soldaten an: »Mann, Ihr oberster Jackenknopf ist ja auf!« Worauf der zweite Soldat sagt: »Bitte um Entschuldigung, Herr Feldwebel, aber der Knopf ist zu.« Darauf schreit der Spieß noch erboster: »Mit Ihnen habe ich ja gar nicht geredet, Mann!« Darauf aber sagt der Dritte: »Ich habe ja auch gar nichts gesagt, Herr Feldwebel!«

Denken Sie manchmal an diese Geschichte, wenn jemand anders reagiert, als Sie es erwartet haben. Vielleicht haben Sie sein A adressiert, er aber hat mit dem weinenden K reagiert. Oder aber, es will eine Frau mit dem liebevollen P ihres Mannes sprechen: »Ich habe so Kopfweh.« Wenn er nun, statt ihr zu helfen, sagt: »Du wirst uns aber hoffentlich trotzdem etwas zu essen hinstellen können!« dann hat sein »hungriges« K geantwortet. Sie aber fühlt sich ungeliebt und unverstanden. Wir sagen ja oft: »Der Klügere gibt nach.« Der Klügere, das ist immer derjenige, der sein Gegenüber oder die Situation erkennen kann. Derjenige, der begreift, daß der andere ihn, psychologisch gesehen, mit dem schielenden Spieß verwechselt hat.

Ein letzter Gedanke noch: Wenn es jemandem zu mühevoll erscheint, auf das antwortende weinende K einzugehen, und er sagt: »Nun sei doch bitte vernünftig«, weil er den anderen zwingen will, gewisse Informationen mit dem A aufzunehmen, dann muß er sich meist hinterher mit noch stärkeren Reaktionen des immer lauter weinenden K auseinandersetzen. Denn wenn das K sein »Schutzschild« einmal aufgestellt hat, dann kann man den A solange nicht erreichen, bis man dem K im anderen hilft, den Schild wieder niederzulegen.

Also bedeutet auch hier ein Eingehen auf den anderen letztlich, daß beide Partner davon profitieren und daß beiden geholfen wird, die zwischenmenschliche Beziehung wieder erfolgreich zu gestalten. Beide fühlen sich besser und können wieder miteinander reden, statt aneinander vorbeizureden.

P. S. zu diesem Kapitel: Wenn Sie sich einmal ganz besonders über jemanden ärgern oder aufregen, weil er sich gerade besonders dumm, ungeschickt, borniert etc. verhält, dann sagen Sie sich innerlich dieses alte Indianergebet auf, ehe Sie ihn anfahren:

Lieber Manitu, laß mich eine Meile in den Mokassins meines Nachbarn gehen, ehe ich ihn verdamme oder anklage!

5. Abwehrmanöver

Optimal kommunizieren heißt:
auf Abwehrmanöver des anderen nicht mit Abwehr seinerseits zu
reagieren.

Ein Abwehrmanöver soll »etwas« abwehren. Dieses »Etwas« ist
eine Gefahr für den Organismus. Die Gefahr kann *real* oder *ver-*
meintlich sein; d. h., der andere kann wissen, daß man ihn angreift,
er kann aber auch nur meinen, daß man ihn angreift.

Situation 1: Realer Angriff

Denken Sie an Benny, unseren amerikanischen Versicherungsmann mit
dem Baptisten-Gewissen, zurück (Kap. 1). Wenn man zu ihm sagt: »Du
willst doch wohl nicht im Ernst behaupten, daß du überhaupt keinen
Alkohol anrührst?! Weil du Baptist bist, noch dazu. Wenn es gesundheit-
liche Gründe wären, dann wäre es ja noch zu verstehen . . .« – so bedeuten
diese und ähnliche Bemerkungen für Benny einen Angriff.
Einen Angriff auf sein SWG nämlich, d. h. eine Gefahr für ihn.
Der andere drückt ja indirekt aus: Mein Gewissen ist besser als deines;
d. h., ich bin besser als du!

Also wird Benny mit Abwehr reagieren. Er sagt beispielsweise:
»Wenn *Sie* sich an solche Regeln halten würden, dann wären Sie wesentlich besser dran!« Diese indirekte Nachricht lautet nun natürlich: »Ich bin besser als du, der du meine Regeln nicht anerkennst!«

Situation 2: Vermeintlicher Angriff

Wenn aber ein Ehemann zu seiner Frau sagt: »Hast du vielleicht meine
Manschettenknöpfe gesehen?« und sie reagiert mit einem: »Warum beschuldigst du immer mich, wenn du dein Zeug nicht finden kannst?« – so
sehen wir, daß sie meinte, einen Angriff (eine Gefahr für ihr SWG) herauszuhören.

Das bedeutet:

Wesentlich ist nicht, ob der andere angegriffen wird, sondern lediglich, ob er sich angegriffen fühlt!

Was passiert in der Praxis meist, wenn ein Gesprächspartner so reagiert, als hätte man ihn angegriffen? Das heißt, wenn ein Gesprächspartner auf einen *realen* oder *vermeintlichen* Angriff mit einem Abwehrmanöver reagiert?
Der andere Gesprächspartner reagiert seinerseits mit *Abwehr*.

Daraus läßt sich die Regel ableiten:

Ein Abwehrmanöver wird meistens mit weiteren Abwehrmanövern beantwortet.

Solange die Kommunikation weitere Abwehr enthält, ist sie nicht optimal. Statt das SWG des anderen zu erhalten, zu verteidigen oder aufzubauen, wird es angegriffen. Mit dem Resultat, daß der andere genauso versucht, mein eigenes SWG anzugreifen.
Also wurde die Kommunikation zu einem *Wortgefecht*. Bei dem es immer darum geht, zu siegen.

In einer optimalen Kommunikation haben alle Beteiligten einen Gewinn.
In einer von Abwehr gezeichneten Kommunikation jedoch gibt es nur Verlierer und Schein-Sieger.

Warum Schein-Sieger?

Erinnern Sie sich an eine Kommunikation der letzten Tage oder Woche(n):

Übung:

Finden Sie eine Kommunikation, in der Sie das Gefühl hatten, ein »Gefecht« gewonnen zu haben. Erinnern Sie sich: Wie fühlten Sie sich eine Stunde nach dieser Unterhaltung? Wie fühlte sich Ihr Gesprächspartner? Wie fühlten Sie sich, als Sie mit dieser Person wieder zusammentrafen?

Gespräch mit _____

Analyse: Ich fühlte mich _____

_____

_____

_____

_____

_____

Sehen Sie jetzt, warum wir von einem Schein-Sieg sprechen? Kommunikationsgefechte, die mit Scheinsiegen enden, werden bei der nächsten Gelegenheit fortgesetzt! D. h., immer wieder müssen Sie beweisen, daß Sie der Größere (Bessere) sind!

Wie unser Löwe (s. Vorwort), der seine Macht auch immer aufs neue bestätigt haben mußte.

Früher oder später trifft jeder Leo »seinen Elefanten«, der ihm klarmacht, wie »klein« er doch ist.

Solange man anderen beweisen muß, wie stark, gut, gescheit, mächtig, groß man ist, ist man schwach, schlecht, nicht gescheit. Der wirklich Große muß seine Größe nicht als Druckmittel einsetzen. Er besitzt sie. Und, weil er sie wirklich besitzt, muß er sie nicht mehr aufs neue er-kämpfen.

Wir sagten im Vorwort: Unser SWG ist weitgehend von »ständigem Vergleich« abhängig. Wir fragen uns: Sind wir größer, kleiner oder gleich groß gegenüber dem anderen?

Wir sagten weiter, daß unsere Mitmenschen einen Spiegel darstellen: Ihre Reaktionen (immer in Form von Kommunikation) zeigen uns:

- sieht der andere mich positiv? (das erhöht mein SWG),
- sieht der andere mich negativ? (das gefährdet mein SWG).

Solange wir meinen, daß der andere uns als OK ansieht, können wir gut kommunizieren. Sowie wir aber wissen (oder meinen zu wissen), der andere sieht uns als Nicht-OK, leidet unser SWG. Dieses »Leiden« wollen wir abwehren, also reagieren wir mit Abwehrmanövern.

Für die tägliche Praxis bedeutet dies:

Jedes Abwehrmanöver besagt letzten Endes, daß der sich Wehrende sich (momentan) zu klein (schwach usf.) vorkommt.
Denn: wenn er sich gleich oder besser fühlen würde, bräuchte er keinerlei Abwehrmanöver, da eine Abwehr erst dann vorkommt, wenn man sich bedroht fühlt.

Wenn zwei Menschen sich im Gespräch vergleichen, so ergeben sich folgende Möglichkeiten:

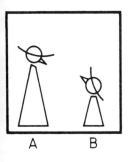

A   B

Situation 1: A sieht sich größer als B
(Löwe und Hase)

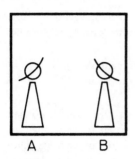

Situation 2: A sieht sich gleich groß wie B
(optimale Kommunikation)

A   B

Situation 3: A sieht sich kleiner als B
(Hase und Löwe)

A   B

Übung:

Vergleichen Sie sich mit folgenden Personen und zeichnen Sie den jeweiligen »B« ins Diagramm ein. Ist er (sie) größer, kleiner, oder so groß wie Sie?

1. Ihr Lebenspartner oder ein(e) gute(r) Freund(in),

2. Ihr Chef; eine Mitarbeiterin,

3. ein Kunde (eine Kundin), mit dem (der) Sie häufig zu tun haben,

4. Richard Nixon,

5. Churchill,

6. André Gide.

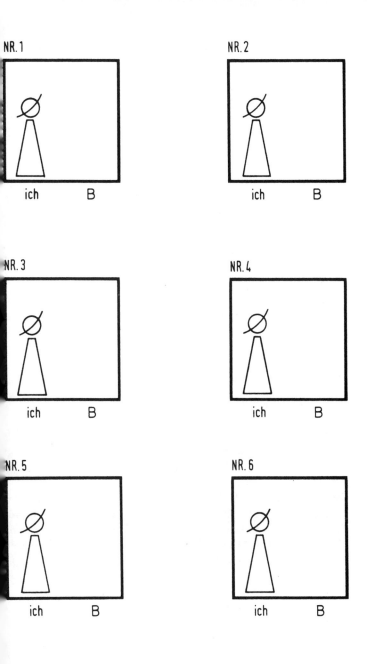

Sie werden festgestellt haben:

1. Um »größer« oder »kleiner« definieren zu können, muß ich wissen: groß oder klein in bezug auf *Was*?
Wir sagten ja, daß unser *Wert* immer aus *vielen* Werten besteht. Wenn Sie aber im Gespräch mit jemandem sind, so bewerten Sie groß oder klein in bezug auf:
allgemeinen Eindruck, Gesprächs-Ziel, einzelne Kriterien.
2. Wenn ich versuche, mich mit Richard Nixon, Churchill oder André Gide zu vergleichen, stelle ich vielleicht fest, daß ich nicht genug über diese Personen weiß, um mich mit ihnen zu vergleichen.

Frage: Wenn Sie einen Gesprächspartner für »lächerlich«, »dumm«, »borniert« halten — wissen Sie immer genug über ihn, um zu dieser Meinung zu kommen?

Dr. Thomas Harris (41) bezeichnete die Möglichkeit, die wir in Sit. 1, 2 und 3 aufgeführt haben, wie folgt (immer von A ausgehend):

Situation 1: Ich bin OK — Du bist nicht OK
Situation 2: Ich bin OK — Du bist OK
Situation 3: Ich bin nicht OK — Du bist OK*

Sowohl die Aussage: Ich bin OK – Du bist nicht OK
als auch die Aussage: Ich bin nicht OK – Du bist OK
führt zu Schwierigkeiten in der Kommunikation.
Bei *Ich bin OK – Du bist nicht OK* besteht die Möglichkeit der Überheblichkeit. Hier ist die Gefahr, daß der andere sich angegriffen fühlt, sehr groß. So kann es sein, daß die Ich-bin-OK-Nachricht von A den B veranlaßt, Abwehrmanöver einzusetzen, da er sich bedroht fühlt.

---

* Es gibt noch die 4. Position von Ich-bin-nicht-OK, Du-bist-(auch-)nicht-OK. Da sie jedoch bereits in den pathologischen Bereich gehört, diskutieren wir sie im Rahmen dieser Arbeit nicht.

Bei *Ich bin nicht* OK – *Du bist* OK besteht die Gefahr, daß A sich seinerseits von B bedroht fühlt, so daß auch hier wieder eine Abwehr hervorgerufen wird.

Wenn man sich Nicht-OK fühlt, aber meint, der andere sei OK (d. h. größer), reagiert man meist mit einer von vier Abwehrmanöver-Varianten.

Die vier Abwehrmanöver:

Variante Nr. 1	Variante Nr. 2	Variante Nr. 3	Variante Nr. 4
passiv: *Sich noch kleiner machen* (d. h., den »Kampf« aufgeben)	aktiv: *Sich größer machen* (d. h., sich zu einer Schein-Größe aufblasen)	passiv: *Sich zurückziehen/Flucht* (d. h., sich dem »Kampf« entziehen)	aktiv: *Den anderen kleiner machen/Angriff* (d. h., ihn von seiner Höhe herunterholen)
Aus dem:	Aus dem:	Aus dem:	Aus dem:
Ich bin nicht o.k. – Du bist o.k			
wurde ein:	wurde ein:	wurde ein:	wurde ein:
Ich weiß, ich weiß, ich bin unmöglich! Du bist groß – bitte tu' mir nicht weh! Nütze deine Größe mir gegenüber bitte nicht aus!	Sieh mal, ich bin (scheinbar) genauso groß wie du! (Wenn nicht noch OK-er . . .)	Ja, ja, du bist der Größte! Ich kann mich mit dir nicht auseinandersetzen, du bist mir zu groß.	Sieh mal, du bist auch nicht so groß, wie du geglaubt hast!

Analyse der Variante Nr. 1:

Sich noch kleiner machen, bewirkt zumeist, daß der andere sich nun schuldig fühlt, denn so klein wollte er den Gesprächspartner (meist) ja auch wieder nicht machen! Sich schuldig fühlen (im K) heißt: sich nicht OK fühlen. Sich nicht OK fühlen aber heißt meist: Abwehrmanöver einsetzen. Außerdem ist es leicht möglich, daß der »schuldige« Partner dem anderen gegenüber ein Ressentiment entwickelt. (Du bist schuld daran, daß ich mich jetzt schuldig bzw. Nicht-OK fühlen muß . . .) Auch dies kommt natürlich vom K.

Für die tägliche Praxis bedeutet das:

Die optimale Reaktion wäre nun natürlich ein liebevoller P. Dazu aber muß man selbst OK genug sein, um die Situation mit dem A erkannt zu haben. Wenn man sie aber erkannt hat, fällt es leichter, nicht auch in Abwehrmanöver zu verfallen.

Analyse der Variante Nr. 2:

Sich größer machen (aufblasen, angeben) bewirkt zumeist, daß der andere sich nun angegriffen fühlt (was ja auch vom K bezweckt wurde!). Nun wird der andere seinerseits zu beweisen trachten, daß er trotzdem OK ist. Dies kann dann ein endloses Spiel von Mein-Bruder-ist-größer-als-deiner geben.

Für die tägliche Praxis bedeutet das:

Wenn Sie das Abwehrmanöver als solches erkannt haben und sich auf die Zungenspitze »beißen« können, ehe Sie in ein Abwehr-manöver Ihrerseits verfallen, unterbrechen Sie den Circulus vitiosus hier, ehe er richtig beginnen konnte.

Analyse der Variante Nr. 3:

Sich der Situation entziehen bewirkt zumeist, daß der andere die Flucht als eine indirekte *Du-bist-nicht-OK*-Nachricht auslegt, d. h., daß er sich nun angegriffen fühlt. Auch hier können Schuldgefühle im anderen vorkommen (s. Analyse der ersten Variation).

Für die tägliche Praxis bedeutet das:

Genau wie bei Variante 1.

Analyse der Variante Nr. 4:

Den anderen kleiner machen bewirkt zumeist, daß dieser sich nun verteidigen wird. So gibt dann wieder ein Abwehrmanöver das andere, wenn man den Teufelskreis nicht unterbrechen kann.

Für die tägliche Praxis bedeutet das:

Gerade im Falle von Angriff des anderen sollte man sich im klaren darüber sein, daß er sich in irgendeiner Weise verunsichert fühlt. Angriff soll Gefahr abwehren, wobei es durchaus sein kann, daß er sich durch Personen oder Dinge verunsichert fühlt, die mit Ihnen nichts zu tun haben. (Wir kommen noch einmal auf diesen Punkt zurück.) Wesentlich ist hier ganz besonders, den Teufelskreis abzubrechen, da beim anderen das ganze physiologische System auf Angriff geht. Adrenalinzuschüsse u. a. machen den Körper »fit to fight«, so daß es ihm später schwerfallen wird, das Kämpfen aufzugeben. Auch hier ist eine Reaktion des liebevollen P das beste. Allerdings nicht, indem man dem K des anderen eine liebevolle Streicheleinheit gibt (das würde ihn nur noch wütender machen), sondern, indem man es ihn nicht merken läßt, daß man weiß, er fühlt sich gerade bedroht, gehemmt, nervös und verunsichert. Jedes »liebevolle Streicheln« würde ihm ja zeigen, daß man ihn »erkannt« hat. Das aber gerade sollte sein Angriff ja abwehren!

Sehen wir uns nun die beiden aktiven Varianten noch einmal kritisch an: Was passiert denn genau, kommunikationstechnisch gesehen?

Variante Nr. 2:

A macht sich größer, er bläst sich auf!

Damit erweckt er den Anschein, so groß oder größer zu sein als B, von dessen Größe A sich ja bedroht gefühlt hat, sonst wäre es erst gar nicht zum Abwehrmanöver gekommen.

Sein geschwächtes SWG soll dadurch verbessert werden. Allerdings ist dies eine Scheinlösung, noch dazu eine strategisch ungünstige, da sie *bei Erfolg* eine erfolgreiche Kommunikation unmöglich macht.

Denn:

Hat A's Abwehrmanöver keinen Erfolg, so fühlt der andere sich nach wie vor sicher.

Noch ist gute Kommunikation möglich, wenn A lernt, mit solchen Situationen fertig zu werden. (Besprechung dieser Technik folgt der Analyse.)

Hat A's Abwehrmanöver jedoch Erfolg, so fühlt B sich häufig von A's plötzlicher »Größe« gefährdet. Dies verleitet B zum nächsten Abwehrmanöver, der circulus vitiosus schließt sich – optimale Kommunikation ist nicht mehr möglich.

Regel:

Wer angibt, hat es wirklich nötig. Er braucht nämlich positive Anerkennung der Umwelt zur Stärkung seines SWG!

Variante Nr. 4:

A macht B kleiner (er »holt ihn herunter«)

»Angriff«, sagt man, »ist die beste Verteidigung.« Das ist taktisch richtig. Denn: Wenn ich angreife, zwinge ich den Gegner in eine Verteidigungsposition. Wenn Sie im Feld oder auf dem Schachbrett Krieg geführt haben, wissen Sie, wie schwer es ist, aus der Defensive herauszukommen. Man scheint immer »einen Zug hintennach« zu sein. Außerdem bewirkt der Angriff (ähnlicher Effekt wie bei der Variante Nr. 2), daß der Angreifer stärker scheint, als er ist.

Und – wer greift schon gerne einen starken Gegner an?
Damit hat er also das Risiko eines Angriffs auf ihn verringert.
Wenn man ihn nicht angreift, merkt man ja nicht, wie klein (schwach, hilflos) er sich in Wirklichkeit fühlt. Nach außen wirkt er stark (aber nur im ersten Moment). Da der andere Gesprächspartner bei erfolgreichem Angriff in eine Nicht-OK-Position gedrängt wird, fühlt er sich schlecht. Und, wie wir eingangs bereits sagten, wenn das SWG angegriffen wird, leidet die Kommunikation.
Denken wir noch einmal an den Elefanten. Im ersten Augenblick, als Sie diese Geschichte lasen, waren Sie sicher von der »Größe« des Elefanten beeindruckt.

Aber: Bei nochmaligem Nachdenken stellen wir fest, um wieviel stärker der Elefant gewirkt hätte, wäre er einfach weitergegangen!

Regel:

Stärke, die man unter Beweis stellen muß, besitzt man nicht!

Ideal wäre also die Position:

Ich bin OK – Du bist OK

für optimale Kommunikation.

Da die meisten Menschen in ihrem SWG nicht allzu sicher sind, ist die Gefahr sehr groß, daß einer von zwei (oder mehr) Gesprächspartnern sich und den anderen beweisen möchte, wie groß er ist, oder daß er direkte Angriffe startet, weil die Größe der anderen ihn herausfordert.
Deshalb können wir unsere Kommunikation unerhört verbessern, wenn wir die *Anti*-Abwehrmanöver-Technik (s. u.) beherrschen.
Denn damit unterbrechen wir die Kette von Ich-bin-besser-als-du-Manövern, die ja nur dazu dienen, ein gefährdetes SWG neu abzusichern.

Wenn uns der letzte Satz einleuchtet, verstehen wir, daß derjenige, der sich nicht zu Abwehr-Manövern hinreißen läßt, der *Erfolgreiche* ist.

Außerdem gilt hier wieder der Grundsatz:

Jemand, der seine Größe nicht (neu) erkämpfen muß, wirkt größer (sicherer im SWG) als jemand, der durch Abwehrmanöver zu beweisen versucht, was er (angeblich) hat.

Aus diesem Tatbestand leitet sich nun die folgende *Anti*-Abwehr-Manöver-Technik ab:

1. Wenn der andere in mir ein »*Ich-bin-nicht-OK-Gefühl*« ausgelöst hat, dann bedeutet das nicht, daß ich wirklich nicht OK bin, sondern, daß ich mich momentan unterlegen fühle.
2. Wenn ich nun zu Abwehrmanövern greife, fülle ich die Kommunikation mit Ballast und fordere mein Gegenüber heraus, seinerseits mit Abwehr zu reagieren.
3. Wenn ich dies klar erkennen kann, liegt es an *mir*, die Kommunikation zu verbessern. Der Klügere (d. h., der die Situation und den anderen durchschaut hat) gibt nach.
4. Wenn wir es schaffen, nicht mit Abwehr zu reagieren, erwecken wir den Eindruck, so groß (stark, OK) zu sein, daß wir unsere Größe nicht mehr beweisen müssen.

Übung:

1. Denken Sie an ein paar »Schreier«, die Sie sicher kennen. Bewirken diese Leute letztlich nicht genau das Gegenteil von dem, was sie anstreben? Hält man sie wirklich für so stark, wie sie sich geben?
2. Nun denken Sie an Menschen, die Sie sehr bewundern. Wirklich »große«, SWG-starke, sichere Leute. Haben diese Menschen ihre Stärke durch Aufblasen bzw. Angriffstechniken irgendeiner Art beweisen müssen? Sicherlich nicht!

Da wir die kommunikations-tödliche Wirkung der Abwehrmanöver nur umgehen können, wenn wir *lernen, Abwehr schnell und sicher zu erkennen,* wollen wir uns die vier Varianten anhand praktischer Beispiele veranschaulichen.

Gehen wir wieder zu der Dichtungsfabrik zurück. Wir werden uns vier Situationen ansehen und eine jede kurz analysieren. Aus jedem Fall ziehen wir am Ende eine Regel für die tägliche Praxis.

Die Personen:

Weber, der Vorarbeiter, ist ein Mann, der sich wirklich mit seinen Mitarbeitern auseinandersetzt. Weber kommuniziert gut. Weber kann auch anhand der Bedürfnisse motivieren.

Kurz, der technische Leiter der Werkshalle, jedoch kommuniziert schlecht. Oft ist sein Ton aggressiv, wiewohl seine Nachricht überwiegend neutral ist, so daß er aber trotzdem oft Abwehrmanöver produziert (weil man seine *indirekte* Nachricht aus dem *Ton* entnimmt). Da ihm jedoch nicht klar ist, daß diese Abwehr meistens durch *seine Art* ausgelöst wurde, sieht er jedes Abwehrmanöver als eine Art Anfangsabwehr des anderen an, durch welche er seinerseits zur Abwehr gereizt wird.

Ausgangssituation

Dieter, der neben *Karl* an einer anderen Presse steht, arbeitet immer sauber und gewissenhaft. Seine Ausschußquote liegt weit unter dem Durchschnitt. Aber *Dieters* SWG ist noch schwach, deshalb hat er immer Angst, seine Leistung könnte nicht gut genug sein. *Weber* hat dies erkannt und zudem festgestellt, daß *Dieter* ein überwiegend leistungsorientierter Mensch ist, der in Stufe 4 nach MASLOW (Anerkennung) noch ein großes Defizit hat.

Daher bemüht er sich, *Dieter* öfter mal zu loben, d. h., ihm zu versichern, daß seine Leistung (und damit gleichzeitig er selbst) OK seien. Die Folge ist, daß *Dieter* sich freut, wenn er positive Streicheleinheiten von *Weber* bekommt, da diese ihm helfen, sein SWG aufzubauen und mehr innere Sicherheit zu erlangen.

Nun ist heute eine Panne passiert: Die Maschine heizt nicht richtig, d. h., der Vulkanisierungsprozeß wird nur unzulänglich ermöglicht. Resultat: *Alle Ringe sind Ausschuß!* Nun kommt Herr *Kurz* zu *Dieter* und sagt: »*Dieter*, was ist denn heute los? Das Labor sagt, alle Ihre Ringe sind heute unbrauchbar!«

Analysieren wir diese Kommunikation, so stellen wir fest, daß sie zwei Nachrichten enthält (vgl.: komplizierte Transaktion, Kap. 4): Die eigentliche (direkte) Nachricht ist neutral, die zweite indirekte (implizierte) Nachricht ist im Ton versteckt:

a) Alle Ihre Ringe sind unbrauchbar!

Wenn *Kurz* dies zu *Friedrich* gesagt hätte, einem jungen Mann an der Presse gegenüber, so hätte dieser sich gesagt: »Ich bin OK, meine Leistung ist immer zufriedenstellend. *An was könnte der Fehler wohl liegen?*« Zusammen mit dem technischen Leiter hätte er nach der Ursache gesucht, und bald darauf hätte man festgestellt, daß die Maschine heute nur ungenügend heizt.

b) Alle Ihre Ringe sind unbrauchbar!

Kurz sagte diesen Satz jedoch nicht zu *Friedrich*, sondern zu *Dieter*, dessen SWG noch schwach ist. *Dieter* »hört« eine im Ton versteckte Rüge heraus und sagt sich: »*O Gott, habe ich etwas falsch gemacht?*«

Zufällig kommt Herr *Weber* in diesem Moment vorbei und schaltet sich ein:

Weber: Was meinen Sie mit »unbrauchbar«, Herr *Kurz?*
Kurz: Die Ringe sind nicht richtig vulkanisiert, da stimmt irgend etwas nicht!
Dieter: (steht dabei und schaut von einem zum anderen).
Weber: Darf ich mal sehen? (Nimmt einen Ring, schaut ihn an.) Aha, der ist ja noch halb »roh«!
Kurz: Genau! Da stimmt irgendwas nicht mit der Temperatur.
Dieter: (atmet sichtlich erleichtert auf).
Weber: Also, *Dieter*, das liegt einwandfrei an der Presse!

Die vier Varianten der Abwehrmanöver, die wir erkennen lernen wollen, um in der Praxis erfolgreicher zu kommunizieren, sind:

1. sich noch kleiner machen, als man sich durch den Angriff des anderen bereits fühlt, also: *Verteidigung* und *Entschuldigung*,
2. sich größer machen,
3. sich zurückziehen, weil man sich der Situation (oder dem anderen) nicht gewachsen fühlt,
4. Angriff.

Stellen wir uns jetzt vor, *Weber* wäre nicht in diesem strategisch wichtigen Moment erschienen und hätte die Kommunikation nicht so positiv gestalten können. Stellen wir uns weiterhin vor, daß dieselbe Ausgangssituation mit verschiedenen Beteiligten passieren könnte. Damit haben wir dann vier verschiedene Situationen, um die vier häufigsten Abwehrmanöver-Varianten zu demonstrieren.

Also:

Viermal die Ausgangsposition ohne *Webers* Dazukommen:

Situation 1:

Verteidigung und Entschuldigung

Da *Dieter* zu den Menschen gehört, die sich sofort verteidigen, wenn sie sich angegriffen fühlen, sagt er nun:
»Was hab' ich denn jetzt falsch gemacht? Bitte, glauben Sie mir, Herr *Kurz*, ich gebe mir wirklich die größte Mühe...!«

Analyse und Reaktion:

Daraufhin hätte *Kurz*, der sich ja nicht mit dem menschlichen Aspekt des »Managements« beschäftigt (wie *Weber*) verdutzt gedacht: »Wieso verteidigt der sich denn? Ich habe ihn doch gar nicht angegriffen! Ich habe ja gar nicht behauptet, es sei seine Schuld!«
Unterschwellig »weiß« *Kurz* jedoch, daß er selbst diese Reaktion ja irgendwie veranlaßt haben muß. Also fühlt er sich jetzt (der Angriffslust) angeklagt und reagiert seinerseits aggressiv:
»Wieso entschuldigen *Sie* sich eigentlich? Ich habe Sie doch mit keiner Silbe angegriffen! Sind Sie immer so eine Mimose? Das ist ja unmöglich, Mann!«
(Daß dieser Angriff weitere Abwehr bei *Dieter* auslösen wird, ist klar. Der Kreis hat sich also geschlossen. Jetzt kann es immer so weitergehen...)

Fazit:

Dieters Abwehrmanöver hatte auch bei *Kurz* ein Abwehrmanöver ausgelöst.

Situation 2:

Sich größer machen

Diesmal kommt nicht *Kurz*, sondern *Heinemann*, der Laborleiter, selbst zur Werkshalle. Der Arbeiter, zu dem er geht, heißt *Willi* und ist der älteste und erfahrenste Mann an der Presse. Sein SWG ist relativ schwach, was auch ihn veranlaßt, aus *Heinemanns* Worten (Alle Ihre Ringe sind unbrauchbar) eine Rüge herauszuhören. Da er aber älter und erfahrener ist als die meisten seiner Gesprächspartner im Betrieb, hat er sich auf *eine* Art des Angriffs verlegt, wenn er sich bedroht fühlt. Er sagt:
»Also wissen Sie, Herr *Heinemann*, ich bin jetzt schon 10 Jahre hier!! Wenn Sie meinen, Ihr weißer Kittel ist besser als mein grauer, dann haben Sie sich aber geirrt. Schließlich gehöre ich zu denjenigen, die die Firma von der Pike mit aufgebaut haben. Ich war von Anfang an dabei, hier!«

Analyse und Reaktionen:

Nun fühlt *Heinemann* sich angegriffen. Schließlich ist er doch Laborleiter, oder nicht? Das ist doch was!
Er sagt: »Also, mein lieber *Willi*. Wenn Sie schon vom Kittel reden wollen, dann erklären Sie mir doch mal bitte, warum Sie immer noch ein einfacher Presser sind, obwohl Sie schon 10 Jahre hier sind! Weil Sie unfähig wären, eine anspruchsvolle Arbeit auszuführen, d. h. einen weißen Kittel zu tragen. Wenn Sie meinen, daß ich mich von einem einfachen Arbeiter dumm anreden lasse . . .!«

Fazit:

Auch das Abwehrmanöver *Willis* hatte ein Abwehrmanöver *Heinemanns* zur Folge.

Situation 3:

Sich zurückziehen

Diesmal geht *Kurz* mit seiner Nachricht zu *Egon*. *Egon* ist ein Typ, der sich bei Gefahr so schnell wie möglich aus dem Staube macht. Er sagt also nun:
»Also, ich mache jetzt Pause. Es ist sowieso gleich 12 Uhr. Dann können Sie ja derweilen nachschauen!«

Analyse und Reaktion:

Kurz jedoch ist der Meinung, ein Arbeiter habe sich für die Gründe einer Panne zu interessieren. Da er nicht weiß, daß *Egon* sich von ihm bedroht fühlt, wertet er dessen Aussage falsch aus.
Er meint, *Egon* wolle sich entfernen, weil er (Egon) ihn (Kurz) ablehnt. Also reagiert *Kurz* nun auf diesen vermeintlichen Angriff auf sein SWG folgendermaßen:
»Wenn Ihnen meine Anwesenheit so unerträglich ist, daß Sie gleich abhauen müssen – dann gehen Sie nur! So hauen Sie doch schon ab, Mann!«

Fazit:

Das Abwehrmanöver von *Egon* hatte ein Abwehrmanöver von *Kurz* zur Folge.

Situation 4:

Angriff

Nehmen wir an, *Kurz* wäre mit seiner ursprünglichen Bemerkung (Alle Ihre Ringe sind unbrauchbar!) an *Manfred* geraten. *Manfred* reagiert immer sofort mit Angriff, wenn er sich (und sein SWG) bedroht fühlt. Also sagt er: »Jetzt wollen Sie wohl behaupten, ich arbeite nicht sauber, was? Überprüfen Sie erst einmal alle Fakten, ehe Sie mich hier so dumm anreden!«

Analyse und Reaktion:

Was ist passiert? Auch *Manfred* reagierte auf die im Ton *Kurz'* impliziert versteckte Nachricht, deshalb fühlte er sich ja bedroht. *Kurz* jedoch, der meint, nur sachlich festgestellt zu haben, daß mit den Ringen etwas nicht in Ordnung sei, sieht in *Manfreds* Verteidigungs-Angriff einen Anfangs-Angriff. Er sieht *Manfreds* Reaktion als Aktion an. Also fühlt er sich nun angegriffen. Da auch er bei Gefahr mit Angriff reagiert, sagt er nun:
»Reden Sie mich doch nicht so blöde an! Ich will ja nur die Fakten überprüfen. Wenn Sie nichts dagegen haben!«

Fazit:

Manfreds Abwehrmanöver hat auch bei *Kurz* ein Abwehrmanöver ausgelöst.

Für die tägliche Praxis bedeuten die vorangegangenen Überlegungen:

Aus Situation 1 lernen wir:
Wenn jemand sich entschuldigt, dann bedeutet dies nicht, daß *Sie* ihn angegriffen (beschuldigt) haben, sondern, daß sich der andere angegriffen *fühlt!*
Wenn Ihnen dies nicht klar ist, kann es Ihnen passieren, daß Sie sich nun Ihrerseits schuldig fühlen (wie Kurz). Das Schuldgefühl greift dann Ihr eigenes SWG an. Somit besteht die große Gefahr, daß Sie nun anfangen, sich zu verteidigen bzw. den anderen anzugreifen. Wie Herr Kurz, als er sagte: »Wieso entschuldigen Sie sich denn eigentlich? Ich habe Sie doch mit keiner Silbe angegriffen! Sind Sie immer so eine Mimose? Das ist ja unmöglich, Mann!«

Das Nashorn (s. Vorwort) sah in der Aufgeblähtheit des Löwen einen Angriff auf sich selbst, anstatt sich zu sagen: »Der arme Kerl muß es ja nötig haben, sich so aufzublasen. Eigentlich fühlt er sich nicht-OK, sonst hätte er es gar nicht nötig, so anzugeben.«

Na, liebe »Nashörner«, wie werden Sie das nächste Mal reagieren, wenn Sie so einem »Aufgeblasenen« begegnen?

Aus Situation 2 lernen wir:
Wenn sich jemand größer macht, so bedeutet das nicht, daß er Sie
für klein hält, sondern genau das Gegenteil. Wenn Sie sich aber
darüber ärgern, daß er sich größer macht, dann bedeutet dies, daß
er Erfolg hatte, weil Sie sich jetzt klein fühlen. Darüber ärgern Sie
sich. Und nun werden Sie wieder defensiv.
Wenn Ihnen dies nicht klar ist, besteht die Gefahr, daß Sie sich
ihrerseits von seiner (Schein-)Größe bedroht fühlen. Dann werden
Sie defensiv und greifen zur Abwehr.

Merke aber:

**Ein Angeber hat's wirklich nötig! Jemand, der sich über einen Angeber
aufregt, beweist nur, daß er sich von der (durch Aufblasen entstan-
denen) Größe des anderen bedroht fühlt.
Ärger ist ein Teil von Abwehr. Denn er verleitet uns, Abwehrmanöver
einzusetzen.**

Aus Situation 3 lernen wir:
Wenn sich jemand (von Ihnen) zurückzieht, so bedeutet das nicht
unbedingt, daß er Sie nicht mag (d. h., Sie für nicht-OK hält). Es
kann ebenso bedeuten, daß er sich nicht OK fühlt, daß er meint,
Ihnen (oder der Situation) nicht gewachsen zu sein.
Wenn Ihnen dies nicht klar ist, besteht die Gefahr, daß Sie sich
defensiv verhalten, obwohl der andere sich ja von Ihnen bedroht
fühlt. Wie Kurz, als er sagte: »Wenn Ihnen meine Anwesenheit so
unerträglich ist, daß Sie gleich abhauen müssen ...!«

Aus Situation 4 lernen wir:
Wenn jemand Sie angreift, so bedeutet das nicht, daß er Sie wirklich
für unfähig (nicht-OK, dumm, klein) hält, sondern, daß *er sich
nicht OK* (unsicher, angegriffen, bedroht etc.) *fühlt!*
Wenn Ihnen dies nicht klar ist, kann es passieren, daß Sie sich durch
seinen Angriff bedroht fühlen und selbst nun auf defensives Verhalten zurückgreifen. Unser Elefant (Einführung) war ja auch nicht

OK. Hätte er sich nämlich OK gefühlt, wie er den Anschein erweckte, dann hätte er es doch nicht nötig gehabt, Leo kleiner zu machen.

Na, meine lieben »Elefanten«, wie werden Sie sich das nächste Mal verhalten?

Aus dieser Fallstudie lassen sich folgende Grundsätze ableiten:

1. Wahr ist nicht, was man sagt. — Wahr ist, was der andere hört!

(Warum der andere oft etwas »ganz anderes« hört, besprachen wir im Kapitel 4.)
Es sei hier nur festgestellt und festgehalten:

2. Es gibt keinerlei Garantie, daß der andere das hört, was Sie sagen wollten.

Weiterhin haben wir gesehen:
Meint der andere eine Kritik bzw. einen Angriff auf sein SWG herauszuhören, so wird er mit einem Abwehrmanöver reagieren. Dieses Abwehrmanöver stellt für ihn eine Reaktion dar, wird aber vom anderen meistens als Anfangs-Aktion interpretiert.
Da ein Abwehrmanöver bedeutet, daß der andere eine Gefahr für sein SWG abwehren will, weiß ich, daß er sich kleiner fühlt. Daher gilt hier die Regel:

Nur, wenn ich ihm helfe, sein gefährdetes SWG zu verbessern, ist eine erfolgreiche Kommunikation möglich!
Solange ich sein SWG weiter angreife, schlagen wir uns nur noch mit diesem Ballast herum.

Dieser Ballast kann sehr »sachlich« verpackt sein. Aber wenn Sie Ihr Gefühl dafür entwickeln, entdecken Sie ihn trotzdem. Da jeder

Mensch dazu neigt, eine der vier Varianten der Abwehr zu bevorzugen, werden Sie es schnell lernen, dies bei Menschen, mit denen Sie häufig kommunizieren, zu erkennen.

Wissen ist Macht – sagt man. Das ist m. E. korrekturbedürftig.

Was man mit dem Wissen anfängt, kann Macht bedeuten.

Das Wissen um die Abwehr der anderen allein nützt gar nichts, wenn Sie trotzdem mit Abwehrmanövern Ihrerseits reagieren. Denn: Dann hat sich doch nichts geändert. Wenn Sie das Wissen in Ihrer täglichen Praxis jedoch einsetzen, dann befähigt Sie das zur optimalen Kommunikation – zu zwischenmenschlichen Beziehungen, die erfolgreich verlaufen müssen, weil Sie den Teufelskreis durchbrochen haben!

6. Bilder und psychologischer Nebel

**Optimal kommunizieren heißt:
Die Bilder des anderen achten.**

Man macht sich ein Bild:

Stellen Sie sich ein Tier vor, das äußerlich keine Hörorgane hat, weder Flügel noch Beine besitzt und zwei Augen, eine Mundöffnung und eine Zunge hat.

Diese Information erlaubt Ihnen nur, sich ein Bild zu machen, wenn Sie erraten haben, daß es sich bei der Beschreibung um eine Schlange handelt.

Wie macht man sich ein Bild?

Indem man Reize aus der Umwelt aufnimmt, diese mit dem Gehirn analysiert, sortiert und speichert. Das heißt also in einem Denkprozeß.

Dieser Prozeß kostet Kraft. Deshalb sagen wir:

Jedes Bild ist mit Energien besetzt.

Alle lebenden Organismen sind unerhört sparsam. Wenn sie Energien sparen können, tun sie es. Einmal eingesetzte Energien stellen eine gewisse Investition dar und, wie jeder Sparer weiß: Eine Investition versucht man immer zu schützen, wenn die Gefahr besteht, daß sie einem Verlust (oder einer Verschwendung) anheimfallen könnte.

Da jedes Bild, das wir uns gemacht haben, eine Investition darstellt, wird es der Organismus verteidigen.

An jedem Bild hängen Emotionen:

Eine Emotion ist ein Gefühl. Gefühle zu »spüren« ist nur durch eine Leistung von hochspezialisierten Nervenzellen im Gehirn möglich.

Da wir keine Computer sind, können wir Reize nicht »objektiv« wahrnehmen, um sie zu verarbeiten. Alles, was wir irgendwie wahrnehmen, »mutet uns an«. Diese Anmutung kann positiv oder negativ sein. Deshalb sehen zwei Menschen dasselbe halbvolle Glas einmal noch halb voll und zum anderen schon halb leer.

Fest steht, daß wir alles emotionell einfärben. Der Volksmund drückt diesen Prozeß so aus:

Haß und Liebe machen blind, d. h., man ist nicht mehr in der Lage, alles wahrzunehmen.

Blinder Eifer (d. h., man nimmt nur Bruchteile wahr) schadet nur.

Übung:

Denken Sie an Ihre Mutter!
Welche Gefühle tauchen gleichzeitig mit auf?
Denken Sie nun an Weihnachten, damals, als Sie 7 oder 10 Jahre alt waren . . .
An Ihren 18. (21., 30., 40., 50.) Geburtstag;
an Ihren Hochzeitstag;
an Ihr erstes Auto;
an Ihre(n) erste(n) Freund(in) usw.

Welche Gefühle tauchen gleichzeitig mit auf?

Da aber das »Fühlen« der Emotion an sich ein Prozeß ist, der Energie kostet, bedeutet die Emotion eine weitere Investition in das Bild.

Je intensiver die mit einem Bild verbundenen Gefühle, desto höher die Investition, d. h., desto wahrscheinlicher ist es, daß der Organismus gerade dieses Bild verteidigen wird.

Jedes Bild – eine Investition:

Frau Bauer ist der Meinung, Napoleon Bonaparte sei Franzose gewesen. Sie hat sich ein Bild von »Napoleon, dem Superfranzosen« gemacht. Nun liest sie in einem Artikel:
»Napoleon, der, wie wir alle wissen, Korse war, . . .«
Was ist passiert? Ihr Bild wurde angegriffen.

Jetzt gibt es zwei Möglichkeiten:

a) *Bildaustausch:* Sie akzeptiert das neue Bild (die neue Information, die neue Meinung etc.), d. h., sie muß einen Bildaustausch vornehmen.
b) *Beharrung* auf dem alten Bild: Sie weigert sich, das neue Bild (die neue Information, die neue Meinung) zu akzeptieren.

Wie Sie ja sicher aus eigener Erfahrung wissen, ist es meist leichter, ein altes Bild beizubehalten, als es gegen ein neues auszutauschen.

Warum ist dies so?

Das alte Bild, das ja mit Energie und Emotion behaftet ist, bedeutet eine Investition. Also versucht der Organismus zunächst, diese Investition zu schützen.
Frau Bauer, die sich »sicher fühlt«, daß ihr Bild korrekt ist (d. h., daß sie recht hat), schreibt nun einen Leserbrief an die Illustrierte, in der sie darauf hinweist, daß »Napoleon doch Franzose gewesen sei...«
Einen Monat später findet sie ihren Leserbrief abgedruckt und liest mit Bestürzung die Antwort der Redaktion: »Napoleon war tatsächlich Korse. Seine Eltern kamen nach Frankreich, als er noch sehr jung war . . .«
Nun wird der *Bildaustausch* zwar fast unumgänglich, aber jetzt ist er noch schwerer als zuvor. Warum?

Entscheidungen aufgrund eines Bildes erhöhen das Investment in dieses Bild.

Jede Entscheidung kostet doch wieder Energien. Erstens, weil auch ein Gedanke Energien kostet, und zweitens, weil jede Entscheidung doch von gewissen Gefühlen begleitet war. (Jede Emotion kostet auch Energien.)

Das bedeutet also:

1. Der Organismus versucht zu sparen, wo immer es geht (d. h., er versucht, den Weg des geringsten Widerstands zu gehen).
2. Die Weigerung, ein neues Bild (Information, Meinung) zu akzeptieren, ist im Grunde genommen eine Weigerung,
a) Energien auszugeben (Verarbeitung des neuen Bildes),
b) die Investition (Energie des alten Bildes) zu verlieren.
3. Jede aufgrund eines Bildes getroffene Entscheidung erhöht die Investition und erschwert daher das Aufgeben des Bildes.
4. Das Aufgeben dieser Investitionen sowie das Verarbeiten des neuen Bildes kostet Energien, daher: Je müder man ist, desto weniger bereit ist man, neue Bilder aufzunehmen (= lernen) bzw. einen Bildaustausch (Meinungsänderung) vorzunehmen.*
5. Wenn man ein Bild austauschen muß, so kostet das Kraft (Energien). Hat man diese übrig, so kann man den Austausch vornehmen. Wir sagen dann, die Person ist flexibel.
Fehlt diese Kraft (Energie), so kann die Person den Austausch *nicht* vornehmen. Wir sagen dann, die Person sei stur, dickköpfig, rechthaberisch usw.
6. Je mehr Energien an einem Bild haften, desto schwerer ist es für uns, dieses Bild aufzugeben.

Die Meinungsänderung über Napoleons Herkunft wird Frau Bauer gewiß bewältigen können. Aber wie sieht es mit den Bildern aus, die eine bestimmte große Investition für uns darstellen?

---

* Erinnern wir uns an den Bedürfnis-Turm (Kapitel 2): Wenn Energien fehlen (Müdigkeit, Erschöpfung, Krankheit, Streß), dann wird Bedürfnis-Stufe 1 (= nacktes Überleben) die »höheren« Stufen so lange verdrängen, bis die erste Stufe wieder abgesichert ist.

Trauer – ein massiver Bilder-Austausch:

Frau Weber ist seit 22 Jahren mit Herrn Weber verheiratet. Frau Weber liebt ihren Mann. Sie kennt ihn gut. Sie hat sich ein Bild von ihm gemacht. Eigentlich ist dies ein Bilderkomplex von Tausenden von kleinen ·Bildern. Diese Einzelbilder sind z. B. folgende: Er beschützt mich; früh will er als erstes eine Tasse Kaffee; er ist ein guter Chef, seine Mitarbeiter mögen ihn; er liebt Beethovens 5. Klavierkonzert; er arbeitet zuviel.

Herr Weber arbeitet wirklich zuviel. Er bekommt einen Herzinfarkt und stirbt. Ganz »plötzlich«, innerhalb von 3 Tagen, ist er tot.

Dies nun ist ein ganz *massiver Angriff* auf den Bilderkomplex von Frau Weber. Aus zwei Gründen:

1. Alle Bilder müssen *ausgetauscht* werden.
Z. B.: Er beschützt mich nicht mehr; er kann nicht mehr Kaffee trinken; er arbeitet nicht mehr.
2. Alle Bilder müssen *sofort* ausgetauscht werden. Der Tod kam so plötzlich, daß Frau Weber keine Zeit hatte, sich auf die Situation vorzubereiten.

Wir »verkraften« es besser, wenn ein alter Mensch stirbt. »Es war ja zu erwarten«, sagen wir. Weil wir ein Bild haben. Alle Menschen müssen sterben.

Außerdem wissen wir: Je älter der Mensch, desto näher ist er dem Tod. Wir *verkraften* es auch besser, wenn ein Mensch nach einer langen Krankheit stirbt. Weil wir *Zeit* haben, den Bilderaustausch langsam und schrittweise vorzunehmen.

Von: er lebt . . .
über: er lebt nicht mehr lange . . .
zu: er lebt nicht mehr.

Wir sagen, daß ein Verstorbener »von uns genommen wurde«. Das ist tatsächlich wahr: Alle Bilder, die mit ihm zusammenhängen, werden »von uns genommen«. Sie bleiben zwar als »Erinnerung« bestehen, sind aber nicht mehr Wirklichkeit.

Wie beschwerlich und energieverzehrend ein massiver Bilderaus-

tausch sein kann, zeigt die Trauer sehr deutlich. Wir brauchen Monate oder Jahre. Wir fühlen uns müde, kraftlos, energiearm . . .
Was passiert, wenn man die Energien nicht »frei« hat, um diesen Austausch vorzunehmen?
Eine wesentliche Frage!
Es gibt Situationen, in denen ein Mensch die nötige Energie nicht übrig hat. Wir sagen dann: »Er klammert sich an den Gedanken . . .«
– »Er hält beharrlich an seinem Bild fest . . .« – »Er kann es einfach nicht fassen . . .«
Die Gefahr ist hierbei, daß, wenn dieser Mensch dann hart mit der Wirklichkeit konfrontiert wird, er einen Zusammenbruch erleidet. Oder aber er »schnappt über«, d. h., er begibt sich ins Reich der Phantasie, in der er die alte Situation beliebig erhalten kann.

Für die tägliche Praxis bedeutet dies:

1. Wenn Sie jemanden zu Ihrer Meinung überreden (oder zwingen) wollen, so ist das für ihn immer mit einem Bilderaustausch verbunden.
2. Fragen Sie sich: Ist es notwendig, daß ich den anderen zwinge, diese Energien auszugeben?
3. Fragen Sie sich weiterhin: Ist *jetzt* der richtige Zeitpunkt? Ist der andere wach, munter, frisch, oder ist er zur Zeit übermüdet, überlastet, sowieso schon zu stark beansprucht?
4. Fragen Sie sich letztlich: Wie bereit wäre ich denn, *sein Bild zu akzeptieren?*

Immer wieder erleben Management-Trainer, daß ein Chef »seine Leute« geschult haben will, d. h., die Mitarbeiter sollen eine Reihe ihrer Bilder (ihrem Chef zuliebe) aufgeben (denn: jedes gute Seminar ist mit Lernprozessen neuer Bilder verbunden). Dieselben Chefs sind aber leider oft nicht bereit, auch nur ein einziges Bild zu akzeptieren (z. B. das Bild, daß Schulung in einem Betrieb von *oben* nach *unten* durchgeführt werden muß, nicht nur unten).
Wie viele Lehrer (besonders der Erwachsenenbildung) verlangen von ihren Zuhörern, neue Bilder zu akzeptieren, ohne zu wissen, wie schwer dies für den einzelnen sein kann.

Wenn man das versteht, begegnet man den Fragen der Teilnehmer mit der nötigen Geduld; man erleichtert den Prozeß so weit wie möglich; man akzeptiert selbst neue Bilder, weil man aus den Fragen, Diskussionen, Beispielen der Teilnehmer selbst sehr viel lernen kann.

Wie viele Verkäufer verlangen vom Kunden, daß er sein Bild ändere. (Ihr Staubsauger, der Ihnen 10 Jahre lang gute Dienste geleistet hat, taugt nichts! Meiner, der ist gut!)

Der Prozeß des Bildermachens

Wiewohl diese Prozesse des »Bildermachens«, des Speicherns der Bilder (Gedächtnis), der Beeinflussung durch gemachte Bilder noch nicht zu 100 Prozent verstanden werden, wissen wir doch heute einiges darüber.

Dieses Wissen hilft uns, diese Prozesse besser zu verstehen. Deshalb hier eine kurze Darlegung einiger Fakten und Hypothesen, die uns helfen, uns ein Bild davon zu machen, wie der Organismus »Bilder macht«, speichert und später wieder abrufen kann.

Aufnahme von Reizen

Ein Reiz ist ein Stimulus (Mehrzahl: Stimuli) auf ein Sinnesorgan. Ein solcher Reiz muß vorausgehen, sonst könnte der Organismus ja nichts wahrnehmen. Erst das Wahrgenommene kann er dann zu *Bildern* verarbeiten.

Reiz ist alles, was Sie *sehen, hören, empfinden, ertasten, riechen, schmecken* und *denken*.

Der Mensch ist ein Augentier, d. h. 80 Prozent aller Sinneswahrnehmungen werden über die Augen an das Gehirn weitergegeben. Tests haben gezeigt, daß eine Person mit verbundenen Augen und mit Ohrschützern nicht feststellen kann, ob der Wagen, in dem sie sitzt, sich mit 10 oder 100 oder 150 km/h bewegt.

Werden die Ohren freigemacht, hat sie diese Möglichkeit etwas zurückgewonnen, aber erst wenn sie wieder sieht, kann sie beginnen, die Geschwindigkeit wieder einzuschätzen.

Wir haben zwei Nachrichtensysteme im Körper: 1. das Nervensystem und 2. die Blutbahn. In der Blutbahn werden Nachrichten nur langsam vermittelt. Alle Reize werden vom Nervensystem zum Gehirn übermittelt.

Früher meinte man, die einzelnen Nervenbahnen, die den Rezeptor (im Sinnesorgan) mit dem Gehirn verbinden, seien mit Telefondrähten (oder Kabeln) zu vergleichen. Man meinte, die Nervenerregung, die dem Reiz folgt, hätte »freie Bahn«, um zum Gehirn zu gelangen.

Heute weiß man, daß dies nicht so ist. Vielmehr muß der Impuls von einer Nervenzelle zur anderen »reisen«. Dabei besteht bei jeder einzelnen Nervenzelle die Gefahr, daß unsere Erregung nicht weitergeleitet wird, da sie bei jeder einzelnen Nervenzelle eine »Reizschwelle« überschreiten muß. D. h., ein zu schwacher Reiz wird nicht zur Erregung und damit auch von uns nicht wahrgenommen.

Wiederum zeigt es sich:

Wahr ist nicht, was ist —
wahr ist, was vom Organismus wahrgenommen wird.

Heute hat man sogenannte Mikroelektroden entwickelt (das sind sehr kleine, mit Flüssigkeit gefüllte Glassonden mit einem Durchmesser von weniger als 0,25 Mikron*). Mit diesen Kleinstsonden kann man Erregungen aufnehmen und somit besser verstehen, was in der einzelnen Zelle vorgeht.

Fest steht jedenfalls, daß dieser Prozeß ein ungeheuer komplizierter elektrochemischer Vorgang ist. Für uns ist im Moment nur wichtig, festzuhalten:

---

* 1 Mikron = 1/1000 mm.

1. Nicht jeder Reiz gelangt zum Gehirn (er muß »stark« – intensiv – genug sein).

2. Wenn er im Gehirn ankommt, muß er *erkannt* werden.

3. Dieses Erkennungszentrum heißt N.E.M. (Neuheits-Entdeckungs-Mechanismus nach SOKOLOV, UdSSR [85]).

4. Dieser N.E.M. vergleicht die Erregung mit den neutralen Modellen der bereits bekannten (Gedächtnis).

5. Er stellt fast: Ist dieser Reiz bekannt? – Ist er unbekannt?

6. Lautet die Antwort »unbekannt«, so veranlaßt der N.E.M. eine *sofortige Auslösung* der OR (= Orientations-Reaktion). Die OR ist auch als Kampf-Flucht-Position bekannt; sie tritt bei neuer Information deshalb ein, weil ja *jeder unbekannte* Reiz eine Gefahr für den Organismus darstellen könnte.

Der Grund hierfür ist der:

Der N.E.M. liegt im limbischen System:

Dieses jedoch entstand aus dem Riechhirn (RIEDLINGER) und stellt einen sehr alten Gehirnteil dar (ca. 150 Mill. Jahre alt). Der Denkhirnteil unseres Gehirns jedoch ist in seiner heutigen Entwicklungsform erst ca. 100 000 Jahre alt. Deshalb entscheidet der *primitive Gehirnteil,* ob diese Kampf-Flucht-Reaktion (OR) eintreten soll, ehe der Denkapparat den Reiz wahrnimmt, d. h., ehe er überlegen kann, ob dieser Reiz eine Gefahr für den Organismus dargestellt hätte.

7. Lautet die Antwort »bekannt«, so geht ein Befehl des N.E.M. aus, welcher besagt: *Stoppe die OR!* D. h., wenn der N.E.M. nicht schnell genug erkennt, daß der Reiz bekannt ist, so geschieht die sofortige (automatische) Auslösung der OR, weil ·diese nicht gebremst wurde.

8. Jede OR kostet den Organismus viel Energie, da der Körper durch Energie-Zuschüsse auf Kampf bzw. Flucht vorbereitet wird.

9. Während die OR den Körper durchläuft, analysiert das Gehirn den Reiz. Es versucht, den neuen Reiz dem System bekannter Reize irgendwo zuzuordnen, d. h., es versucht, *sich ein Bild zu machen.* Außerdem wird der neue Reiz gespeichert, d. h. als *Erinnerung* ins Gedächtnis übernommen.

So ist ein neues neurales Modell entstanden, das verhindern wird, daß derselbe Reiz beim nächsten Mal eine OR auslösen wird.

So ist also dann ein neues Bild entstanden:

Das Akzeptieren neuer Bilder kostet Energien. Ein weiterer Faktor sei noch erwähnt: Es wird heute angenommen, daß jeder Reiz »gefärbt« wird, ehe er ankommt, da er den physiologischen »Sitz der Gefühle« durchlaufen muß, ehe er identifiziert werden kann. D. h., daß er von der momentanen *Stimmung* oder *Gestimmtheit* angemutet wurde, ehe er analysiert wird.

Dies erklärt auch, warum *derselbe* Reiz uns einmal positiv, ein andermal negativ erscheint.

Deshalb ist eine *wirkliche Objektivität* nicht möglich, weil Sie eine Sache ja erst dann bewußt wahrnehmen können, wenn diese bereits von Ihren Gefühlen eingefärbt wurde.

Man nimmt an, daß die Tatsache, daß manche Menschen sachlicher, nüchterner (objektiver) als andere reagieren, der Entwicklung des A zuzuschreiben ist. Es scheint, daß ein gut entwickelter Analyse-Apparat die gefühlsgefärbte Wirkung wieder etwas zu neutralisieren vermag, weil er darum weiß (s. Kapitel 4).

Fest steht jedenfalls, daß wir alle Dinge in bezug auf frühere Erfahrungen sehen, so daß eine gewisse Färbung nicht zu umgehen ist.

Fest steht weiterhin, daß Gefühle die Wahrnehmung von Reizen weitgehend beeinflussen. Je »primitiver« die Gefühle, desto größer der »Färbungseffekt«.

Ein Mensch, der sich vor Einbrechern fürchtet, wird das Geräusch eines im Winde leicht knarrenden Fensterladens anders auslegen als einer, der keine Furcht hat.

Ein Mensch, der einen anderen liebt, wird diesen auch in einem »gefärbten« »Licht« sehen, im Gegensatz zu einem »neutralen« Beobachter.

Ein Fanatiker (d. h. von starken Angst- und Haßgefühlen »durchfluteter« Mensch) wird Dinge anders betrachten als ein »kühler« Beobachter.

Fazit:

1. Wir machen uns Bilder (= Speicherung von Informationen im Gehirn).

2. Dieser Prozeß kostet Kraft (Energien).

3. Wenn nicht genügend Energie vorhanden ist, haben wir Lernschwierigkeiten.

4. Neue Reize werden mit bekannten Bildern verglichen.

5. Wahrnehmungen von Reizen werden durch Erfahrungen und/oder bestehende Bilder gefärbt. (S. Merkblatt Nr. 4: Zwei Experimente zum »Bilder-Machen«.)

Für die tägliche Praxis bedeutet das:

Wenn Sie von anderen nicht mehr (Bildveränderung) verlangen, als diese zu verarbeiten in der Lage sind, können Sie erfolgreich kommunizieren!

Warum ist ein Witz witzig?

Wie wir schon sagten, erstellen wir Bilderkomplexe. Wenn wir all die Tausende und Abertausende von Einzelinformationen einzeln ablegen (im Gedächtnis speichern) würden, würde unser »Computer« ja nichts mehr finden, wenn wir auf eine gespeicherte Information zurückgreifen wollten. Folglich legen wir die einzelnen Bilder mit einer gewissen Ordnung ab.

D. h., Bilder (oder Bilderkomplexe), die zusammengehören, werden auch zusammen abgelegt. Andere, die nicht dorthin gehören, werden ferngehalten.

Dieses »Zusammen- bzw. Fernhalten« kostet natürlich auch Kraft (Energie). Nehmen wir ein Beispiel:

Herr Fromm hat sich ein Bild von *Mutter* (M) gemacht. Er hat außerdem ein Bild von *Liebe* (L). Diese Bilder gehören für ihn zusammen.

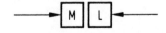

Also »drücken« sich in ihm diese Bilder (wie Holzklötze) aneinander.

Nun hat er sich aber auch von einer *Prostituierten* (P) ein Bild gemacht. Dieses Bild liegt für ihn »weit weg« von *Mutter* oder *Liebe*. Er denkt nicht gerne daran, daß eine Prostituierte auch ein Mensch ist, daß sie vielleicht eine Familie hat, daß sie vielleicht einsam ist. Also schiebt er dieses Bild (P) weit weg von den anderen beiden:

Dieses »Zusammen- bzw. Auseinanderdrücken« geschieht ständig. Es verläuft, ob wir wach sind oder schlafen. Es gehört zum psychologischen Überleben.
Manchmal allerdings fallen alle diese Bilder wild durcheinander, das ist dann der psychologische »Zusammenbruch«, das ganze Sortierungssystem Ihres »Computers« ist zusammengebrochen.

Nehmen wir folgenden Bilderkomplex als Bestandteil von Peters Psyche an:

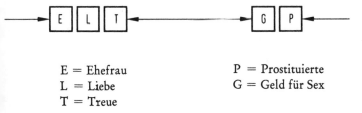

E = Ehefrau   P = Prostituierte
L = Liebe   G = Geld für Sex
T = Treue

Nun erzählt ihm sein Freund diesen uralten Witz:

Am Morgen seiner Hochzeitsnacht läuft Graf Bobby furchtbar geknickt durch die Stadt und trifft Rudi.

Rudi: »Sag mal, was machst du denn hier?«
Bobby: »Es ist was Schreckliches geschehen . . .!«
Rudi: »Aber wieso denn?«
Bobby: »Ich habe ihr aus Versehen 150 Mark auf den Nachttisch gelegt. Du weißt schon . . .«

Rudi (nickt teilnahmsvoll): »Aber das ist doch nicht so schlimm. Eben Macht der Gewohnheit. Das muß sie doch verstehen . . .«

Bobby: »Das war's ja nicht! Aber – sie hat mir 50 Mark rausgegeben . . .!«

Dieser Witz verursacht einen plötzlichen *Bilderstoß*.

Das Bild (G) (Geld für Sex) war plötzlich an den Komplex Ehefrau, Liebe, Treue (E,L,T) herangeschlagen worden.

Die Energie, die aber jene zwei Bilder bislang auseinandergehalten hatte, wurde frei. (Wenn Sie sich davon ein Bild machen wollen, könnten wir sagen, diese Energie »sprang nach oben«.)

Diese »herausgesprungene« Energie äußert sich entweder in *Lachen* oder in einem: *Das ist doch nicht witzig!* oder *Finden Sie das witzig?!!* (Verärgert.)

Je stärker nämlich die Reaktionen, desto mehr Energie wurde frei, d. h., desto weiter waren diese Bilder ursprünglich voneinander entfernt.

Warum lacht der eine, der andere dagegen regt sich auf?

Da Energie »frei« wird, muß sie sich äußern. Der Unterschied besteht lediglich darin:

Liegt in diesem Zusammenbruch zweier oder auch mehrerer Bilder eine Bedrohung für mich? Ja oder nein?

Wenn *ja*, dann gelten wieder die Grundsätze, die wir in Kapitel 5 erarbeitet haben. Auf eine Bedrohung reagieren wir mit *Abwehr*. Das entrüstete Verhalten ist natürlich eine Abwehr. Oft streckt man sogar abwehrend die Hände von sich oder greift den anderen an: »Wie können gerade Sie einen solchen Witz erzählen?«, oder man verläßt gar wütend das Zimmer. Sie sehen also deutlich die Abwehrmanöver, die in diesem Kapitel besprochen wurden.

Ist der Zusammenbruch keine Bedrohung für mich, dann äußert sich die Energie in Lachen.

Lachen bedeutet also häufig ein »nicht defensives Ablassen von plötzlich freier Energie«.

Das »künstliche Lachen«, mit dem man manchmal vorzugeben versucht, nicht defensiv zu sein, gilt hier natürlich nicht.

Warum kann der eine über sich selbst lachen, der andere nicht?

Situationen, in denen wir über uns lachen können (oder sollten), sind allzumal Situationen, die das Bild: *Ich bin OK* angreifen.

Je OK'er man ist, desto geringer ist das Gefahrenelement, desto leichter äußert sich dann die »herausgesprungene« Energie in Lachen.

Je unsicherer man hingegen ist, desto leichter sieht man in dem Angriff sofort einen »Großangriff« (da ein schwaches Bild ja viel verletzlicher ist), und desto größer ist die Furcht, dieses Bild zu verlieren.

Dies ist ein Angriff auf das SWG und führt zu Abwehrmanövern.

Angriff auf ein Bild

Obwohl der Ausdruck neu ist, haben wir die *kognitive Dissonanz* (nach FESTINGER [33]) schon besprochen: Kognitive Dissonanz ist das Aufeinandertreffen eines alten und eines neuen Bildes, wobei dieses neue Bild das alte angreift oder zumindest in Frage stellt. Beispielsweise:

Napoleon ist Franzose	→	Napoleon ist Korse
(altes Bild)		(neues Bild)
Sex ist schmutzig	→	Sex ist schön
(altes Bild)		(neues Bild)

Was ist passiert?

1. Ein vorhandenes Bild wird angegriffen.
2. Das vorhandene Bild wird entweder verteidigt oder ausgetauscht.
3. Je größer die Investition in das alte Bild, desto wahrscheinlicher seine Verteidigung.

Wenn der Bilderaustausch vorgenommen wird, ergibt sich kein Problem! Zum Beispiel:

Maria: Sieh mal, ein Mercedes.
Michael: Das ist doch kein Mercedes, Maria. Das ist ein AUDI. Siehst du die Buchstaben AUDI?
Maria: Ach ja! Sah aber zuerst fast wie ein Mercedes aus!

Wird jedoch das alte Bild verteidigt, so können jetzt wieder sämtliche Abwehrmanöver ins Spiel gebracht werden.
Erinnern Sie sich: Wir sagten, ein Abwehrmanöver solle eine Gefahr für den Organismus abwehren. Jedes neue Bild, das vorhandene Bilder angreift, stellt eine Gefahr für die Investition dar. Je gefährdeter man sich durch diesen Angriff fühlt, desto abwehrender reagiert dann das K. Denn jede Verteidigung von Basisprozessen wird vom K gesteuert.

Die Bilderwand

Ein weiteres Kriterium in der Entscheidung, ob wir ein Bild austauschen werden, ist: Wie viele weitere Bilder haben wir bereits aufgrund des angegriffenen Bildes erstellt?

Wenn Sie sich alle Bilder, die Sie sich im Laufe Ihres Lebens gemacht haben, als eine »Ziegelwand« vorstellen, deren einzelne »Ziegel« Bilder waren, dann erkennen Sie sofort, daß die oberen Bilder natürlich auf den unteren ruhen; ziehe ich jetzt einen weiter unten liegenden Ziegel weg, fallen die darüber liegenden Bilder auch aus der Wand heraus.

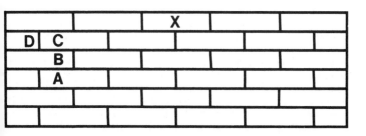

Wenn jemand z. B. Ihr Bild A aus der Wand herausstößt, besteht die Gefahr, daß auch B, C und D mit »herausgerissen« werden. Davor aber versuchen wir uns zu schützen. Deshalb empfinden wir einen Angriff auf A als »frontalen« oder »großen« Angriff, d. h., wir reagieren heftig. Ein Angriff auf X jedoch (in der obersten Reihe) gefährdet keine darüber liegenden Bilder. X können wir also viel leichter austauschen.

Nehmen wir an, Herr Wissenschaftler hat vor Jahren entdeckt, daß Emygb nicht ein Teil von Amygb ist. Auf dieser Entdeckung hat er in jahrelanger Forschung aufgebaut. Er erstellte weitere »Bilder« *aufgrund* der Hypothese, daß Emygb nicht Teil von Amygb ist.

Sollte nun heute jemand behaupten, Emygb sei natürlich *doch* ein Teil von Amygb, so wären alle auf dem ersten Bild aufgebauten »Ziegelsteine« gleichzeitig gefährdet.

Solch ein großes »Loch in der Wand« kann der Organismus genausowenig zulassen wie eine klaffende Wunde. Er fährt also die massivsten Abwehrgeschütze auf, die ihm zur Verfügung stehen.

Die Vorbeschäftigung

Stellen Sie sich vor:

Herr Dir. Großmann läßt sich von seinem Fahrer in die Fabrik fahren. Man befindet sich auf der Landstraße kurz vor dem Ziel.
Herr Großmann sagt: »Herr Schulze, seien Sie heute nachmittag um 14 Uhr bitte am Ausgang III-Süd. Wir müssen nach Köln. Wir werden wahrscheinlich dort übernachten. Richten Sie sich also bitte auch darauf ein. Übrigens, übermorgen kommen die neuen Testfahrzeuge rein. Teilen Sie also die anderen Fahrer ein, daß wir...«
Aber der Fahrer hört schon nichts mehr. Er hatte angesetzt, um einen Laster zu überholen, als auf der linken Spur plötzlich ein Fahrzeug aus einer Einfahrt herauskam. Der Fahrer reagiert blitzschnell und sehr geschickt: Er blinkt und hupt, so daß der Lastwagenfahrer aufmerksam wird und sofort so weit rechts wie möglich fährt. Auch der Fahrer des gerade auf die Hauptstraße eingebogenen Autos bemerkt die Lage und hält sich extrem auf der anderen Seite, so daß der Wagen unseres Direktors zwischen den beiden anderen durchkommt. Als das Überholmanöver beendet ist, sagt Herr Schulze: »Entschuldigen Sie, Herr Direktor, ich habe den letzten Teil nicht mehr gehört. Könnten Sie bitte noch mal wiederholen?«

Was ist passiert?

Man sagt, der Fahrer war vorbesetzt bzw. vorbeschäftigt.
Die Beschäftigung des Den-Wagen-aus-der-Gefahr-Rettens ging vor!
Sie war wesentlicher, denn sie gewährleistete das physiologische Überleben.
Sinngemäßes gilt für psychische Überlebensvorgänge. Wir hatten gesagt, daß die Erhaltung des SWG und das Zusammen- bzw. Auseinanderhalten gewisser Bilder zum psychischen Überleben gehören.

Wird nun dieser Prozeß angegriffen, so reagieren wir wie bei einer physischen Gefahr: Wir ziehen alle Energien zur Verteidigung zusammen.

Wir sind vorbeschäftigt, bis die Gefahr vorbei ist. Wir können uns das so vorstellen, daß wir sagen: Solange wir damit beschäftigt sind, unsere Bilderwand »festzuhalten«, weil wichtige Bilder angegriffen wurden, so lange sind wir vorbeschäftigt.

Der psychologische Nebel

Mit dieser Vorbeschäftigung geht immer einher, was wir *Nebel* nennen, wobei es sich hier natürlich um »psychischen Nebel« handelt.

Der physikalische Nebel hat zwei Eigenschaften: Er verhindert, daß wir klar sehen, und er verhindert auch, daß wir alles hören. Wenn Sie schon einmal im dichten Nebel spazierengegangen sind, wissen Sie dies aus eigener Erfahrung. Wir können also sagen:

Der Nebel schluckt Bild und Ton.

Das bedeutet, daß wir weder alles sehen noch alles hören können, solange wir vorbeschäftigt sind.

Wann immer ein Bild ausgetauscht wird, sind wir zunächst einmal vorbeschäftigt. Wir fragen uns:

1. Ist das ein Angriff auf ein *wesentliches* Bild?
2. Ist das Investment bei diesem Bild *sehr hoch*?
3. Soll ich mein altes Bild *verteidigen*?

Wird eine der drei Fragen mit »Ja« beantwortet, so befinden wir uns im Nebel. Wir sind dann so lange »vorbeschäftigt«, bis die Situation als nicht mehr gefährlich eingeschätzt wird.

Weil wir im Nebel nicht alles aufnehmen können, hören wir nur Bruchstücke von dem, was der andere sagt. Dies führt dann zu Mißverständnissen.

Je wichtiger das angegriffene Bild für uns ist, desto stärker wird der Nebel und desto »sturer« unsere Abwehr.

Da es sich auch hier um eine *Abwehr* handelt, gelten wieder die Regeln der Abwehrmanöver, die wir bereits in Kapitel 5 besprochen haben.

Für die tägliche Praxis bedeutet dies:

Wenn Sie ein Bild des anderen angreifen (mit der »Tür ins Haus fallen«) und erst dann, wenn er sich bereits »wehrt«, erklären, warum und wieso und weshalb Sie Ihr Bild für richtig halten, dann steht der andere derzeit im Nebel. Im Nebel aber kann er nicht sehr gut hören und sehen, was man ihm zeigen will. Später wird er dann häufig behaupten, Sie hätten etwas anderes gesagt, denn:

Wahr ist nicht, was Sie gesagt haben, wahr ist, was er gehört hat.

Deshalb: Wenn Sie Bilder angreifen müssen, so wenden Sie die folgende *Anti-Nebel-Technik* an. Diese macht es nämlich allen Beteiligten leichter. Sie spart Energien auf beiden Seiten. Sie ermöglicht es, miteinander statt aneinander vorbeizureden.

Die Anti-Nebel-Technik

Es gibt zwei Möglichkeiten:

1. *Sie wissen von vornherein,* daß Sie ein Bild beim anderen angreifen werden, d. h., Sie wissen von vornherein, daß Ihre Aussage beim anderen Nebel erzeugen muß.
Z. B.: Wenn Sie Herrn Wissenschaftler klarmachen wollen, daß Emygb ein Teil von Amygb ist.
2. *Sie wußten nicht,* daß Ihre Aussage beim anderen ein Bild angreifen würde. Sie meinten über etwas zu sprechen, das Sie beide ähnlich sehen, als der andere plötzlich abwehrend reagiert.
Dann erst ist Ihnen klar, daß Sie hier ein Bild angegriffen haben.
Z. B.: Sie sind der Meinung, daß Ihr Gesprächspartner Ihre eigene politische Einstellung teilt. Sie machen eine Bemerkung und erkennen erst an seiner Reaktion (»Was, Sie sind lila? Ich hätte Sie für einen Anhänger der grünen Partei gehalten!«), daß Sie sein Bild angegriffen haben.

Für die beiden Möglichkeiten gibt es zwei Methoden. Ehe wir sie erklären, müssen wir uns noch über einen Gedanken klarwerden: Wir haben zwei Arten von Aussagen, mit denen wir argumentieren:

a) *Die Hauptaussage* (die das Bild angreift); z. B.: Emygb ist ein Teil von Amygb bzw. Ich bin Anhänger der lila Partei.

b) *Die Erklärungen* (mit denen wir den Bilderangriff erklären und untermauern wollen). Z. B.: Aufgrund der und der Experimente wurde ganz klar nachgewiesen . . . bzw. Ich finde die lila Leute wesentlich ehrlicher als die anderen, außerdem setzen sie immer durch, was sie sich vorgenommen haben . . .

Methode I:
Wenn man vorher weiß, daß man mit seiner Hauptaussage ein Bild beim Gesprächspartner angreifen muß.

Hier gilt es, die Erklärungen vorher zu bringen, d. h., langsam und schrittweise auf die Hauptaussage hinzuarbeiten.
Erstens steht der andere zu diesem Zeitpunkt noch nicht im Nebel, er nimmt also mehr auf.
Zweitens können wir ihm so helfen, die einzelnen Erklärungen eine nach der anderen zu akzeptieren.
Dann erst folgt die Hauptaussage.
Selbst wenn sich nun trotzdem der Nebel einstellt: Er hat ja unsere Erklärungen gehört, also wird er sich vielleicht später, wenn der momentane Nebel sich verzogen hat, damit auseinandersetzen.

Also:
Erklärungen
plus
Hauptaussage

Methode II:
Wenn man vorher nicht weiß, daß man mit seiner Hauptaussage ein Bild beim Gesprächspartner angreifen wird.

Hier ist die Hauptaussage bereits gefallen, da wir sie noch ahnungslos ausgesprochen haben. Nun aber befindet sich der andere im Nebel, d. h., daß unsere Erklärungen zu diesem Zeitpunkt in den Nebel hineinfallen müssen. Also: *Keine Erklärungen, bis sich der Nebel verzogen hat.*
Da sich der andere jetzt überwiegend im weinenden K aufhält, ist es jetzt das beste, freundlich (liebevoller P) zu sagen, daß man kein Bild angreifen wollte! Hier zählt hauptsächlich der Tonfall und Ihre innere Einstellung dem anderen gegenüber, d. h., es zählt nicht das einzelne Wort, da er ja jetzt nicht alle Wörter aufnehmen kann!!!
Sobald man weiß, daß diese Aussage beim anderen ein vorhandenes Bild angreift, gilt Methode I, wenn man diese Aussage machen muß.

Da ja jedes Akzeptieren eines neuen Bildes Energien kostet und jeder Austausch von Bildern noch mehr Energien beansprucht, sollte man sich immer fragen:

Ist es unbedingt erforderlich, daß ich dem anderen mein Bild aufzwinge?

Oft werden Sie diese Frage mit *Nein* beantworten müssen. In diesem Fall lassen Sie es sein. Es kostet sowohl Ihre wie auch die Kraft Ihres Gesprächspartners! Sie selbst lieben es ja genausowenig, wenn man Ihre Bilder (Meinungen) angreift!

Ist die Antwort jedoch ein Ja, dann sollte man dem anderen diesen Bilderaustausch so leicht wie möglich machen. Dies erleichtert natürlich auch mir die Kommunikation. Wenn ich Methode I anwende, spreche ich mit seinem A. Wir können uns gemeinsam Schritt für Schritt vorwärtsarbeiten. Falle ich jedoch »mit der Tür ins Haus«, muß ich mich mit seinem Abwehrmanöver auseinandersetzen. Das kostet letzten Endes uns beide mehr Kraft. Außerdem wird dabei sein SWG gefährdet, was ihn veranlassen kann, meines zu gefährden. Kommunikationen, in denen das SWG des einen oder beider Partner leidet, sind keine optimalen.

Beispiel für Methode I:

Frau Maurer will ihrem Mann klarmachen, daß sie gerne wieder ein wenig arbeiten würde, weil sie sich als Nur-Hausfrau nicht ausgefüllt fühlt, vor allem jetzt, wo beide Kinder schon in der Schule sind.

Herr Maurer jedoch hat ein Bild, das besagt, daß eine Ehefrau nur dann mitarbeiten darf, wenn dies aus finanziellen Gründen unabdinglich ist. Also verbietet er ihr jede Tätigkeit.

Jedesmal, wenn sie die Rede darauf brachte, schickte sie ihn in den Nebel, so daß er ihre Erklärungen bis jetzt nie ganz hörte. Heute verwendet sie jedoch Methode I:

Sie: Du sag mal, du willst doch, daß ich ruhiger und ausgeglichener werde, nicht?
Er: Was hast du denn jetzt vor? Willst du etwa zur Kur?

Sie: Nein, nein. Aber du sagst doch schon seit Wochen, daß ich zu nervös bin.

Er: Bist du auch!

Sie: Na ja, ich habe mir das überlegt. Ich finde, daß du recht hast. Nicht nur das, ich habe mir auch schon überlegt, wie man Abhilfe schaffen könnte.

Er: So?

Sie: Ja. Hast du gemerkt, daß ich die letzte Woche viel besser aufgelegt war?

Er: Sicher, aber das hat leider nur ein paar Tage angehalten.

Sie: Weißt du, was ich in den paar Tagen gemacht habe?

Er: Jetzt werde ich langsam neugierig!

Sie: Ich habe dem alten Roßgauer nebenan geholfen, sein Archiv in Ordnung zu bringen. Er ist doch Schriftsteller, weißt du?

Er: Ich bin nicht sicher, daß ich verstehe, worauf du hinauswillst ...

Sie: Na, das ist doch ganz einfach. Ich hatte eine Aufgabe letzte Woche. Ich fand das hochinteressant. Außerdem habe ich festgestellt, daß ich noch ganz gut maschinenschreiben kann.

Er: Wieso maschinenschreiben?

Sie: Na, da waren ein paar Kleinigkeiten zu schreiben. Und da habe ich mich halt erboten. Es hat mir richtig Spaß gemacht.

Er: Spaß, hm?

Sie: Ja, mal was anderes, weißt du!

Er: Ich beginne zu sehen, wohin der Hase läuft.

Sie: Guck mal, es gibt doch zwei Möglichkeiten. Entweder ich arbeite dir zuliebe nicht, dann mußt du dich aber damit abfinden, daß ich mich nicht besonders wohl fühle. Schließlich kann man es nicht immer verbergen, wenn man enttäuscht ist, oder aber ...

Er: Oder ich lasse dich arbeiten, und die Nachbarn meinen, wir hätten so was nötig!!

Sie: So meinen die Nachbarn halt, daß ich nicht allzu glücklich bin. Was ja auch stimmt!

Er: Warum, ich bin doch gut zu dir, oder?

Sie: Sicher, wenn du da bist. Es geht ja hier um die Zeit, in der du selbst in der Arbeit bist.

Er: Hmm ...

Frau Maurer wird nun die Unterhaltung möglichst bald abbrechen, d. h. sie auf ein anderes Thema verlagern. Wenn sie das nächste Mal anfängt, von ihrem Wunsch zu sprechen, ist der »Boden« vorbereitet; d. h., heute hat sie ihn nur ein oder zwei Schritte auf die Lösung zugeführt, weil sie weiß, daß sie hier ein sehr wesentliches Bild bei ihm angreift und daß er diesen Bilderaustausch nicht über Nacht vornehmen kann.

Sie können sich denken, wie er reagiert hätte, wenn sie ihn gleich damit konfrontiert hätte, sie fühle sich nicht glücklich; daß die Nachbarn dies ja auch merken; daß sie ihn vor eine Wahl stellen müßte usw. . . .

Beispiel für Methode II

Frau Niedermeier: Was lesen Sie denn da, Frau Schultze? Sieht ja aus wie ein Simmel-Roman. Ein prima Schriftsteller, finden Sie nicht auch?
Frau Schultze: Ich kann sein Zeug nicht ausstehen. Unmöglich finde ich den. Daß Sie den gut finden, verwundert mich allerdings . . . (Angriff beginnt.)
Frau Niedermeier: Ich wollte Ihre Meinung nicht angreifen. Schließlich kann ein Autor ja nicht allen Lesern gefallen, nicht wahr? Sie haben jedenfalls das Recht, ihn abzulehnen. (Beruhigender Tonfall.)
Frau Schultze (besänftigt): Ja, sicher. Ich möchte ja nur vermeiden, zu seinen Anhängern gezählt zu werden . . .

Jetzt gilt es für Frau Niedermeier, sich die Frage zu stellen, *ob es sich lohnt,* dieses Bild der anderen anzugreifen. Sie stellt fest: *Nein* und wird in Zukunft diesem Thema ausweichen.
Wenn es Ihnen schwerfällt, einen Bilderangriff beim anderen zu unterlassen, dann fragen Sie sich: Wenn der andere mein Bild, mit dem ich ihn jetzt konfrontiere, scharf angreifen würde, wie würde ich mich fühlen?
Dann wissen Sie nämlich, was Sie dem anderen zumuten, den Sie überzeugen wollen oder müssen.

Das Selbst-Bild: Das wesentlichste Bild überhaupt

Wie wir im Kapitel 1 gesehen haben, ist das SWG die zentrale Einheit unseres Tuns bzw. Seins . . . Das bedeutet natürlich auch, daß das Bild, das wir uns von uns machen, das zentrale Bild ist.
Unser Selbst-Bild ist wandelbar. Es verändert sich aufgrund der Umweltreaktionen. Denken Sie nur an Leo zurück (Vorwort).

Als er dem Hasen gegenüberstand, fühlte er sich wesentlich größer als kurz darauf, nachdem der Elefant ihm eine große negative Streicheleinheit verpaßt hatte.

Noch etwas muß zum Selbst-Bild gesagt werden: Es teilt sich ohne Worte mit. Ein Mann betritt das Büro seines Chefs und weiß sofort, »was heute mit dem Alten los ist«. Ein Patient betritt das Sprechzimmer eines Facharztes und faßt sofort Vertrauen (oder auch nicht).

Eine Mutter weiß sofort, wie sich ihr Kind heute Selbstwert-mäßig fühlt.

Für die tägliche Praxis bedeutet das:

1. Je »OK-er« ich mich »sehe«, desto »OK-er« wirke ich auf andere.

2. Je mehr ich also an mir arbeite, um mehr innere Sicherheit zu erhalten, desto besser »komme ich beim anderen« an.

3. Je sicherer ich mich fühle, desto mehr darf ich es wagen, »ich selbst« zu sein, d. h., desto mehr nähere ich mich dem Bild des Winners.

Wollen wir noch einmal ganz kurz zusammenfassen:

1. Da jede Meinung ein Bild darstellt, bedeutet ein Angriff auf diese Meinung gleichzeitig einen Angriff auf ein Bild.

2. Da jedes Bild ja eine Investition darstellt, die der Organismus zu verteidigen trachtet, bedeutet jeder Angriff auf ein Bild gleichzeitig einen Angriff auf meinen Organismus.

3. Je größer die Investition in das Bild, desto stärker wehre ich mich.

4. Jeder »Überredungsversuch« wird von mir als Angriff gewertet, wenn der andere nicht zeigen kann, daß ein Annehmen des neuen Bildes für mich vorteilhaft ist.

5. Das Aufeinandertreffen eines neuen Bildes mit dem bei mir bereits vorhandenen eigenen (alten) Bild nennen wir: kognitive Dissonanz.

6. Bei kognitiver Dissonanz kann ich mein Bild verteidigen und beibehalten, oder aber ich kann es austauschen; d. h., ich kann die neuen Tatsachen, Meinungen oder Argumente akzeptieren.

7. Welches Verhalten ich zeige, hängt von den »Energiekosten« ab. Der Organismus ist sparsam, er geht, was den Energiehaushalt anbelangt, immer den Weg des geringsten Widerstandes.

8. Man kann den Widerstand verringern, wenn man die neue »Information« richtig präsentiert.

In der täglichen Praxis nie vergessen:

Je mehr Entscheidungen jemand aufgrund eines Bildes getroffen hat, desto schwerer wird es für ihn sein, gerade dieses Bild aufzugeben (d. h. dieses Bild gegen ein neues einzutauschen).

Deshalb besteht Teil II dieses Buches aus Übungen und Spielen. Sie haben sich gewisse Bilder gemacht, wie man kommuniziert. Z. B.: Wenn man mich angreift, kämpfe ich ... (weil mein K sich dann wehren muß!). Aufgrund dieser Bilder haben Sie sich unzählige Male entschieden, auf Abwehrmanöver des anderen mit Abwehrmanövern Ihrerseits zu reagieren. Oder auf eine Handlung eines anderen (die Ihr Gewissen angegriffen hat) sofort mit dem *kritischen* P zu reagieren; weil dies leichter und einfacher war, als mit dem A zu überlegen, ob er nicht vielleicht das gleiche Recht hat, sich so zu verhalten, wie wir es für unser Verhalten beanspruchen möchten ...

Wenn Sie aber anhand der Übungen und Spiele neue Erfahrungen machen, dann können Sie den Bilderaustausch aufgrund dieser neuen Erfahrungen viel leichter (und schmerzloser) vornehmen. Sozusagen spielerisch. Denn auch im Spiel treffen Sie die Entscheidung, optimal (der Spielregel gemäß) zu reagieren. Auch diese Entscheidungen stellen ja dann eine Investition (in Ihr neues Bild) dar. Nur so können neue Kommunikations-Muster gelernt werden. Verständnis des A allein wird Verhalten des *kritischen* P oder des K nie abbauen!

7. Feedback-Techniken

**Optimal kommunizieren heißt:
Rückkoppelung vornehmen.**

In einer Bemerkung zur *Kunst des Dialogs* schrieb JOSEF RATTNER (69):
»Man darf sarkastisch feststellen, daß der Mensch inzwischen die Distanz bis zum Mond überwunden hat, aber immer noch daran scheitert, zu seinen Mitmenschen zu gelangen ... Was (den Menschen) aus ihrer Not heraushelfen könnte, wäre das echte Gespräch, die Verständigung mit dem *Du*. Aber gerade das wird in unserer Kultur sehr schlecht gelernt. Jedes Menschenkind erlebt in seinem Heranwachsen unendlich viel Aneinander-Vorbeireden, affektgeladenes Schreien, Schimpfen, Toben oder das autoritäre Dozieren von Eltern, Lehrern und anderen Respektspersonen ... Da entsteht dann im Unterbewußtsein jedes einzelnen der Wunsch, sich via Sprechen und Sprache durchsetzen zu dürfen, andere zu überrollen, durch Einschüchterung zu ›überzeugen‹ ...
Der echte Dialog wird nur von Menschen gefunden werden können, bei denen wirklich Interesse für den Mitmenschen besteht. Nur derjenige, der dem Geist der Macht und Gewalt abgesagt hat, ist zum *Hören* und *Antworten* befähigt. Vergessen wir nicht, daß das Wort *Vernunft* aus *Vernehmen* kommt. Vernünftig sind nur Menschen, die gelernt haben, die Gedanken anderer in sich aufzunehmen, ohne gleich in Angst oder Verteidigungsstellung abzugleiten.« (JOSEF RATTNER: Der schwierige Mitmensch, S. 99/100)

Um die Gewähr zu haben, daß wir uns wirklich auf unseren Mitmenschen einstellen, müssen wir uns der Feedback-Technik bedienen. »Feedback« ist ein Terminus, den wir aus dem Englischen übernommen haben und der auch bei uns (besonders in der EDV und Kybernetik) Anwendung findet: Feedback heißt Rückkoppelung.

Beispiel:

Herr Meier: Haben Sie den Bericht schon fertig, Frau Müller?
Frau Müller: Wie soll ich ihn denn fertighaben, wenn der Karsten immer noch im Grundbuchamt ist?!
Herr Meier: Ich meine doch nicht den Baubericht, ich meine doch den fürs Finanzamt!
Frau Müller: Der ist schon lange fertig.

Hätte Frau Müller eine *Rückkoppelung* vorgenommen, dann wäre diese Kommunikation glatter verlaufen:

Herr Meier: Haben Sie den Bericht schon fertig, Frau Müller?
Frau Müller: Meinen Sie den Baubericht?
Herr Meier: Nein, nein, den fürs Finanzamt!
Frau Müller: Jawohl, der ist fertig.
Herr Meier: Prima, bringen Sie ihn bitte rein!

Die Fragestellung, die sich nun ergibt, ist die:

Wer ist verantwortlich für die Rückkoppelung?

Antwort: Eigentlich ist der Sprecher verantwortlich; wenn er es aber nicht tut, dann sollte der andere rückkoppeln. Nennen wir den Sprecher den Sender (S), den anderen jedoch den Empfänger (E). Eine wesentliche Grundregel in der Kommunikation lautet:

Wenn der S dem E etwas erklärt, und der E versteht ihn nicht, nur teilweise oder falsch — so liegt die Verantwortung eigentlich beim S.

Übung:

Testen Sie sich in Ihrer täglichen Praxis: Wem geben Sie die Schuld, wenn jemand eine Ihrer Fragen oder Bemerkungen oder Anweisungen nicht verstanden hat?

Für Ihre tägliche Praxis bedeutet das:

Ein guter Vater *sorgt für Feedback,* wenn er seinen Sohn um etwas gebeten hat.
Ein guter Chef *sorgt für Feedback,* wenn er eine Anweisung gegeben hat.
Ein guter Angestellter *sorgt für Feedback,* wenn sein Chef eine Anweisung gegeben hat, aber den Feedback vergaß.
Ein guter Verkäufer *sorgt für Feedback,* ehe der Kunde den Vertrag unterschreibt, so daß dieser später nicht behaupten kann, er hätte etwas anderes gewollt.

Übung:

Überdenken Sie Ihre persönliche Kommunikationspraxis: zu Hause, am Arbeitsplatz, mit Freunden. Neigen Sie im allgemeinen dazu, Rückkoppelungen herzustellen?

Ja ☐   Nein ☐

Wenn Ihre Antwort *Ja* lautet, können Sie die positive Wirkung von Feedback-Technik sicherlich bestätigen.
Wenn Ihre Antwort *Nein* lautet, dann fragen Sie sich bitte: »Würden meine Kommunikationen nicht wesentlich erfolgreicher verlaufen, wenn ich mich daran gewöhnen könnte, Feedback-Technik einzusetzen?«

Wie macht man Feedback?

Zunächst einmal müssen wir uns darüber klar sein, daß es zwei Ausgangssituationen für Feedback gibt.

1. S will sich vergewissern, daß E ihn verstanden hat.
2. E will sich vergewissern, daß er den S verstanden hat.

Weiterhin ist noch zu beachten, daß ein Gesprächspartner, der am Ende immer wieder zu verstehen gibt, daß er »bei der Sache ist«, sich der Rückkoppelungstechniken bedient.

Feedback-Techniken, die die Kommunikation erfolgreich gestalten

1. Paraphrasieren

Das Wort kommt aus dem Englischen: to paraphrase heißt, die Nachricht eines anderen mit eigenen Worten wiedergeben. Es unterscheidet sich vom Zitat insofern, als wir nicht wörtlich zitieren.

Zitat (Beispiel): CLINTON sagte gestern abend bei der Pressekonferenz: »Wir werden alles in unserer Macht Stehende tun, um diese Situation zu bereinigen. Natürlich werde ich X veranlassen, Ihnen alle nötigen Unterlagen zu geben.«
Paraphrase (Beispiel): CLINTON erklärte gestern abend bei der Pressekonferenz, daß alles Mögliche getan werden würde, um die Situation zu bereinigen. Er erklärte sich bereit, uns alle nötigen Unterlagen von X aushändigen zu lassen.

Sinn und Zweck

1. Klarheit verschaffen
Nur wenn man die Ausgangsposition eines Gespräches klar definiert hat, kann man *miteinander* anstatt *aneinander vorbei*reden.

2. Mißverständnisse vermeiden
Oft sagt S etwas, das aber von E mißverstanden wird. Sagt E jedoch von Zeit zu Zeit: »Darf ich noch einmal rekapitulieren . . .?« (oder ähnlich), kann man Mißverständnisse vermeiden, da S dann die Möglichkeit hat, noch einmal darzulegen, was er eigentlich gemeint hatte.

3. Streicheleinheiten austeilen
Wir scheuen uns oft, diese Rückfrage vorzunehmen, weil wir befürchten, der andere könnte meinen, wir hätten nicht richtig zugehört. In Wirklichkeit aber überzeugt gerade diese Rückfrage den an-

deren davon, daß wir uns bemühen, alles richtig zu verstehen. Damit deuten wir indirekt an, wie wichtig uns die andere Person ist; wir teilen also positive Streicheleinheiten aus.

Nie vergessen:

Wahr ist nicht, was A gesagt hat;
Wahr ist immer, was B gehört hat! (für B jedenfalls)

2. Geschlossene Frage

Eine geschlossene Frage ist eine Frage, die immer mit Ja oder Nein beantwortet werden muß.

3. Offene Frage

Eine offene Frage ist eine Frage, die nie mit Ja oder Nein beantwortet werden kann.

Geschlossene Frage (Beispiel):

Er: Hast du die Fenster auch alle zugemacht?
Sie: Ja.

Offene Frage (Beispiel):

Er: Was hältst du von dieser neuen CD, die ich aus Düsseldorf mitgebracht habe?
Sie: Die gefällt mir prima!

Sinn und Zweck

Geschlossene Frage:
Sie erleichtert dem Gesprächspartner die Kommunikation, da man ja nur mit Ja bzw. Nein (oder Kopfnicken bzw. -schütteln; einem Hm) antworten muß. Die geschlossene Frage erweist sich als besonders geeignet, wenn man

a) nur kurz und knapp eine Information einholen will;
b) es mit einem sehr wortkargen Gesprächspartner zu tun hat;

c) durch eine Serie von Fragen auf eine Information zu stoßen hofft, die der andere nicht hat, wiewohl er Einzelinformationen hat, die man nicht besitzt.

So kann ein Arzt durch gezielte geschlossene Fragen bald erraten, was wohl die Ursache der Schmerzen sein könnte. Ließe er den Laien offene Fragen beantworten, bräuchte er ein Vielfaches der Zeit für die Diagnose.

Offene Frage:
Wenn immer man den anderen zu einer echten Meinungsäußerung bringen möchte, sind offene Fragen ein Muß. Sagt er zum Beispiel: »Gefällt dir die neue CD?«, kann es passieren, daß sie ja sagt, obwohl sie die Platte nicht für besonders gut hält. Fragt er hingegen: »Wie gefällt dir die neue CD?«, dann muß sie mit einem Satz antworten oder zumindest »gut« sagen. Sie ist nicht in die Versuchung gebracht worden, einfach zuzustimmen.

4. Suggestiv-Frage

Auch richtungsweisende Frage genannt.

Eine Suggestiv-Frage beinhaltet bereits eine Meinung. Man hofft, daß der andere dieser Meinung zustimmt; d. h., man beeinflußt das Gespräch (Suggestion), ohne daß der andere sich dessen bewußt wird.

Beispiel:

Ein Gerichtssaal. Herr Müller wurde als Zeuge gerufen, weil er gesehen hatte, wie sich der Verdächtige vom Tatort entfernte. Nun sitzt er im Kreuzverhör, ist nervös (vor-beschäftigt) und hört nur 60 bis 70 Prozent der an ihn gestellten Fragen.
Anwalt: Sie sahen also, wie der Angeklagte aus dem Gebäude rannte?
Müller: Ja.

Es ist durchaus wahrscheinlich, daß Müller nicht klar wurde, daß der Anwalt das Bild eines rennenden Mannes aufzeichnete. Er vernahm nur, daß man ihn fragte, ob er den anderen dort hätte weggehen sehen. Die Geschworenen aber meinen nun, der Angeklagte sei weggerannt.

Die Gefahr einer Suggestiv-Frage ist nicht sehr offensichtlich und wird im allgemeinen beträchtlich unterschätzt.

Sinn und Zweck

Suggestiv-Fragen haben meist einen manipulativen Charakter. Man sollte (wenn man auf ehrliche Kommunikation Wert legt) auf sie verzichten oder aber sich des Suggestiv-Charakters der Frage völlig bewußt sein. Die Verantwortung für eine Antwort auf eine Suggestiv-Frage liegt mehr beim Fragenden als bei dem, der geantwortet hat. Würde man Herrn Müller, dem Zeugen, später vorwerfen, er habe behauptet, der Angeklagte sei gerannt, obwohl dieser ja nur gegangen sei, so wird Müller dies abstreiten. Er ist sich dessen (meist) nicht bewußt. Wohl aber der Anwalt, der die Frage gezielt so formulierte.

Werden Sie sich darüber klar, ob Sie dazu neigen, häufig Suggestiv-Fragen einzusetzen.
Suggestiv-Fragen haben dann einen *positiven* Kommunikationswert, wenn Sie sie einsetzen, um eine gute Stimmung zu schaffen. Nehmen Sie an, eine Kommunikation liefe Gefahr, negativ zu werden, weil sich einer der störenden Faktoren eingeschlichen hatte (Bilderaustausch, Nebel oder ähnliches). Nun wollen Sie die Stimmung wieder verbessern. Sie führen das Gespräch zu einem Punkt zurück, an dem sich noch keine Schwierigkeiten gezeigt hatten, und sagen dann: »Sind wir uns dann so weit einig, daß dies so und so ist? Können wir von diesem Punkt aus weitergehen?« Hier machen Sie es dem anderen bewußt leicht, Ihnen zuzustimmen, so daß Sie jetzt wieder *miteinander* statt aneinander vorbei reden können.

5. Das aktive Zuhören

Durch die Art und Weise, wie wir zuhören, können wir Annahme bzw. Nichtannahme ausdrücken. Besonders erwähnt sei hier THOMAS GORDON (s. Literaturverzeichnis). Er geht nämlich von der Annahme aus, daß die Kommunikation nur dann erfolgreich verlaufen kann, wenn der jeweilige E dem S zeigt, daß er diesen akzeptiert. Das heißt, wenn er eine Du-bist-OK-Nachricht aussendet. GORDON stellte fest, daß die sogenannte Sprache der Annahme bzw. Sprache der Nichtannahme voraussagbare Konsequenzen in der Kommunikation hat. Wenn wir die Signale der Annahme bzw. Ablehnung genau analysieren, stellen wir fest, daß Nichtannahme immer vom kritischen P oder weinenden K, Annahme jedoch sowohl vom liebevollen P als auch vom fröhlichen K des anderen ausgehen können.

Sprache der Nichtannahme äußert sich in: Bewertung, Vorurteil, Kritik, Predigen, Moralisieren, Ermahnen, Kommandieren, Sich-Einmischen, Stören, Eindringen, Unterbrechen, Kontrollieren.

Diese Signale der Nichtannahme führen beim Gesprächspartner zu:

Angst	(weil er sich angegriffen fühlt, Abwehrmanöver sind zu erwarten)
Unbehagen	
Schützengrabenposition	(er wartet jetzt nur darauf, den »Feind« abschießen zu können)
Veranlassung, Schuldgefühlen	seine Geschäftsprobleme für sich zu behalten
Gefühl des Bedroht-Seins	
Gefühl des Nicht-OK	

GORDON stellt weiterhin fest, daß Annahme demonstriert werden muß.

Das ist so, weil ein unsicherer Mensch eine Abwesenheit von Du-bist-OK-Nachrichten automatisch als Ablehnung auslegt, so daß hier Mißverständnisse entstehen können. Fühlt der andere sich jedoch sicher, so freut ihn eine Du-bist-OK-Nachricht trotzdem, weil sie eine positive Streicheleinheit darstellt.
Viele Leute meinen: Abwesenheit von Tadel sei als Lob zu betrachten. In Wahrheit ist es jedoch so, daß ein unsicherer Mensch die Abwesenheit von positiven Streicheleinheiten als Kritik werten wird. Dies aber verhindert die Sprache der Annahme, d. h. das Austeilen von kleinen positiven Streicheleinheiten durch:

Zuhören
Rückkoppelung
positive Bemerkungen

GORDON sagt: »Annahme empfinden und Annahme fühlen lassen ist zweierlei ... Erreicht die Annahme den anderen (nicht), kann sie keinen Einfluß auf (ihn) haben ... Man muß also lernen, wie man Annahme zeigt ... Um das zu können, sind besondere Kenntnisse erforderlich. Die meisten ... (Menschen) sind geneigt, Annahme für etwas Passives zu halten – für einen Gemütszustand, eine Haltung, ein Gefühl.«

Ein Experiment:

100 deutschen Chefs wurde folgende Miniszene vorgelesen:

Beim Abendessen:
Sie: Schmeckt's?
Er: Hm!
Sie: Ja sag doch schon, ob's schmeckt?
Er: Wenn's nicht schmeckt, dann wirst du's schon erfahren.

Eine Umfrage bei diesen Chefs ergab: 71 Prozent empfanden das Beispiel als unmöglich, flegelhaft und als schlechte Kommunikation.
Tests bei eben diesen Chefs ergaben jedoch, daß die Mehrzahl von ihnen in ihrer Arbeit dasselbe tut. Einer von ihnen drückte dies so aus: »Wenn seine (des Mitarbeiters) Arbeit nicht zufriedenstellend ist, dann teile ich es ihm schon mit.« Das war seine Reaktion auf die Frage: »Was halten Sie von Lob am Arbeitsplatz?«

Die Sprache der Nicht-Annahme:

1. Nicht-verbale Kommunikation
Hierbei handelt es sich um Signale der Körpersprache. Angefangen von einem mißbilligenden Die-Augenbrauen-Hochziehen (kritischer P) bis hin zu abwehrenden Gesten. Oftmals sind uns gerade diese Signale nicht bewußt, werden aber von anderen wahrgenommen.

Annahme dagegen wird ausgedrückt durch:
Augenkontakt, Lächeln, ermunternd zunicken, Körper ist dem Sprecher zugewandt usw.

Übung:

Beobachten Sie sich, wenn Sie sich mit jemandem unterhalten, den Sie nicht mögen (annehmen). Stellen Sie fest, welche Signale der Nicht-Annahme Sie vorziehen. Wenn Sie diese kennen, können Sie lernen, diese abzubauen.

Achten Sie bei anderen darauf. Wenn Sie sich von einem anderen nicht akzeptiert fühlen: durch welche Körpersignale drückt er dies aus? Besonders gute Versuchspersonen sind hier: griesgrämige, schlechtgelaunte Kellner, Bedienungen, Verkäufer(innen) und Beamte.

2. Einmischung

Zu häufig läßt man den anderen einfach nicht in Ruhe; ob das die Mutter ihrem Kind oder der Chef dem Mitarbeiter gegenüber ist – sie mischen sich ein. Warum mischen sie sich ein? Hierfür gibt GORDON einige Gründe an, von denen wir die wichtigsten 4 hier aufführen wollen. GORDON beschreibt ein Kind, das eine Sandburg baut, und den ungeduldigen Vater, der durch Einmischung Nicht-OK-Nachrichten sendet:

a) *Der Vater fühlt sich beunruhigt,* daß der andere Fehler machen könnte (kritischer P): »Bau die Sandburg weiter vom Wasser entfernt, damit nicht eine Welle die Burgmauer einreißt.«

Wann immer Eltern Ratschläge geben, begründen sie dies damit, daß sie dem Kind Enttäuschungen ersparen wollen. Erfahrungen aber können nicht vermittelt werden, sie müssen erfahren werden. Zwar ist es verständlich, wenn ein liebevoller P einem anderen unangenehme Enttäuschungen ersparen möchte. Wenn er dies aber bei jedem zweiten Handgriff des anderen tut, so muß der andere dies als eine Reihe von Nicht-OK-Nachrichten auslegen. Es geht hier also nicht um die Tatsache, sondern um die Einstellung (und Häufigkeit).

b) *Der Vater will stolz auf die Leistung seines Kindes sein:* »Seht doch, die schöne Burg, die mein Klaus gebaut hat!«

c) *Er unterwirft den Sohn* seinen eigenen Vorstellungen von richtig und falsch: »Müßte eine Burg nicht einen Wassergraben haben?« (Der Versuch, seinem Sohn sein eigenes Bild aufzuzwängen.)

d) Er möchte fühlen, daß sein Kind ihn braucht: »Laß Vati helfen...«

Nichteinmischung kann daher Annahme zeigen, dies darf natürlich nicht mit Gleichgültigkeit verwechselt werden. Gleichgültigkeit äußert sich darin, daß man überhaupt kein Interesse zeigt, weder während der andere seiner Tätigkeit nachgeht noch hinterher. Nichteinmischung als OK-Nachricht zeichnet sich dadurch aus, daß man hinterher Interesse zeigt, wenn der andere (sein stolzes K) unsere Meinung (Anerkennung des liebevollen P) sucht.

Indirekte Nachrichten bei Einmischung:

Du kannst das nicht allein.
Du bist nicht OK.
Du brauchst meine Hilfe.
Ich mißtraue deinem Urteil.
Du bist kein guter Sachbearbeiter, Verkäufer, Partner.
Du könntest einen Fehler machen.
Du könntest mich blamieren.

Indirekte Nachrichten bei Nicht-Einmischung sind dagegen:

Das kannst du allein.
Du bist OK.
Ich habe Vertrauen zu dir.
Ich vertraue deinem Urteil.
Du bist ein guter Sachbearbeiter, Verkäufer, Partner.
Du wirst keinen Fehler machen.
Du wirst es gut machen.

3. Das aktive Zuhören selbst

Die meisten Leute meinen, Zuhören sei ein passiver Prozeß. GORDON bestreitet dies, wiewohl er ganz klar feststellt, daß schweigsames Zuhören (im Sinne von den anderen nicht unterbrechen) eines der Signale der Sprache der Annahme darstellt. Er fügt jedoch hinzu, daß dieses Schweigen sich nicht über zu lange Zeiträume erstrecken darf. Sonst hätten wir wieder die Situation wie in unserem Beispiel von S. 183, wo dies in Abwesenheit einer OK-Nachricht als indirekte Nicht-OK-Nachricht ausgelegt wird. Deshalb erarbeitete GORDON das Konzept des aktiven Zuhörens.

Er geht von der Annahme aus, daß ein Mensch in Kommunikation zu einem anderen tritt, weil er ein Bedürfnis hat. Erlebt er nun eine Nichtannahme irgendwelcher Art, so wird das entsprechende Nicht-OK-Gefühl ihn daran hindern, optimal zu kommunizieren, d. h. das auszudrücken, was er ursprünglich sagen wollte. Also ist aktives Zuhören besonders dann geeignet, wenn wir eine echte zwischenmenschliche Beziehung pflegen; d. h., wenn der andere Gefühle, Sorgen, Nöte oder Freude-bringende Ereignisse mitteilen will.

Aktives Zuhören gibt es in zwei Versionen

1. Version: Sie bezeichnete GORDON als Türöffner, weil sie die »Tür« zur echten Kommunikation offen hält. Dies sind –

Erwiderungen, die keine der persönlichen Gedanken, Urteile oder Gefühle des Zuhörers übermitteln . . . (Diese) fordern (den anderen) dazu auf, an seinen eigenen Gedanken, Urteilen oder Empfindungen teilhaben zu lassen. Sie öffnen ihm die Tür . . . die einfachsten unter ihnen sind so unverbindliche Erwiderungen wie: Aha, ooh, hmhm, interessant, tatsächlich, was du nicht sagst, wirklich.*

Andere übermitteln die Aufforderung zu sprechen oder mehr zu sagen deutlicher: Erzähl mir darüber . . . Ich möchte etwas darüber hören . . . Dein Standpunkt würde mich interessieren . . . Möchtest du darüber sprechen? . . . Wir wollen uns darüber unterhalten . . . Erzähl mir die ganze Geschichte . . . Schieß los, ich höre . . . Das scheint etwas zu sein, das dir sehr wichtig ist.

Diese Türöffner . . . können der Kommunikation mit einer anderen Person den Weg ebnen, sie ermuntern, mit dem Sprechen anzufan-

---

* Wichtig ist, zu beachten, daß der Ton die Musik macht. Jede dieser Äußerungen könnte natürlich, im ironischen Tonfall vorgebracht, die Türe »zuknallen« lassen.

gen oder weiterzusprechen. Überdies »lassen sie ihn am Ball« ...
Diese Türöffner sagen sinngemäß (indirekte Nachricht):

Du hast das Recht auszudrücken, was du empfindest.
Ich achte dich als Person mit Gedanken und Empfindungen.
Ich könnte von dir etwas lernen.
Ich möchte wirklich deinen Standpunkt hören.
Deine Gedanken sind es wert angehört zu werden. Du interessierst mich.

»Wer reagiert auf eine derartige Einstellung (des anderen) nicht günstig. Welcher (Mensch) empfindet es nicht als wohltuend, wenn er sich geschätzt, geachtet, bedeutend, angenehm, interessant fühlen kann.«

2. *Version:* Erinnern wir uns an die Paraphrase, unter der wir das Wiedergeben der Nachricht des anderen verstehen (aber in eigenen Worten!). GORDON benützte eine Form der Paraphrase als die eigentliche Methode des aktiven Zuhörens:

Man formuliert nämlich eine Frage mit den Gedankengängen des anderen.

Das heißt, anstatt die Information, die der andere gab, in irgendeiner Weise zu bewerten, fragt man in Form einer Paraphrase (Informationen sammelnder A) zurück. Diese Art der Rückfrage veranlaßt den anderen weiterzusprechen, da er weiß, daß seine Nachrichten zwar gehört, aber nicht bewertet werden.

Beispiel:

Angestellte: Heute ist ja wieder so ein entsetzlicher Tag!
Mitarbeiterin: Immer müssen Sie meckern! (Kritischer P)

Hier fühlt sich die Sprecherin angegriffen und wird
a) ihren Ärger nicht ausdrücken können,
b) sich wahrscheinlich in irgendeiner Form verteidigen.

Mit aktivem Zuhören wäre dieselbe Situation vielleicht so verlaufen:

Angestellte: Immer muß man sich ärgern! Heute ist wieder so ein entsetzlicher Tag!
Mitarbeiterin: Sie klingen verärgert.
Angestellte: Erstens habe ich heute die Straßenbahn versäumt. Zweitens
hat mir so eine fette Frau das Taxi vor der Nase weggeschnappt, und
drittens geht der linke Aufzug mal wieder nicht.
Mitarbeiterin: Ich hoffe, daß der Tag für Sie besser weitergeht, als er angefangen hat! (Liebevoller P).

Wie Sie sehen, muß man sich jedoch wirklich für die Meinungen,
Nöte, Probleme oder Gefühle des anderen interessieren, d. h., man
muß im Sinne J. RATTNERS wirklichen Kontakt zu seinen Mitmenschen aufnehmen wollen (s. Literaturverzeichnis, Nr. 69).

Ein letzter Gedanke:

Alle Feedback-Techniken sollen die Kommunikation erleichtern,
nicht aber sie erschweren. Hier gilt ein Grundsatz von C. G. JUNG:
»Lerne alles, was du kannst, über Theorie, aber: Wenn du zum
Patienten gehst, vergiß das Textbuch!«
Das heißt auf die Kommunikation bezogen:

**Lerne alles, was du kannst, über die Verbesserung der Kommunika-
tion. Aber: Wenn du einem anderen gegenübersitzt, vergiß die Theorie.
Stelle dich auf den Menschen ein, nicht auf die Nachricht!**

Feedback-Techniken sind *Techniken,* d. h., sie sind erlernbar. Aber
jede Fähigkeit, die man erlernen will, muß geübt werden. Theorie
allein bringt keinen Erfolg; sie kann nur dem Verständnis dienen.
Üben Sie, wenn Sie im Alltag besser kommunizieren wollen!

8. Bio-Logik/Psycho-Logik

Das Reptil in uns ...

Wie in meinen Büchern »Freude durch Streß« (14)* und »Psycho-logisch richtig verhandeln« (15) bereits erläutert, unterteilt man das sog. Gehirn in verschiedene Gehirn-Teile. Eine dieser Einteilungen, nach MacLEAN (54) befaßt sich mit ihrem (entwicklungsgeschichtlichen) Alter:

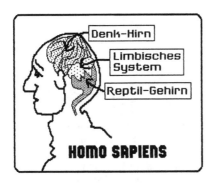

Somit repräsentieren die ältesten Teile das *Reptil* in uns; hier »sitzt« unsere Bereitschaft zu Kampf oder Flucht bei Gefahr, Angst, Unsicherheit, Wut, Zorn, Neid, Eifersucht etc. Dieser Hirnteil ist (fast) nicht lernfähig. Wissen wird über Tausende von Generationen hinweg genetisch »erworben«: Ein Huhn schlüpft aus dem Ei und »weiß«, wie es laufen und Körner picken muß. Es wird mit diesem Wissen geboren (im Gegensatz zu »höheren« Lebewesen, die selbst solche Fertigkeiten erst erwerben müssen).

Es ist *das Reptil in jedem von uns,* das unbedachte Reaktionen auslöst, da das Denken in einer anderen Region, nämlich dem Neu-Hirn (von mir *Denk-Hirn* genannt) »passiert«, d. h. je »reptilienartiger« wir werden, desto weniger können wir noch bedenken, was wir tun oder sagen wollen. Nun »fällt« jeder Mensch mal ins Reptil-Hirn »hinein«, aber es gibt Menschen, die chronisch aus diesem Gehirnteil zu reagieren scheinen. Mit ihnen ist es unerhört schwierig, sachlich über ein Problem zu diskutieren.

Merke: Alles, was über Abwehrmanöver (in Kapitel 5) gesagt wurde, kann besser verstanden werden, wenn wir diesen Aspekt mit berücksichtigen. Ich spreche hier von *Bio-Logik* (im Gegensatz zur *Psycho-Logik*), welche die sogenannte Logik leider oft zur *Pseudo-Logik* macht. Dann schreit man sich an (Kampf), statt sachlich zu argumentieren. Oder man kapselt sich ab (Flucht), statt dem anderen zuzuhören. Wenn Sie sich an das Zitat von Josef RATTNER (S. 175) erinnern, dann verstehen Sie jetzt vielleicht auch besser, warum es oft so schwer ist, die Distanz zu überbrücken:

Immer dann nämlich, wenn das Reptil in uns aufgewacht ist, lautet unsere "Strategie" Kampf oder Flucht, außer wir wissen um diese Mechanismen und können lernen, sie in den Griff zu bekommen.

Der »mittelalterliche« Teil unseres Gehirns ist eine Ansammlung von Regionen, die man zusammengefaßt als Limbisches System (LS) bezeichnet. Es ist der »Sitz« der *Gefühle,* denn es löst die sogenannten *Streßhormone* aus, welche mit dem Erleben von (starken) Gefühlen immer einhergehen.

Nach VESTER (89) können wir auch festhalten, daß bei positivem Streß »Freudehormone« produziert werden, die wir von den Hormonen des negativen Streß unterscheiden müssen. Wer nämlich »Streß« sagt, meint (fast) immer den negativen. Deshalb schlägt Hans SELYE, der Vater der Streßforschung, auch vor, den (negativen) Streß als *Distress* (vom Englischen: Qual, Elend, Not, Bedrängnis) zu bezeichnen, den positiven hingegen als *Eustress* (von griechisch *eu* = gut).

Nun gibt es ein höchst interessantes Zusammenwirken der beiden älteren Gehirn-Regionen: Wenn das Reptil aktiv wird, kommt es zu Kampf oder Flucht. Da aber das LS immer »mitspielt«, werden Streßhormone ausgelöst. Also »fallen« wir in emotionale Reaktionen »hinein«, die oft in keinem sinnvollen Verhältnis zur Situation stehen. Wenn wir uns einmal vorstellen, alle Streßhormone würden in einen »Meßbecher« fallen, den wir im Bauch (wo sich Unlust-Gefühle am ersten bemerkbar machen) herumtragen, dann sehen wir sofort, daß es oft nur ein einziger Tropfen zu sein braucht, der das berühmte »Faß zum Überlaufen« bringen kann!

Die Reaktion, die sich daraus ergibt, ist dann häufig nicht die eines *homo sapiens* d. h.: eines weisen (sapiens) Menschen (homo), sondern die eines überwiegend von seinen *Hormo*nen gesteuerten Wesens, das ich als HoRmo sapiens bezeichne:

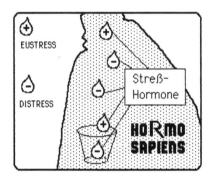

Wenn man dies bedenkt, müßten uns die Reaktionen des sog. *weinenden Kindes* (s. Kap. 4 und 5) in einem anderen Licht erscheinen. Jetzt verstehen wir, warum das weinende *K* in uns sich der Logik des (analytischen) *A* verschließt:

> **Wenn das Denkhirn des *A* durch Hormone (teilweise) ausgeschaltet ist, dann kann man eben (in diesem Augenblick) nicht sachlich denken, zuhören, fragen oder argumentieren.**

Aber es gilt noch ein wichtiger Gedanke: Oft meint der andere von sich, er sei im *A*, während er überwiegend von seinen Hormonen gesteuert wird. Daraus ergeben sich dann Forderungen wie diese: *»Nun sei doch endlich vernünftig!«* Sie unterstellt jedoch, daß man selbst vernünftig (also besser) sei, und daß der andere sich unterzuordnen habe, weil man seine Version von Vernunft nicht zu überdenken bereit ist. Also ein Kampfmanöver!

Nun seien Sie doch bitte vernünftig, und verzichten Sie noch mal auf Ihren Urlaubsanspruch, Herr Lundt, schließlich waren Sie ja erst vor vier Jahren in Italien gewesen...

Sie können ein gutes Gefühl für *angebliche Vernunft* entwickeln, wenn Sie das Spiel: Die vier »Tu-sie-niemals-Nichts« (Seite 232 ff.) durchspielen, und bei der anschließenden Diskussion diese Aspekte bei der Analyse miteinbeziehen. Außerdem könnten Sie die vier *klassischen Abwehrmanöver* (Seite 135 ff.) noch einmal unter diesem Aspekt durchdenken, wenn Sie wollen. Letztlich können Sie in Ihrer täglichen Praxis beginnen, auf Anzeichen solcher »Vernunft« zu achten: Beginnen Sie beim Fernsehen, denn da sind Sie persönlich nicht betroffen. Hier haben Sie eine ähnliche Ausgangsposition wie im Rollenspiel bei Seminaren; und Sie wissen ja, wer gerade Zuschauer ist, sieht und hört weit mehr, als die Kollegen, die vor der Gruppe spielen. In solchen Momenten schärfen Sie Ihr Gehör am leichtesten. Wenn Sie einmal ein »Gefühl« für diese Art von Kommunikation entwickelt haben, dann können Sie solche Situationen auch bei Gesprächen erkennen, in denen Sie selbst aktiv sind ...

9. Die Zweinigung

Welche Wirklichkeit hätten Sie denn gern?
Es ist schon interessant: Eigentlich denken wir normalerweise *nicht* über die sogenannte Realität nach; aber wenn wir darüber nachdenken würden, dann dächten wir natürlich, daß es nur eine Wirklichkeit gibt, nämlich unsere eigene. Das zeigen Redewendungen wie die folgenden nur allzu gut, insbes., wenn Sie als Antwort auf die Frage/Bemerkung eines anderen gesagt werden:

> Du siehst das falsch!
> Das gibt es nicht!
> Nein, das ist . . . (so-und-so)!
> Wie kommst du denn auf so einen Unsinn?!
> Sie haben mich mißverstanden . . .

Im Reisebüro sagt der Kunde: »Trotz der möglichen Ersparnis; ein Charterflug kommt für mich absolut nicht in Frage . . .!« Darauf entgegnet der Berater: »Das sehen Sie aber falsch, mein Herr, denn . . .«
Implikation: Der Kunde wird ins Unrecht gesetzt; seine Wirklichkeit ist für den Berater nicht nur »unreal«, sondern, wie sich im weiteren Verlauf des Gespräches noch zeigte, absolut »undiskutabel«. Wenn wir einmal übersehen, daß der Kunde im Zweifelsfall »König« sein sollte; auch unter Freunden oder Kollegen, ist diese innere Haltung eine feindselige (von Kampfmanövern des Reptils beeinflußt), wiewohl das dem Sprecher in der Regel überhaupt nicht klar wird.
Optimierung solcher Situationen: Wer fragt, führt! Hätte der Berater sich dafür interessiert, welche Gründe den Kunden zu seiner Aussage veranlaßt haben, dann hätte er möglicherweise doch noch »Munition« (Gegenargumente) finden können; mit dem Denkhirn nämlich. Also lautet die Regel:

> Im Zweifelsfalle gar nichts **sagen,**
> lieber erst einmal was **fragen!**

In der Kantine sagt Kollege A: »Sie haben ja eine Menge abgenommen, Frl. Kunze. Wie haben Sie das geschafft, eine Spezialdiät vielleicht?« Die Kollegin lächelt: »Nein, nein, ich habe lediglich auf Vollwertkost umgestellt.« Kollege A schüttelt den Kopf und sagt entschieden: »Das gibt es nicht!«

Implikation: Der Kollege A reagiert nach dem Motto »weil nicht sein kann, was nicht sein darf«. Was aber »darf« nicht sein? Alles, was in seine bisherigen Erfahrungen nicht »hineinpaßt«, was also seine eigene Wirklichkeit in Frage stellen würde. Statt es zu wagen, auch Bekanntes neu zu überdenken, wehren wir oft vorschnell ab. Natürlich ist bei jeder Abwehr das Reptil in uns beteiligt.

Optimierung solcher Situationen: Auch hier wäre Fragen weit sinnvoller gewesen, z. B.: »Was, das klingt ja unglaublich! Ich hab das auch schon mal probiert, allerdings ohne Ihren Erfolg. Was genau verstehen Sie denn unter Vollwertkost?« Jetzt ergibt die Schilderung nämlich, quasi nebenbei, daß die Kollegin auch auf Schokolade verzichten gelernt hat, nicht zuletzt deshalb, weil Vollwertkost ihren »Heißhunger« auf Süßes verschwinden ließ. Also:

> **Im Zweifelsfalle gar nichts sagen, lieber erst einmal was fragen!**

Nein, hier ist kein Fehler unterlaufen. Es ist natürlich dieselbe Regel wie oben, die sich meist hervorragend bewährt. Sie wirkt nicht zuletzt deshalb so positiv, weil so wenige Menschen sie gekonnt anzuwenden gelernt haben!

Auf einer Party stöhnt sie, während sie sich mit einem Pappteller ostentativ Kühlung zufächelt: »Mein Gott, ist es hier heiß!« Darauf er, der immer höfliche, galante Ehemann: »Quatsch, es ist doch nicht heiß!!«

Implikation: Der Ehemann glaubt natürlich, nur seine eigene Wahrnehmung sei legitim. Wenn er es nicht heiß findet, dann kann es eben nicht heiß sein. Basta! Wie viele Pseudo-Gespräche verlaufen nach diesem Schema?

Optimierung solcher Situationen: Wenn wir einen Gedanken WATZLAWICKs (91) aufgreifen, können wir versuchen, zwischen *Wirklichkeiten erster und zweiter Ordnung* zu unterscheiden. Wirklichkeiten erster Ordnung entsprechen dem, was wir normalerweise als »objektiv« bezeichnen. Sie sind, laut WATZLAWICK, meßbar und beweisbar. Wirklichkeiten zweiter Ordnung hingegen sind das nicht. Hierbei handelt es sich um unsere höchstpersönliche *subjektive* Reaktion auf Wirklichkeiten erster Ordnung: Die tatsächliche Temperatur ist meßbar; sie gehört also zur Wirklichkeit erster Ordnung. Ob man diese meßbare Temperatur jedoch als »warm«, »kalt« oder »heiß« empfindet, darüber läßt sich natürlich wunderbar streiten!

Ein Experiment zur Wirklichkeit erster Ordnung:
Falls Sie das Kommunikationstraining mit einer Gruppe erarbeiten, können Sie einmal ein höchst einfaches aber verblüffendes Experiment durchführen, welches wunderbar deutlich aufzeigt, wie unterschiedlich die subjektive Empfindung selbst für ein und dieselbe Person sein kann: Sie brauchen drei Schüsseln Wasser:

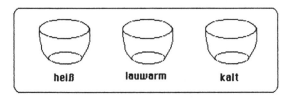

Es ist Ihnen klar, daß die Worte »heiß«, »lauwarm« und »kalt« subjektiv sind. Aber das »heiße« Wasser sollte so heiß sein, daß die Testperson es gerade noch aushalten kann, während das »kalte« Wasser mit einigen Eiswürfeln wirklich »kalt« gemacht wird. Nun taucht die Testperson beide Hände gleichzeitig in die äußeren Schüsseln und verharrt so ca. eine Minute lang. Dann taucht sie beide Hände gleichzeitig in die mittlere Schüssel. Nun empfindet sie die »lauwarme« Temperatur an jeder Hand »anders«, nämlich »eiskalt« an der »heißen« Hand, und »brühend heiß« an der anderen.
Für chronische Besserwisser habe ich folgende 4-Schüssel-Variante parat: Senden Sie die Testperson kurz nach draußen, damit alle anderen Ihre Vorbereitungen mitverfolgen können: Plazieren Sie in die Mitte *zwei* Schüsseln mit (gleich) lauwarmem Wasser. Natürlich »schwört« unsere Person später, das Wasser in den beiden mittleren Schüsseln sei unterschiedlich, nämlich »eiskalt« in der einen, und

»heiß« in der anderen. Er (sie) wird Ihnen solange nicht glauben, bis sich seine (ihre) Handtemperatur wieder normalisiert hat! Selbst die Tatsache, daß alle Anwesenden ebenfalls »schwören«, das Wasser in den beiden mittleren Schüsseln hätte mit Sicherheit dieselbe Temperatur, wird den (die) Besserwisser(in) nicht überzeugen!

Falls Sie so eine Szene sogar auf Video (oder eine Tonkassette) aufzeichnen wollen (inklusive der Vorbereitungen, natürlich), so wird die Analyse eine Menge Hinweise ergeben. So manch ein(e) chronische(r) Besserwisser(in) hat dadurch wenigstens einmal im Leben erfahren, daß er (sie) eben nicht immer recht hat! (Interessanterweise behaupten solche Leute ja regelmäßig, es gehe ihnen überhaupt nicht darum, recht zu haben; sondern es gehe ihnen nur um »die Fakten« . . .)

Let's agree to differ?

Nun gibt es im Englischen eine hervorragende Redewendung für solche Situationen. Sie lautet: »Let's agree to differ.« Wollen wir sie ins Deutsche übertragen, dann müssen wir zweierlei »übersetzen«: Erstens das, was die Formulierung tatsächlich sagt, und zweitens das, was sie für einen Engländer (aufgrund seiner Erziehung) auch bedeutet. Also, *erstens* sagt man in etwa: »Können wir uns darauf einigen, daß wir uns in diesem Punkt nicht unbedingt einigen müssen . . .?« *Zweitens* wird dabei automatisch impliziert: ». . . ohne daß wir uns deswegen mißachten, einander böse sind, uns dabei schlecht fühlen müssen, etc.«

Dieser zweite Teil ist sehr wichtig, weil wir (insbes. in Deutschland) eher dazu neigen, *unsere Meinung mit unserer Person zu verwechseln.* Nach dem Motto: Wer meine Meinung nicht teilt, lehnt mich als Person ab. Deswegen reagieren wir relativ schnell mit dem Reptil, statt uns dafür zu interessieren, wie andere Menschen auf dieselbe Wirklichkeit erster Ordnung (hier durch die Temperatur symbolisiert), mit einer ganz anderen Wirklichkeit zweiter Ordnung reagieren können.

Da sind wir Wort-los . . .

Hier könnte man natürlich die Frage stellen: Haben wir keine ebenso wirksame Redewendung im Deutschen, weil wir nicht bereit sind, so zu denken? Oder: Fällt uns dieser Gedankengang schwer, eben weil wir keine Worte dafür haben? Ich glaube, die Antwort entspricht der

Spekulation um das Ei und die Henne. Aber ich bin auch überzeugt, daß ein Wort uns helfen kann, ein Ziel erfolgreicher anzustreben. Deshalb habe ich mir erlaubt, einen Begriff zu prägen, der dem »Let's agree to differ« entspricht. Er lautet nämlich, analog zur Einigung, schlicht und einfach *Zweinigung*. Das Verb heißt demnach: (sich) *zweinigen*. Somit könnten wir dann einfach sagen: »Zweinigen wir uns doch?« Oder: »Denken Sie, daß eine Zweinigung möglich wäre?«, oder ähnlich.

Übrigens fiel mir bei Seminaren in Holland auf, daß es dort ebenfalls kein echtes Äquivalent zum englischen »Let's agree to differ« gibt. Also habe ich für die dortigen Teilnehmer die Zweinigung ins Holländische übertragen, und das Wort *overtweenkomst* kreiert, welches analog zur Einigung (zu overeenkomst), verstanden werden kann.

Es freut mich, daß Gruppen, die mein Kommunikationstraining durchlaufen haben, gerne mit diesem Begriff »operieren«. Es freut mich auch, daß einige meiner Trainer-Kollegen ihn bereits übernommen haben. Und es freut mich ganz besonders, daß ich ihn schon ab und zu von Menschen hörte, die überhaupt nicht wußten, daß er Teil meiner Seminare (gewesen) ist. Sollte er eines Tages im Wörterbuch auftauchen ... (Nun, es gibt die Zweinigung ja erst seit 1978, und die overtweenkomst seit 1985!)

Sicher ist Ihnen bereits klar, daß ich die Zweinigung hauptsächlich für Aspekte unserer Wirklichkeiten zweiter Ordnung vorschlage. Daß wir uns also in Fragen des Geschmacks, der Religion, der freien Meinung, etc., zweinigen, wenn Einigung unmöglich ist.

Aber die Sache hat natürlich einen Haken, denn:
So bestechend WATZLAWICKs Denkmodell den Seminarteilnehmern im ersten Ansatz auch erscheint, so beinhaltet es doch ein ernsthaftes Problem: Wiewohl es allen Teilnehmern zunächst recht leicht fällt, zu akzeptieren, daß die Reaktion auf die Temperatur (oben) subjektiv ist, fällt uns der Respekt vor der Wirklichkeit zweiter Ordnung eines anderen Mitmenschen weit schwerer, wenn dieser eine *Meinung* äußert. Es ist schon unglaublich, wie viele hochintelligente Leute regelmäßig ihre subjektive Meinung mit »Fakten« verwechseln, ...

... wenn *Manager* oder *Politiker* von »Sachzwängen« reden, während sie lediglich ihre subjektive Wirklichkeit zweiter Ordnung durchsetzen wollen,

... wenn *Berater* dem Kunden ihre subjektive Wirklichkeit aufzuschwätzen versuchen,

... wenn *Chefs* ihren Mitarbeitern ihre als »Sachzwang« verpackte Meinung aufzwingen,

... wenn *Professoren, Dozenten, Ausbilder* oder *Lehrer* ihre subjektive Meinung als »offizielle Wirklichkeit« verkaufen,

... wenn *Eltern* behaupten, es gehe nur um Tatsachen, während sie ihre Kinder zu dem von ihnen gewünschten Verhalten zwingen wollen. Natürlich halten sie diese Nötigung für Motivationsversuche und begründen diese dann gerne mit der Formulierung: »Ich will ihm (ihr) ja nur helfen!« oder

... wenn *Wissenschaftler* die öffentliche Diskussion beeinflussen, indem sie vorgeben, nur Fakten aufzuzählen.

Damit will ich sagen: *Es ist sehr schwer, zwischen Wirklichkeiten erster und zweiter Ordnung unterscheiden zu lernen.* Daher schlage ich vor, daß Sie, wenn Sie wollen, die folgende Übung durchführen; sie wird Ihren Blick für diese Unterscheidung enorm schärfen:

Übung zu Wirklichkeiten erster und zweiter Ordnung
Es gilt, Äußerungen, die Sie hören/lesen, nach WATZLAWICKs Wirklichkeiten erster und zweiter Ordnung einzuteilen. Wundern Sie sich bitte nicht, wenn Sie zunächst glauben, die Übung sei sehr leicht,

dann aber feststellen, daß das überhaupt nicht stimmt, wenn man sie tatsächlich durchführt.

Wirklichkeiten ...	
erster Ordnung sog. objektive W.	zweiter Ordnung sog. subjektive W.

Optimal wäre es, wenn Sie am Anfang Ihre Notizen mit anderen durchsprechen könnten. Dann nämlich wird es (oft erhitzte) Debatten darüber geben, ob nun eine der festgehaltenen Bemerkungen wirklich in die eingetragene Kategorie gehört. Merke:
Allein die Tatsache, daß hier regelmäßig (laut-)starke Debatten entstehen, sollte uns zu denken geben! Und dies bringt uns zu einem letzten Aspekt dieses Abschnitts:

Ein wenig Philosophie . . .
Wie Sie wissen, gehört die Frage nach der Wirklichkeit zu einer der philosophischen Grundfragen (mit denen sich der Zweig der Erkenntnistheorie beschäftigt). Und, *philosophisch gesehen,* wird WATZLAWICKs Gedanke problematisch, denn manche sagen sogar, daß wir absolut *nichts* mit Gewißheit wahrnehmen bzw. wissen können. Da ich hier nicht detailliert auf das Thema eingehen kann, möchte ich nur einen Gedanken erwähnen:
Wenn wir, für die tägliche Praxis, davon ausgehen würden, daß alles, worüber sich die Wissenschaftler (derzeit) einig sind, zur Wirklichkeit erster Ordnung zählt, dann wird uns klar, daß selbst so nur sehr wenige »Fakten« als »gesichert« angesehen werden können. Denn wir wissen, daß sich das wissenschaftliche *Weltbild* immer wieder verändert, wie KUHN (50) so eindrucksvoll gezeigt hat. Einst galt es als »Tatsache«, daß die Erde ein flacher, von Ozeanen umgebener »Tel-

ler« sei. Dann wurde sie rund, aber ehe sie um die Sonne kreisen durfte, hat die Kirche sich jahrhundertelang erbittert gewehrt ...

Des weiteren wissen wir, daß sich die Wissenschaftler in vielen Fachbereichen auch heute noch bekämpfen (ja, ja, das Reptil »spricht« da natürlich wieder fleißig mit!). So sagen die einen, daß Tempo 100 die Bäume (und letztlich unseren Planeten) retten wird, während andere dies mit »absoluter Sicherheit« bestreiten ...

Deshalb meine Vorschläge:

1. Falls Ihnen die Thematik neu sein sollte, denken Sie doch einmal (am besten mit anderen) darüber nach, ja?

2. Lesen Sie vielleicht die folgenden drei Bücher, die sehr viele denkenswerte Anregungen enthalten:

> *CAPRA:* »Das Tao der Physik« (21)
> *FERGUSON:* »Die sanfte Verschwörung« (32)
> *WATZLAWICK:* »Wie wirklich ist die Wirklichkeit?« (93)

3. Überlegen Sie sich bitte: Jedesmal, wenn Sie die Meinung eines Mitmenschen nicht akzeptieren wollen, tun Sie ihm genau das an, was Sie selbst zu erleiden nicht bereit sind: Er will seine Meinung nämlich genausowenig durch Sie anzweifeln lassen, wie Sie nicht wollen, daß er Ihren Standpunkt angreift! Und dann handeln Sie ...

4. Es gibt einen Satz von KASPAR, den WATZLAWICK, BEAVIN und JACKSON in ihrem hervorragenden Standardwerk zur Kommunikation (92) zitieren. Den könnte man als neues Motto akzeptieren:

> *Kühner, als das Unbekannte zu erforschen,*
> *kann es sein, das Bekannte zu bezweifeln.*

10. Kommunikations-Ebenen

Wir haben Paul WATZLAWICK ja bereits mehrmals erwähnt, auch das phänomenale Standardwerk der Kommunikation von ihm, BEAVIN und JACKSON (s. oben), welches auch heute noch für Trainer und Therapeuten von großem praktischem Wert ist. Dort wird ein

Grundgesetz der Kommunikation genannt, das ich Ihnen kurz vorstellen möchte:

> **Jede Kommunikation verläuft auf zwei Ebenen, der Inhalts- und der Beziehungsebene; wobei letztere erstere definiert.**

Dieser Satz ist leider etwas »trocken«, denn die Autoren wenden sich an Fachpublikum. Wollen wir ihn verbildlichen, damit wir eine klare Vorstellung erhalten. Hierzu sollen uns erstens ein Beispiel (das WATZLAWICK et al. uns anbieten) helfen, und zweitens die Illustrationen, die ich für's Seminar entwickelt habe:
Auf einer Party stehen zwei Damen nebeneinander; die eine trägt eine Perlenkette. Die zweite betrachtet diese Kette und sagt dann:

Wie Sie merken, fehlt das Fragezeichen, denn mit Satzzeichen geben wir erste Hinweise auf den Tonfall einer Aussage. Dieser aber gibt uns wichtige *Zusatzinformationen,* nämlich darüber, wie der Satz *gemeint* war. Es besteht nämlich ein großer Unterschied, ob die Dame eine der folgenden Varianten sagt:

> Sind *die* Perlen echt?
> Sind die *Perlen* echt?
> Sind die Perlen *echt?* oder:
> Sind die Perlen echt*!?*

Im Seminar zeichne ich die Situation immer an den Flipchart und frage dann: »Wie glauben Sie, hat die Dame das gemeint?« Das Verblüffende ist, daß zunächst niemand merkt, daß wir noch zu wenig wissen, um dies erraten zu können. Spontan rufen die Teilnehmer: »zweifelnd«, »neidisch«, etc.

Und genau darum geht es nämlich: Wenn wir miteinander reden, dann gibt es eine Inhalts-Ebene (auf welcher die Worte selbst gesendet werden). Dies ist sozusagen die »Kopf«-Ebene, vom *Denk-Hirn* (s. oben) gesteuert. Hier senden wir »Nachrichten«, wie z. B. »Die Marmelade ist alle«. Hier informieren wir andere, hier »empfangen« wir Informationen, die wir hören oder lesen. Beim persönlichen Gespräch werden diese Informationen in der Regel gesprochen, bei geschriebenen Botschaften helfen wir uns durch Satzzeichen, Hervorhebungen und andere Tricks, um bestimmte Worte stärker wirken zu lassen als andere. Stark vereinfacht können wir jedoch festhalten, daß der Inhalt unserer Botschaften auf der Inhalts-Ebene gesendet und empfangen wird:

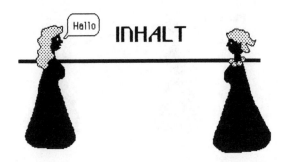

Gleichzeitig aber erleben wir ja auch Gefühle, die wir mitteilen. Wir mögen etwas verärgert sagen, oder mit *Nach-Druck*. Dieser Druck kann andere be-*ein-drucken* oder be-*drücken* (Kampf, Reptil-Hirn). Die Art und Weise, wie wir etwas sagen (oder verbissen schweigen) ist ein wesentlicher Bestandteil des Kommunikations-Prozesses. Und diese Signale »definieren« die Beziehung zum anderen, welche positiv, neutral oder negativ sein kann. Deswegen heißt diese Ebene ja auch die Beziehungs-Ebene:

Ach, wie schön, daß Marion auch da ist...

INHALT

Beziehung

Solange die Beziehung positiv (oder neutral) ist, ist die Inhalts-Ebene quasi »frei«, d. h., die Botschaften können ungehindert zum anderen durchdringen. Fühlt sich aber mindestens einer der Gesprächspartner unwohl (Angst, Nervosität, Ärger, Neid, Eifersucht, etc.), dann wird *die Beziehung selbst wichtiger als der Inhalt.* Dann ist man »abgelenkt«, dann arbeiten die älteren Gehirn-Teile und stören die analytische Arbeit des Denk-Hirns (ohne die ja kein Zuhören und Überdenken der angebotenen Information möglich ist). Wenn Sie sich an die *kognitive Dissonanz* nach FESTINGER erinnern (Seite 164 ff.), dann erinnern Sie sich auch, daß er den Ausdruck des *psychologischen Nebels* geprägt hat. Dieser taucht aber nicht nur auf, wenn unsere Bilder angegriffen werden (s. Kapitel 6, Seite 150 ff.), sondern immer wenn die Beziehungs-Ebene gestört wird:

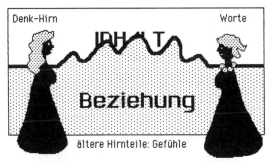

Denk-Hirn — Worte — INHALT — Beziehung — ältere Hirnteile: Gefühle

Es ist also kein Wunder, wenn auch dieses Denk-Modell zeigt, daß z. B. ein aggressiver (oder quengelnder, schimpfender) Tonfall, oder drohende (abwehrende) Gebärden, die Kommunikation verschlechtern. Angenommen ein Chef (ein Elternteil) schüchtert seine Mitarbeiter (Kinder) regelmäßig durch Schreien ein (d. h. durch die Strategie des Löwen im ursprünglichen Vorwort); dann braucht er sich nicht zu wundern, wenn viele seiner Anweisungen »falsch verstanden« werden. Denn – wie schon im 6. Kapitel erwähnt – wie der echte Nebel schluckt sein psychologisches Pendant Information, z. B. einen Teil der Worte! Was dann »ankommt«, nennt man *Emser Depeschen*, das sind Nachrichten, denen ein »Stück« fehlt. Sie könnten ja mal im Lexikon nachschlagen, wie die originale Emser Depesche (von *Bismarck*) den deutsch-französischen Krieg 1870/71 auslöste ...

Fassen wir zusammen: Die Inhaltsebene liefert *Informationen,* während die Beziehungs-Ebene *Informationen über die Informationen* liefert.

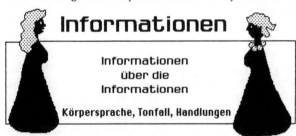

Wird die Beziehung negativ eingefärbt, dann wird die Beziehungs-Ebene so wichtig, daß der Inhalt darüber verloren geht. Also kann jemand, dessen alte Gehirn-Teile aktiv sind (Nervosität, Schüchternheit, Scheu, Angst, Wut, Zorn, etc.) nicht mehr gut »hören«, was man ihm sagen will. Oder anders ausgedrückt: Was soll denn das Reptil in uns mit Worten anfangen?

Daraus können wir eine wichtige Regel für die tägliche Praxis ableiten:

Wenn die Beziehungs-Ebene stark gestört ist, versuchen Sie nicht, Ihre Information (Inhalts-Ebene) »durchzuzwingen«. Sprechen Sie statt dessen über die Beziehungs-Ebene, wobei Ihre Körpersprache (Mimik, Gestik, Tonfall) besonders wichtig ist (beruhigend, ausgleichend). Denn: Solange der andere im psychologischen Nebel steht, so lange nimmt er ja überwiegend Ihre Signale auf der Beziehungs-Ebene wahr!

Sagen Sie z. B.: »Ich habe den Eindruck, daß ich dich verletzt habe. Das tut mir leid.« oder: »Ich habe den Eindruck, du bist jetzt böse. Stimmt das?« oder ähnlich. Erst wenn der psychologische Nebel bereinigt wurde, können Sie auf der Inhalts-Ebene weiter kommunizieren!

11. Gehirn-gerecht?

Ein wesentlicher Schwerpunkt meiner Arbeit ist seit 1967 (noch in USA) das Optimieren geistiger Prozesse, also das Aufnehmen (Begreifen, Behalten) und Weitergeben von Informationen in einer Weise, die für Sender und Empfänger so »leicht« wie möglich ist.

Seit Jahrtausenden gibt es Tricks, welche unter dem Stichwort *Mnemonik* (von griechisch μ νεμε = Erinnerung, Gedächtnis) bekannt sind. Das Problem bestand nun darin, daß meine Seminarteilnehmer (insbes. Manager) meist nicht bereit waren, diese Tricks anzuwenden, da sie deren Sinn nicht einsahen. Da sie die Techniken aber nicht akzeptierten, gab es keine Möglichkeit, sie von deren Erfolg zu überzeugen. Es war ein Teufelskreis.

Erst als ich mich mit den Ergebnissen der modernen *Gehirnforschung* befaßte, begriff ich plötzlich, daß einige dieser uralten Methoden gehirn-physiologisch und neurologisch erklärbar wurden. Zwar ist vieles noch nicht »hundertprozentig sicher« (s. auch den Abschnitt über die Wirklichkeit, oben), aber als *Denkmodell* kann uns dieses neue Wissen allemal helfen, wie auch die Seminararbeit der letzten sieben Jahre in zunehmendem Maß gezeigt hat!

Worum geht es?

Zwar tragen wir alle dieses phänomenale »Instrument« in unserem Schädel spazieren, aber viele Menschen gleichen einem Rennfahrer, der nur mit dem ersten und zweiten Gang operiert! Falls Sie jetzt denken: »Mein Gott, das arme Getriebe!«, dann übertragen Sie doch bitte Ihr Entsetzen auch auf die »Schaltungen« im Gehirn. Zwar können wir diese durch unseren manchmal stümperhaften Einsatz nicht »mechanisch« kaputtmachen, aber wir nutzen eben unsere »Windungen« zu selten optimal!

Es ist nicht gehirn-gerecht!
Wenn ein Empfänger eine Botschaft hört (liest), die ihm »schwierig« erscheint, oder wenn er den Text mehrmals hören (lesen) muß, um ihn zu begreifen, oder wenn er sich ein wenig »blöde« vorkommt – dann ist die Nachricht nicht gehirn-gerecht. Was heißt das?

Eine Nachricht wirkt »schwer«, wenn sie an der Arbeitsweise des Gehirns *vorbei* gesendet wird. Dies ist leider in vielen Vorlesungen, Fach- und Schulbüchern, Vorträgen, Tagungen, Konferenzen, und Seminaren der Fall. Aber auch viele Delegationsversuche sind unklar. Zahlreiche Informationen, die der Kunde verstehen muß (Gebrauchsanleitungen, Beratungsgespräche) sind falsch strukturiert.

Interessanterweise behaupten Profis (Professoren, Lehrer, Trainer, Ausbilder) gerne, ihre Materie sei nun einmal »trocken« und da müsse man sich halt »durchbeißen«. Dies halte ich jedoch für eine Schutzbehauptung von Menschen, die in der Regel über die Art der Präsentation ihres Materials zu wenig (oft niemals) nachgedacht haben. Denn, meiner Meinung nach gibt es überhaupt keine trockene Theorie, nur jede Menge trockener Theoretiker! Da diese Aussage in der Regel einen »Aufstand der Profis« im Seminar auslöst, habe ich natürlich Fallbeispiele für meine Behauptung. Nur im Bereich der EDV konnte ich meine Aussage zunächst nicht beweisen. Bis es mir »zu dumm« wurde und ich mir vor zwei Jahren den ersten Computer kaufte, zunächst zwei Programmiersprachen lernte, und die ersten Computerbücher schrieb. Eins davon ist bereits in der zweiten Auflage, ein weiteres wird ins Englische übersetzt, ein weiteres schrieb ich gleich auf Englisch, es wird derzeit ins Deutsche übertragen. Jetzt verstehen Sie vielleicht, warum ich im Zorn auf die Forderung der EDV-Leute, man solle gefälligst *computer-gerecht* zu denken lernen, meinerseits fordere:

Wenn mehr Menschen lernen würden, gehirn-gerechte Informationen anzubieten, dann hätten die Empfänger weit weniger Probleme, sowohl was das Begreifen angeht als auch mit ihrem Gedächtnis!

Da ich die Details an anderer Stelle ausführlich besprochen habe (16, 17), will ich hier nur kurz andeuten, worum es geht: Das sog. Denk-Hirn (s. oben) ist genaugenommen in zwei Gehirnhälften (oder Hemisphären) eingeteilt. Das Ganze ähnelt ein wenig einer Walnuß, wobei die beiden Hirnhälften über das *Corpus Callosum* (auch Balken genannt) laufend miteinander kommunizieren.

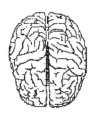

Nun weiß man zwar schon seit 100 Jahren, daß jede Hirnhälfte bestimmte Regionen enthält, die jede ihre eigene Spezialisierung haben. Aber erst seit SPERRY für die Arbeit am »geteilten Gehirn« (bei Patienten, denen man das Corpus Callosum durchtrennt hatte) den Nobelpreis bekam, wurde diese Information in weiten Kreisen bekannt. Neueste Ergebnisse zeigen zwar, daß die strikte Unterteilung in linkes und rechtes Hirn trügerisch sein kann, aber als *Denkmodell* ist dieses Bild allemal extrem hilfreich: Stellen wir uns in jeder Hirnhälfte eine(n) »Mitarbeiter(in)« vor. Links den Herrn Links, der in ein Mikroskop blickt, und rechts die Frau Rechts, welche durch ein Fernrohr schaut.

Herr LINKS   Frau RECHTS

Damit möchte ich symbolisieren, daß *Herr Links* (die männliche Komponente in jedem von uns) der »Wissenschaftler« ist: Er verarbeitet Digital-Informationen (z. B. Zahlen, Worte), er geht genau, systematisch, linear, Schritt-für-Schritt vor. Er schreitet vom großen Ganzen zum Detail, und er will alles ganz genau wissen. Er formuliert Regeln (die er in Worte fassen kann) und will auch, daß diese später eingehalten werden. Also ist er der Tradition verbunden. Sein Denken ist rational, analytisch, exakt.

Frau Rechts hingegen verkörpert die weibliche Komponente in jedem von uns: Sie verarbeitet Analog-Informationen, also Bilder, Gleichnisse, Formen, Muster, Strukturen. Sie erkennt Zusammenhänge. Sie verbindet die Informationen des Herrn Rechts zu Informations-Netzen. Sie will den Überblick. Sie ist auch der kreative Teil in uns:

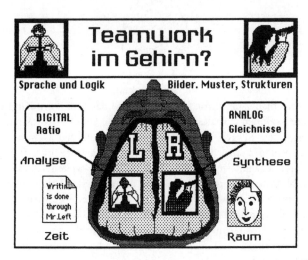

Jetzt sehen wir, warum die Tricks der »Alten« funktionieren: Seit Jahrtausenden haben nämlich die Spezialisten immer *Worte* mit *Bildern* verbunden, oder schwierige Zusammenhänge in *Gleichnissen* präsentiert. Heutzutage nennen wir Gleichnisse zwar meist Fallbeispiele, aber das Prinzip bleibt. Anders ausgedrückt: Wenn Mr. Links die Worte hört oder liest, dann begreift der Gehirn-Besitzer diese nur, wenn er zu diesen Klang- oder Schriftbildern bereits ein »Bild« besitzt. Beispiel: angenommen ich würde Ihnen etwas über eine *Seehund-Familie* erzählen wollen, dann hätten Sie wohl kaum Probleme, diese vor Ihrem »geistigen Auge« zu sehen:

Würde ich etwas vom *Rhombencephalon* berichten wollen, dann hätten wohl die meisten von Ihnen keine konkrete Vorstellung mehr. Der Volksmund drückt diesen Sachverhalt hervorragend aus, wenn er dann sagt: »*Ich kann mir kein Bild machen.*« Im Englischen ist es ähnlich: Etwas begreifen heißt »I see« (= ich sehe), im Gegensatz dazu sagt man »I don't see« (ich sehe nicht), wenn man sich kein Bild machen kann.

Wie oben erwähnt, sind Bilder *ein* Weg, und Gleichnisse (Fallbeispiele) ein anderer. Aber beide Methoden bewirken, daß der Sender eine Vorstellung von unserer Botschaft bekommt. Wenn Sie das Wort Vor-Stellung einmal wörtlich nehmen, vgl. auch »Bilder machen« (Kapitel 6):

Nun haben Schul- und Ausbildung bei vielen von uns die Fähigkeit, bildhaft zu denken, systematisch zerstört. Je »analytischer« jemand vorzugehen gelernt hat, desto größer ist die Gefahr, daß seine Denke auch eine vorstellungsarme geworden ist. Wenn dem so ist, dann wirken auch Informationen »trocken« auf andere. Oft ist ein Training notwendig, um diese ursprünglich vorhandene Fähigkeit wieder zu wecken. Denn erst wenn man (wieder) klare Bilder vor dem geistigen Auge hat, kann man – – –

1. ... sofort merken, welcher Teil der Nachricht anderer unklar ist:
Das heißt, man läßt sich von Autoren, die nicht informieren, sondern publizieren möchten, nicht mehr auf's »Glatteis« führen. Man läßt sich von den großen Schwätzern nicht mehr beeindrucken. Man entwickelt einen Blick für das Wesentliche einer Botschaft, was die Vorbereitung zur Entscheidungsfähigkeit stärkt, usw.
2. ... sich selbst nicht mehr wischi-waschi ausdrücken, weder verbal noch schriftlich. Nicht einmal aus »Versehen« rutschen einem dann die üblichen Schwamm-Begriffe heraus, die so viele Botschaften vernebeln ...

Deshalb schlage ich die Übung (unten) vor. Dabei stellen Sie entweder fest, daß Sie überhaupt keine Probleme haben, oder aber ... Merke: Je schwerer es Ihnen fällt, die Aufgabe zu bewältigen, desto nötiger ist sie für Sie. Auf der anderen Seite wissen wir aus den Seminar-Erfahrungen, daß selbst Menschen, die seit Jahren (ja Jahrzehnten) halbhirnig vorgegangen waren, innerhalb von ca. 6 Wochen das Ziel erreichen konnten (bei einer Übungszeit von 10–15 Minuten pro Tag).

Zuhör-Übung nach Birkenbihl
Material: Sie benötigen einen Kassettenrecorder und eine Kassette mit einem Ihnen (noch) unbekannten Text. So können Sie z. B. die Nachrichten im Radio mitschneiden, *ohne* sie dabei anzuhören. Oder Sie lassen sich von einem Helfer Sendungen informativer Art (z. B. den Schulfunk, interessante Diskussionen, Auslandsreportagen, u. ä.) auf Band nehmen. Übrigens berichten meine Teilnehmer immer wieder, daß sie diese Übung gerne mit Kopfhörern machen. Anscheinend unterstützen diese die Konzentration ...

Schritt 1: Lauschen Sie jeweils ca. 1 Minute lang und drücken Sie dann die Pausetaste.
Schritt 2: Stellen Sie sich das Gehörte jetzt bildlich vor! (Wir kommen noch darauf zurück.)
Schritt 3: Wieder bei Schritt 1 beginnen, bis die Übungszeit (ca. 10 Minuten pro Tag, aber in *einer* Sitzung) abgelaufen ist:

Der Unfall ereignete sich, als Kinder, die vor einem Fabrikgebäude Fußball spielten...

Wenn Sie besonders sorgfältig arbeiten wollen, tragen Sie Ihre Erfahrungen in ein Tagebuch ein. So werden Sie z. B. innherhalb des folgenden Monats feststellen, daß Sie die Pausetaste immer seltener drücken müssen. D. h.: Ihre Fähigkeit, *die »Bilder« parallel zum gesprochenen Wort zu »sehen«,* muß sich spürbar verbessern!

Hilfestellung:
Angenommen Sie hören, daß *Minister Sowieso nach Stockholm geflogen ist, um dort an einer Konferenz über das bilaterale Dingsbums teilzunehmen,* und drücken jetzt die Pausetaste. Dann könnten Sie den Minister »sehen«, wie er ins Flugzeug steigt. Je besser Sie den Mann kennen, desto »näher« können Sie »herangehen« (Großaufnahme). Im anderen Fall sehen Sie ihn aus großer Entfernung, nehmen sich jedoch vor, das nächste Mal beim Zeitunglesen oder Fernsehen aufzupassen, wie der Mensch nun wirklich aussieht.
Als nächstes könnten Sie den Start der Maschine »beobachten«. Das Flugzeug wird kleiner und kleiner . . . Nun sehen Sie diese klitzekleine Maschine (wie ein Spielzeug) über eine Europakarte fliegen. Falls Sie nicht wissen sollten, wo Stockholm liegt, müßten Sie *jetzt gleich* nachschauen! Nachdem das Flugzeug auf der Karte (bei Stockholm) aufgesetzt hat, gehen Sie wieder in den »Zoom-Modus« und beobachten, wie unser Minister aussteigt. Danach hören Sie sich die folgende Minute Text an, und drücken wieder die Pausetaste . . .

Drei Hinweise zu dieser Übung:

1. Was Sie vor Ihrem geistigen Auge nicht »sehen« können, sollten Sie, wenn irgend möglich, nachschlagen. Optimal wäre es natürlich, wenn Sie eine gute Enzyklopädie zur Hand hätten. Es gibt übrigens schon Taschenbuch-Ausgaben von kompletten Lexika für unter DM 190,– zu kaufen. Schließlich hat man für so viele Dinge Geld, die man eigentlich nicht so nötig hätte . . .? Auch möglich wäre ein dreibändiges Jugendlexikon, wenn es viele Abbildungen enthält. Wenn dann noch Landkarten zur Verfügung stehen, sind Sie gut gerüstet . . .

2. Das Training können Sie als beendet ansehen, wenn Sie *ohne* Pausetaste aber *mit* Bildern im Kopf (= klaren Vorstellungen) zuhören können! Ab diesem Zeitpunkt werden Sie automatisch immer »Bilder« sehen, wenn Sie etwas hören . . . (Bitte Fortschritt ins Tagebuch eintragen, vgl. letzte Seite).

3. Nach diesem Training werden Sie immer bewußt registrieren, wenn Sie sich etwas nicht »vorstellen« können. Diese Tatsache ist wichtig; denn sie wird Sie später regelmäßig veranlassen, intelligente Zwischenfragen zu stellen, wenn Ihnen jemand etwas erzählt. Sei es, weil der Sender der Nachricht sich wischi-waschi ausdrückt; sei es, weil er eine Information zu erwähnen vergaß; oder sei es, weil jemand Ihnen Dinge erzählt, die Ihnen noch neu (unbekannt) sind. Diese Fähigkeit sollte eigentlich schon bei Schülern trainiert werden! Falls Sie junge Leute in Ihrer Familie haben, machen Sie doch ein Gruppentraining daraus! Ein Nebeneffekt dieser Übung ist der Umstand, daß Sie in Zukunft immer merken, wenn Informationen unklar und unvollständig sind. Dadurch fällt es Ihnen automatisch leichter, das »Wesentliche« einer Nachricht zu erkennen. Und gerade das ist eine der Grund-Voraussetzungen für intelligente Geistesarbeit. Also, dies ist doch ein höchst nützliches »Nebenprodukt« des Trainings, oder?

Variante: Effektiver lesen

Es gibt eine Variante meines Trainings, nämlich genau wie oben, nur *statt* zu hören lesen Sie. Dabei lesen Sie ca. 2–3 Sätze, schließen kurz die Augen, imaginieren, und lesen erst weiter, wenn Sie ein klares Bild vor Augen haben.

Welche Variante sollen Sie üben?

Nun fragen Teilnehmer oft, welche Übung die bessere sei. Dazu schlage ich folgenden Test vor. Probieren Sie beide Varianten je einmal 10 Minuten lang. Stellen Sie fest, welche Ihnen schwererfällt. Denn viele Menschen machen sich leichter Bilder, wenn sie hören. Das haben sie als Kind erlebt, wenn Märchen erzählt wurden, oder in ihrer Jugend, als man nur Radio (aber kein TV) kannte. Andere wiederum, typische Leseratten, stellen sich Gelesenes sehr leicht vor, sie haben diese Fähigkeit jedoch komischerweise nie (in dem Maß) auf gesprochene Worte übertragen. Dann entscheiden Sie:

Entweder Sie wollen »alles« lernen, dann machen Sie beide Übungen nacheinander (also jede Übung einige Wochen lang, bis Sie ohne Pause arbeiten können). Beginnen Sie bei der Variante, die Ihnen jetzt bereits leichter fällt! Dann haben Sie schnell Erfolgserlebnisse und damit mehr Übung, bis Sie zur schwierigen Variante übergehen!

Oder Sie wollen nur das üben, was Sie in der täglichen Praxis am meisten benötigen: Falls Sie weit mehr Informationen über Lesen aufnehmen, sollten Sie die Lese-Übung durchführen, falls Sie jedoch mehr Info über das Ohr aufnehmen (Gespräche, Konferenzen), dann ist die Tonband-Übung für Sie die richtige.

12. Sprache als Instrument des Denkens

Je klarer die Bilder, die Sie (bald) vor Ihrem geistigen Auge sehen (werden), desto interessanter wird es, einmal bewußt über die Sprache nachzudenken, die Sie täglich hören, lesen und aktiv einsetzen. Hier aus Platzgründen nur erste kleine Anregungen . . .

Sie wissen doch, was ich meine?!!
Wiewohl wir in der Regel davon ausgehen, wir hätten »alles« gesagt (also 100 % einer Information gesendet) ist dies natürlich nicht möglich. Der Satz: »Mein neues Wohnmobil hat einen Computerarbeitsplatz« setzt voraus, daß Sie wissen, was ein »Wohnmobil«, was ein »Computer«, etc., ist. (Bei abstrakten Begriffen besteht die große Gefahr, daß Sie eine andere Vorstellung mit Begriffen wie »Tugend«, »Gerechtigkeit«, etc., verbinden.) Aber selbst wenn es sich um eine höchst einfache Situation handelt, kann es sein, daß wir nur 10–20 % der Botschaft senden, ohne dies überhaupt zu merken. Denn:

Je vertrauter der Empfänger mit der Situation ist, desto mehr Information kann (wird) er ergänzen, ohne daß er dies überhaupt merkt!

So sitzen Sie z. B. zu fünft in einem Restaurant und warten bei angenehmer Unterhaltung auf's Essen. Der Ober kommt. »*Schwein?*« Einer von Ihnen sagt prompt: »*Das bin ich.*« (Ist er das wirklich?) Dann fragt der Ober: »Wiener Schnitzel?«, und Sie sagen: »*Das hatte ich.*« Natürlich hatten Sie es noch nicht; Sie sollen es ja gerade erst bekommen! Gemeint war natürlich: »Das hatte ich bestellt«, nicht wahr?

Bitte halten Sie dies jetzt nicht für albern oder besonders kleinlich. Denn, das Schlüsselwort war ja, daß der Gesprächspartner mit der Situation »vertraut« sein muß. Das ist im Restaurant natürlich gegeben. Aber, wenn Sie *firmeninterne Kürzel* verwenden (von *Fachausdrükken* Ihrer Branche oder Ihres Spezialgebietes ganz abzusehen), glauben Sie, das sei gehirn-gerecht, oder daß sich der Kunde bei Ihrer Stümmel-Botschaft ein klares Bild machen kann, wenn er für diese Digital-Informationen eben noch kein Bild in der rechten Hirnhälfte abrufen kann?

Die »wort-wörtlich« Bedeutung

Wir hatten das Wort »Vor-Stellung« ja bereits »wörtlich« genommen; es ist relativ harmlos. Aber wie steht es mit der »Enttäuschung«? Haben Sie darüber schon einmal bewußt nachgedacht? Wenn nämlich die »Ent-Bindung« bedeutet, daß die Bindung aufhört, dann bedeutet analog dazu die »*Ent-Täuschung*« eben: *Die Täuschung hört auf.* Und nun überlegen Sie mal: Wenn *ich* mich in Ihnen getäuscht habe (weil ich dachte, Sie würden natürlich sämtliche Übungen brav durchführen), dann bin ich, wenn ich das später merke, *Ihnen* böse, daß *ich* mich in Ihnen getäuscht hatte . . . Schon toll, was?

Wenn Sie sich einmal bewußt den Wörtern zuwenden, die wir verwenden, und versuchen, das »Bild« zu sehen, das viele Wörter quasi eingebaut haben, dann erreichen Sie damit zweierlei:

1. *Sie üben sich im Bilder-Machen (sowieso Teil Ihres Trainings),* und
2. *Sie lernen, wesentlich gehirn-gerechtere Worte zu verwenden, wenn Sie keine Möglichkeit haben, Bilder oder Charts einzusetzen.*

Beschreiben Worte wirklich die Realität?

Wir hatten ja oben schon darüber gesprochen, daß es mit der sog. Wirklichkeit problematisch sein kann. Aber lassen Sie uns jetzt einen

Moment darüber nachdenken, inwieweit unsere *Wirklichkeit erster Ordnung* von der Sprache beeinflußt, ja sogar geschaffen werden kann. Benjamin Lee WHORF (96) zeigt in seinem hervorragenden Buch »Denken, Sprache, Wirklichkeit« ein interessantes Beispiel: Es war in einer großen Lagerhalle zu einem Brand gekommen, weil ein Arbeiter achtlos einen brennenden Zigarettenstummel in eine *leere Tonne* geworfen hatte. Wie die Analyse der Brandursachen im Nachhinein ergab, hat es sich dabei um *leere Benzinfässer* gehandelt. Aha!, denken Sie nun, klarer Fall: Ein leeres Benzinfaß ist sogar noch gefährlicher, als ein volles ... Aber der Arbeiter hatte nicht daran gedacht. Warum? Weil sich für ihn *leer* mit der *Vor-Stellung* »Abwesenheit von Inhalt« verbunden hatte. Daher konnte er momentan überhaupt nicht bedenken, daß ein leeres Benzinfaß durch die *Anwesenheit* von höchst gefährlichen Gasen »gefüllt« ist!

Und Wolf SCHNEIDER (80) weist in seinem ausgezeichneten Buch »Wörter machen Leute« darauf hin, daß unsere Sprache die Wirklichkeit nicht nur beschreibt, sondern daß sie vielmehr Konzepte schafft, die wir dann gerne mit der Realität verwechseln. So führt er als Beispiel an: »Glauben Sie, daß die Natur *Unkraut* und *Ungeziefer* geschaffen hat?«

Wenn wir einen Schritt weitergehen, könnten wir uns einmal fragen, ob so etwas wie »Gerechtigkeit« überhaupt von Mutter Natur oder Gott »vorgesehen« war? Wenn wir begreifen, daß dies ein von Menschen geschaffenes Ideal ist, dann sind wir vielleicht nicht mehr so enttäuscht (s. oben), wenn eine Situation uns mal »ungerecht« vorkommt. Dies könnte zu größerem Gleich*mut* (bitte nicht mit Gleichgültigkeit verwechseln!) führen, der uns auch Negatives gelassener (und mit weniger Streß) erleben »machen« könnte ...

Die Neuen Gedanken waren einige wenige »Kostproben« der Entwicklungen der letzten elf Jahre. Deshalb darf ich noch einmal auf die Idee vom Supermarkt verweisen: Wenn jeder sich etwas herauspicken kann, was er kaufen möchte, dann war es die Mühe wert: Für mich das Schreiben, für Sie das Lesen ...

Alles Gute wünsche ich Ihnen!

13. Zum Abschluß von Teil I

Bis jetzt haben wir einige der wesentlichen Konzepte der Kommunikation besprochen. Wir haben festgestellt, wo die häufigsten Fehlerquellen liegen, warum wir Abwehrmanöver einsetzen und wie wesentlich Feedback (einschließlich Streicheleinheiten) für erfolgreiche Kommunikation und Motivation sind. Aber wir müssen noch einige Fragen abklären, ehe wir uns vom theoretischen Teil I dieses Buches zum Teil II wenden können:

1. Wann optimal kommunizieren?
2. Wie ehrlich ist *ehrlich?*
3. Wie beginnt man, die hier erarbeiteten Konzepte wirklich in die tägliche Praxis zu übertragen?

Wann optimal kommunizieren?

Es ist uns inzwischen klargeworden, daß optimale und erfolgreiche Kommunikation Energie kostet. Wenn ich lerne, mich auf die Person statt auf die Nachricht zu konzentrieren, wenn ich Verständnis für die Nicht-OK-Position meines Gesprächspartners aufbringen soll, wenn ich mit dem *liebevollen* statt mit dem *kritischen P* (oder meinem eigenen weinenden K) reagieren soll ... all das kostet Kraft. Desgleichen ist es anstrengend, *richtig zuzuhören* und *Streicheleinheiten* auszuteilen, um dem anderen zu zeigen, daß ich ihn akzeptiere.

Würde man immer optimal kommunizieren wollen, so hätte man bald keine Energien mehr frei, um seiner Arbeit, seinen Hobbies, seinen eigenen Interessen nachzugehen. Da man also nicht immer hundertprozentig auf den anderen eingehen kann, gilt folgende Regel:

Wenn mir der Gesprächspartner oder der Ausgang dieses Gespräches besonders wichtig oder wesentlich erscheint, dann sollte ich mich bemühen, so erfolgreich wie möglich zu kommunizieren!

Es wird uns nach wie vor passieren, daß wir auch mit Partnern, an deren guten Beziehungen uns wirklich etwas liegt, schlecht kommuniziert haben. In dem Fall sollte man sich dann vielleicht etwas leichter überwinden, um den ersten Schritt zu tun, so daß die neue Kommunikation nicht wieder negativ verlaufen wird. Für das Verbessern von Beziehungen, die schon lange nicht mehr besonders gut verlaufen sind, sei hier ganz besonders auf das Gefühlsrad (s. Teil II) hingewiesen. Interessant ist, daß Seminarteilnehmer das Gefühlsrad immer wieder versehentlich als »Glücksrad« bezeichnen. Das zeigt, welche erleichternde Funktion dieses Kommunikations-Hilfsmittel hat.

Wie ehrlich ist *ehrlich*?

Wenn man sich wirklich intensiv mit Kommunikations-Techniken auseinandersetzt und wenn man bereit ist, nicht nur die anderen, sondern auch sich selbst kritisch zu betrachten, kommt man zwangsläufig zu der Einsicht, daß man in der Vergangenheit nicht immer ehrlich kommuniziert hat. Man stellt z. B. fest, daß man gewisse Informationen sachlich verpackt hat, diese aber in Wirklichkeit nur Abwehrmanöver darstellen. Oder aber man merkt, daß man jemandem gegenüber eine negative innere Einstellung verheimlichen wollte (z. B. Ausländern gegenüber). Das heißt, man wird sich einiger Unehrlichkeiten bewußt. Nun kommt oft folgender Faktor ins Spiel: Man geht »ins andere Extrem«. Man versucht »hundertprozentig« ehrlich zu sein. Dies aber wäre genauso falsch. Denn:

1. Manche unserer Motive sind uns nicht bewußt, so daß wir unsere Handlungen, Aussagen oder Verhaltensweisen nicht immer ehrlich erklären können.

2. Die Wahrheit kann dem anderen weh tun, Ehrlichkeit um der Ehrlichkeit willen wird dann lediglich zu einem neuen »Schema«, das man gegen das alte eintauschen möchte. Dies ist letzten Endes keine ehrliche Auseinandersetzung mit sich und anderen.

3. Die Wahrheit kann mir selbst schaden. Hier muß man die »hundertprozentige« Ehrlichkeit vermeiden, um sich selbst zu schützen. 4. Es gibt Situationen, wo man es mit einem Partner zu tun hat, dem absolut nichts an einer ehrlichen/offenen Kommunikation liegt. So einen Gesprächspartner zur Ehrlichkeit zwingen zu wollen, ist genauso unfair, wie einen Partner anzulügen, der klar ausgedrückt hat, daß er wirklich offen mit uns kommunizieren möchte.

Wenn wir uns ehrlich mit jemandem auseinandersetzen wollen, müssen wir dabei immer seine *psychologische Intimzone* wahren. Wenn wir ihm seelisch »auf die Zehenspitzen« treten, vor lauter Bemühen selbst ehrlich zu sein, kann es passieren, daß wir zuwenig auf die Gefühle des Partners achten. D. h., daß wir uns letztlich auf uns, nicht aber auf die andere Person konzentrieren.

Der persische Philosoph KALI GIBRAN drückte dies folgendermaßen aus: Er sagte, daß ein Paar oft den Fehler mache, zu einer einzigen »Tempelsäule« verschmelzen zu wollen; d. h., daß einer vom anderen verlangt, einen Teil seiner Persönlichkeit aufzugeben, um mit dem Partner »eins zu werden«. In dieser Suche nach perfekter Union tritt man sich dann zu nahe. Man verlangt »absolute, bedingungslose« Offenheit zueinander. Da diese absolute Offenheit aber zugleich ein Aufgeben der eigenen Bedürfnisse bedeutet und da der Mensch dazu letzten Endes nicht fähig ist, muß dieser Versuch scheitern. Dann aber stellen sich Schuldgefühle ein, weil jeder Partner meint, versagt zu haben. (Oft projiziert man seine eigenen Schuldgefühle dann auf den anderen; man beschuldigt ihn, am »Versagen« der partnerschaftlichen Kommunikation schuldig zu sein. Die Projektion ist einer der Abwehrmechanismen der Psyche [nach FREUD]; d. h., sie geschieht unbewußt.) GIBRAN schlägt ein anderes Bild vor: Die beiden Menschen sollen versuchen, zwei Tempelsäulen zu sein, die gemeinsam das Tempeldach tragen. Dieses Bild beinhaltet, daß jeder seine eigene Persönlichkeitsstruktur wahren und behalten darf, daß aber beide gemeinsam an ihrem Glück arbeiten. Nur solange jeder Partner seinen Teil des Daches »trägt«, ist dieses vor Einstürzen gesichert. Trotzdem verlangt man keine perfekte Offenheit voneinander. Deshalb ergeben sich dann auch keine Schuldgefühle, wenn dieses unerreichbare Ziel einer hundertprozentigen Verschmelzung nicht erreicht wird.

Denken Sie ab und zu an dieses Gleichnis. Fragen Sie sich, wenn Sie vielleicht im Begriff sind, *zu viel Offenheit* vom anderen zu fordern, ob Sie nicht im Begriff stehen, zu verlangen, daß er ein Teil Ihrer eigenen Säule werde. Denn dies ist nicht nur unmöglich, sondern muß unangenehme Gefühle von nicht-OK auslösen, wenn man dann feststellt, daß es nicht möglich ist.

Die Regel der Ehrlichkeit wäre also:

Man sollte versuchen, so ehrlich wie möglich zu kommunizieren; wobei man natürlich feststellen wird, daß der eine in einer Situation »ehrlicher« kommunizieren kann als in einer anderen Situation oder mit einem anderen Partner. Nur wenn ich den Grad der Ehrlichkeit, zu dem der andere derzeit fähig ist, mit akzeptiere, habe ich ihn wirklich akzeptiert. Denn zu sagen: »Ich akzeptiere dich nur, wenn du so ehrlich bist, wie ich es wünsche«, wäre ja wieder ein Beweis dafür, daß man sich nicht auf den anderen Partner eingestellt hat.

Wie beginnt man, die hier erarbeiteten Konzepte wirklich in die tägliche Praxis zu übertragen?

Erinnern Sie sich daran, wie Sie autofahren lernten: Am Anfang meint jeder Fahrschüler, daß er das nie »herauskriegen« wird, wann man die Kupplung losläßt und wieviel Gas man dabei geben soll. Wie man sich beim Fahrspurwechsel gleichzeitig darauf konzentrieren soll, möglicherweise herunterzuschalten, in den Spiegel zu sehen, abzuschätzen, wie weit man herausfahren darf, und nicht zu vergessen, den Blinker rechtzeitig zu betätigen. Man konzentrierte sich so sehr auf das Fahren, daß man das Ziel darüber aus den Augen verlor!
Autofahren lernen heißt eine Fertigkeit erlernen. Das gleiche gilt für die Kommunikation. Wenn Sie sich manchmal beim Lesen der einzelnen Kapitel gedacht haben: »O Gott, auf was soll man denn noch alles achten?« oder: »Wie soll ich denn das Kommunikationsziel im Auge behalten können, wenn ich mich auf so viele verschiedene Aspekte der Technik gleichzeitig konzentrieren soll?«, dann

überlegen Sie bitte folgendes: Genauso wie Sie sich beim Lernen jeder Fertigkeit immer konzentriert mit *einem* Aspekt auseinandersetzen, tun wir dies beim Erlernen der optimalen Kommunikation.

Also sähe Ihr Lernplan folgendermaßen aus:

1. Erstellen einer Liste der Kommunikations-Aspekte, bei denen Sie das Gefühl haben, daß Sie diese besser beherrschen wollen.
2. Genaues Durchlesen des Teils II, der Ihnen zahlreiche Übungen und (Kommunikations-)Spiele aufzeigt. Hierbei kreuzen Sie sogleich diejenigen an, die für Sie und Ihre Lernziele besondere Bedeutung haben.
3. Aufstellen eines Tagesplans: Sie bestimmen, wieviel Zeit pro Tag, Woche oder Monat Sie für diese Übungen und Spiele aufwenden können oder wollen.
4. Nach dem Erüben der einzelnen Faktoren erstellen Sie eine Liste der Punkte, die Sie nun auch in die tägliche Praxis übertragen wollen.
5. Zu diesem Zeitpunkt kaufen Sie sich ein Heftchen, klein und handlich, das Sie überall mit sich herumtragen können. In der ersten Woche gewöhnen Sie sich an das Heft, indem Sie, sooft Sie dran denken, Ihre Erfolgskontrolle (das Heft) herausnehmen und eintragen: »Habe gerade drangedacht. Zeit: 15.30 Uhr.«
6. Nun tragen Sie auf dem oberen Rand der einzelnen Seiten für jeden Tag einen Punkt ein, auf den Sie sich konzentrieren wollen. *Konzentrieren Sie sich immer eine Woche lang auf denselben Punkt.* Sie haben dann 6 Tage lang dieselbe Überschrift, da Sie pro Tag eine Seite benützen (oder mehr, wenn Sie ausführlichere Notizen führen wollen). Der 7. Tag ist »frei«.

Das sieht dann zum Beispiel so aus:

1. Woche: Aktives Zuhören.
2. Woche: Innere Einstellung positivieren.
3. Woche: Positive Streicheleinheiten austeilen.
4. Woche: Auf die 4 »Tu-sie-niemals-Nicht« achten.

7. Dann beobachten Sie Ihr eigenes Verhalten sowie das Verhalten anderer eine Woche lang bezüglich dieses einen Punktes und machen sich täglich einige Male Notizen. Z. B.: Wenn Sie wieder festgestellt haben, daß Sie Ihrem Gesprächspartner nicht richtig zugehört haben. Desgleichen jede besonders erfolgreiche Kommunikation.

8. Wenn alle Punkte in Ihrem Lernprogramm einmal an der Reihe waren, machen Sie eine Woche »Ferien« und fangen in der darauffolgenden Woche wieder mit dem ersten Punkt an.

Bald werden Sie feststellen:

Einen Teil Ihres Lernerfolges verdanken Sie allein der Tatsache, daß Sie sich intensiv mit Ihren Kommunikations-Praktiken auseinandersetzen. Das schärft Ihren Blick für Sie selbst sowie für die anderen. Einen weiteren Teil Ihres Lernerfolges verdanken Sie der Tatsache, daß Sie nicht »alles auf einmal« machen, sondern daß Sie immer einen Schwerpunkt haben. Dieser aber wird Ihnen sehr bewußt, in der Woche, in der Sie an diesem Aspekt arbeiten. Den dritten Teil Ihres Lernerfolges verdanken Sie dem Prozeß der *Reminiszenz.* Mit Reminiszenz bezeichnen wir den *passiven Lernerfolg,* der sich in den Zeiten einstellt, in denen man sich mit diesem Lernziel nicht aktiv auseinandersetzt. Wenn Sie sich 6 Ziele vornehmen, kommen Sie in der achten Woche (nach Ihrer Woche »Ferien«) wieder beim ersten Punkt an. Sie werden überrascht feststellen, daß sich Ihr Kommunikations-Verhalten bezüglich dieses ersten Punktes auch in den Wochen verändert hat, in denen Sie eigentlich an anderen Teilzielen Ihres Lernplanes arbeiteten. Dies wirkt nicht nur motivierend, es zeigt Ihnen auch, daß man seine Kommunikations-Verhaltensmuster genauso ändern kann wie jedes andere Verhalten. Nur muß man sich natürlich intensiv damit auseinandersetzen und sich Zeit für den Lernprozeß nehmen. Je länger die schlechten Kommunikations-Gewohnheiten eingesetzt wurden, desto länger dauert der Umlernprozeß. Allerdings hat sich aus der Verhaltensforschung folgende »Faustregel« ergeben: Pro Jahr ca. einen halben Monat! Haben Sie seit ca. zwanzig Jahren viel zu wenige positive Streicheleinheiten ausgeteilt, dann rechnet man mit 10 Monaten, bis das neue Verhalten zur neuen Gewohnheit wird.
Sowie ein neues Verhalten zur Gewohnheit geworden ist, kostet

es Sie nicht mehr diese vielen Energien, die man in der Umlernzeit aufbringen mußte. Alles Gewohnheitsmäßige kostet weniger Kraft als ein bewußter Prozeß, etwas »anders« zu machen.

Außerdem stellen sich manche Lernerfolge bereits sehr schnell ein. Dies merkt Ihre Umwelt, die darauf in irgendeiner Weise positiv reagieren wird. Sie erhalten positive Streicheleinheiten. Jeder Lernprozeß kann durch positive Streicheleinheiten unerhört erleichtert werden!

Aus diesem Grunde ist es zu empfehlen, den Plan mit einer Person oder einer Arbeitsgruppe zu besprechen. Die Bekannten, die den Lernerfolg kontrollieren können, geben Ihnen dann Ermutigung. Diese Streicheleinheiten helfen, schneller zu lernen. Außerdem helfen sie uns, »bei der Stange zu bleiben«. In jedem Selbstverbesserungsprogramm gibt es einmal eine Zeit, in der man dazu neigt, dieses Programm abzubrechen. Ob dies nun ein Fernlehrgang, ein Kurs in einer Abendschule oder ein autodidaktisches Programm ist. Je weniger Personen von dem Programm wissen, desto größer ist die Gefahr des »Abspringens«.

Deshalb ist es besonders ratsam (wenn Sie in der glücklichen Lage sind, einige Personen zu kennen, die ein ähnliches Programm für sich aufstellen), eine Kommunikations-Arbeitsgemeinschaft zu bilden. Sie können dann die Übungen und Spiele mit mehreren Personen zusammen bewältigen; und Sie können sich gegenseitig aufmuntern und für Erfolge »belohnen«.

Solche Arbeitsgruppen können innerhalb einer Familie, eines Freundeskreises, eines Bekanntenkreises, ja sogar innerhalb einer Firma entstehen. Dies wäre dann eine »Führerlose Selbsterfahrungsgruppe«. Alle Spiele für mehrere Personen, die im Teil II dieses Buches aufgeführt sind, eignen sich für solche Gruppen ohne die Leitung eines Psychologen oder »Fachmannes«.

Wenn Sie keine Zeit haben, ein Lernprogramm zu verfolgen

Auch dann können Sie einen praktischen Nutzen aus diesem Buch ziehen, allerdings einen geringeren.

1. Sie werden mehr Verständnis für die anderen haben, was es Ihnen erleichtern wird, auf Abwehrmanöver der anderen nicht mit Abwehrmanövern Ihrerseits zu reagieren.

2. Auch Sie können sich bezüglich der einen oder anderen Kommunikationsschwäche, die Sie an sich entdeckt haben, eine »gute Tat« pro Tag vornehmen. Das kostet gewiß nicht viel Zeit und wird Ihnen auch helfen, Ihre Kommunikation langfristig zu verbessern. Auch hier hilft bereits die Tatsache, daß Sie einige Minuten pro Tag intensiv auf den einen oder anderen Aspekt achten. Auch bei dieser Mini-Methode ist zu empfehlen, einen Erfolgs-Kalender auszufüllen. Dies muß so zur Gewohnheit werden, daß Sie ein »schlechtes Gewissen« bekommen, wenn Sie einige Tage lang keine Eintragungen gemacht haben.

Bitte bedenken Sie eins: Wir verlangen sehr viel von den anderen: Wir wollen, daß sie uns zuhören. Wir wollen, daß sie uns zuliebe dies oder jenes tun. Wir hoffen, daß sie uns helfen werden, unsere Bedürfnisse zu befriedigen . . .

Ist es da zuviel verlangt, sich zu einer besseren Kommunikation zu zwingen? Schließlich kommt es ja letzten Endes wieder uns selbst zugute, weil ein Mitmensch, dem wir uns wirklich zuwenden, doch wesentlich bereiter sein wird, uns zu helfen.

Ich möchte abschließend noch einmal auf das alte Indianergebet verweisen: »Lieber Manitu, laß mich eine Meile in den Mokassins meines Nachbarn gehen, ehe ich ihn verdamme oder anklage!«

TEIL II PRAXIS

Einführung

Nun liegt der Hauptteil der Theorie hinter Ihnen. Einige Übungen waren bereits »miteingebaut«, um Ihnen das theoretische Durcharbeiten des Stoffes zu erleichtern.

Wenn wir wirklich lernen wollen, in der täglichen Praxis besser mit anderen zu kommunizieren, müssen wir jetzt das bisher erworbene theoretische Wissen *emotional verankern*.
Es ist eine alte lernpsychologische Weisheit, daß erst die gefühlsbezogene Verarbeitung eines Stoffes es ermöglicht, diesen auch praktisch zu verwerten.
Nehmen Sie an, Herr Direktor Müller wäre ein Mann, der andere immer unterbricht. Unterbrechen und Sich-Einmischen gehört zu der Art von Feedback, die dem anderen signalisiert, daß er nicht akzeptiert wird. Nehmen wir weiter an, daß dieses ständige Unterbrechen bei Direktor Müller zur C-Information gehört (s. Johari-Fenster, Merkblatt 1). Dann können wir uns ausrechnen, daß er Kapitel 7 liest, eifrig mit dem Kopf nickt und der theoretischen Information zustimmt, ohne auch den geringsten praktischen Nutzen daraus ableiten zu können; weil er sich selbst zu wenig kennt, um zu wissen, daß er persönlich lernen müßte, echt auf den anderen einzugehen.
Nehmen Sie weiterhin an, daß Direktor Müller einige der folgenden Übungen und Spiele durcharbeitet und erfährt, daß er persönlich zu denen gehört, die . . . Außerdem spielt man Situationen, in denen man ihm vorspielt, wie er auf andere wirkt; d. h., man konfrontiert ihn mit seinem eigenen Verhalten (Alter-Ego-Übungen Nr. 29 und 30).
Erst jetzt kann er sich mit der Tatsache auseinandersetzen, daß er selbst diesen Kommunikations-Fehler macht. Außerdem hat er in dieser Übung einmal am eigenen Leib erfahren, wie es »sich anfühlt«, ständig unterbrochen zu werden.

Diese emotionale Verarbeitung erst wird es ihm ermöglichen, seine tägliche Kommunikations-Praxis zu verbessern. Zu diesem Zweck finden Sie in Teil II zahlreiche Übungen und Spiele, die Ihnen zwei Vorteile bieten:

1. *Gezielte Selbst-Erkenntnis:* Wenn ich die Ausgangsposition nicht kenne, kann ich ja kein Entwicklungsziel für mich definieren. Einige Übungen werden daher als *Inventur-Übungen* bezeichnet.

2. *Emotionales Verarbeiten* gewisser theoretischer Punkte, so daß der Lernerfolg kein leeres Ja-Ja darstellt, sondern eine wirkliche innere Überzeugung.

Allein oder in der Gruppe?

Optimal wäre die Möglichkeit, eine Selbst-Erfahrungsgruppe zu bilden bzw. einer beizutreten. Diese Gruppe kann sich aus Familienmitgliedern, Freunden, Bekannten, ja sogar Mitarbeitern zusammensetzen. Eine solche Gruppe hat keinen »professionalen« Führer, wiewohl man einen Spielleiter für einzelne Übungen wählt, der darauf achtet, daß alle mit einbezogen werden und daß sich jeder an seine Rolle hält.

Eine Gruppe bietet folgende Vorteile:

1. Man arbeitet systematisch an verbesserter Kommunikation, d. h., man arbeitet regelmäßig an sich.
2. Man ist nicht so versucht, »abzuspringen«.
3. Man bekommt positives Feedback von der Gruppe, wenn man Erfolge zeigt.
4. Man trifft sich einmal pro Woche, zweimal pro Monat oder alle 3 Wochen für ein paar Stunden und setzt sich intensiv mit diesem Programm auseinander. Dieses intensive Sich-Auseinandersetzen führt bereits zu sehr befriedigenden Lernerfolgen.

Hat man jedoch keine Möglichkeit, eine Gruppe zu bilden bzw. einer beizutreten, so kann man die Übungen heraussuchen, die man alleine durchführen kann. Außerdem können Sie sicher hier und da einige der Gruppenübungen als »Partyspiel« vorschlagen. Diese

Spiele ermöglichen nämlich einen guten Lernerfolg, obwohl sie viel Spaß machen.

Weiterhin gilt es zu bedenken, daß Sie vielleicht bald schon andere Menschen kennenlernen werden, mit denen Sie so eine Gruppe bilden könnten.

Lesen Sie zunächst den Teil II durch. Notieren Sie sich dabei die Übungen und Spiele, die Sie besonders interessant finden. Dann erarbeiten Sie die Einzelpunkte während der nächsten Wochen und Monate. Wenn Sie Ihre Lernziele klar definieren können, stellen Sie Ihren persönlichen Plan auf und kaufen das Heft, das Sie als Erfolgskontrolle benutzen wollen. Dann verfolgen Sie das Programm (s. Kapitel 8).

Bitte vergessen Sie nie: Gute wie schlechte Verhaltensmuster sind das Resultat von Lernprozessen. Jeder Lernprozeß kann verändert werden. Genauso, wie Sie früher durch emotionale Erlebnisse und Erfahrungen in Ihre alten Kommunikations-Muster hineingewachsen sind, können Sie sich nur durch neue emotionale Erfahrungen in neues, positiveres Kommunikations-Verhalten hineinentwickeln. Die Übungen und Spiele müssen daher ein *fester Bestandteil* jedes Lernprozesses sein, zu dem Sie sich bereit gefunden haben.

Übersicht: Übungen und Spiele:

Hier notieren Sie sich die Übungen und Spiele, die Sie für sich persönlich besonders wertvoll, interessant oder lehrreich halten. Außerdem können Sie hier die Übungen und Spiele eintragen, die Sie öfter oder regelmäßig zum Teil Ihres Lernplans machen wollen.

Übung Nr:	Buch-Seite:	Stichwort/Beschreibung der Übung	Ü. für 1 Pers. Nr.:	Übungen für mehrere Personen	
				2 Pers.	mehr

Inventur

1. Übung: Der Strichmännchen-Test

Sie sehen zwei Diagramme: In einem ist Ihr »Vater«, im anderen Ihre »Mutter« abgebildet.

Fragen Sie sich nun: Sehe ich mich größer, kleiner oder genauso groß, wenn ich mein SWG mit denen meines Vaters und meiner Mutter vergleiche?

Wie wir in Kapitel 1 gesehen haben, besteht das SWG einer Person ja immer aus verschiedenen Werten, die sich auf verschiedene Lebensbereiche beziehen. Wir meinen hier die Summe der einzelnen Wertgefühle, d. h., wenn Sie das Gesamtbild betrachten, meinen Sie mehr, weniger oder genausoviel erreicht zu haben wie Ihre Eltern? Meinen Sie besser, schlechter oder genauso gut mit Ihren täglichen und beruflichen Problemen fertig zu werden?

Dieses Resultat zeichnen Sie dann in das Diagramm ein. Über dem Wort »ich« zeichnen Sie sich ein. Damit drücken Sie graphisch nicht nur aus, ob Sie sich größer bzw. kleiner sehen, sondern Sie können sogar den Grad bestimmen, indem Sie sich wesentlich größer bzw. kleiner oder aber gleich groß einzeichnen.

Die »Strichmännchen-Übung« können Sie auch mit Freunden und Mitarbeitern durchführen.

2. Übung: Andere beurteilen uns

Wenn Sie Familienmitglieder, Freunde oder Partner haben, mit denen Sie offen über Ihr Programm sprechen können, dann geben Sie diesen Diagramme, in die Sie einige gemeinsame Bekannte oder Mitarbeiter eingezeichnet haben. Dann soll die andere Person Sie einzeichnen. Hierbei erhalten Sie wesentlichen Feedback, weil Sie sehen, ob Ihre *Selbsteinschätzung* mit der *Fremdeinschätzung* übereinstimmt.

3. Übung: Das Selbstporträt

Nehmen Sie ein leeres DIN-A4-Blatt und zeichnen Sie ein Selbstporträt. Allerdings zeichnen Sie nicht nur den Kopf. Hierbei kommt es natürlich nicht auf Zeichentalent an. Dies ist wiederum ein Mittel festzustellen, wie Sie sich sehen.
Erst wenn Sie mit dem Zeichnen fertig sind, sehen Sie sich das Merkblatt 5 an. Dort finden Sie einige Fragen, die Sie so ehrlich wie möglich beantworten wollen.

4. Übung: Selbstporträt in der Gruppe

Die 3. Übung kann auch in einer Gruppe vorgenommen werden. Hierbei zeichnet jeder sein Selbst-Bild. Diese werden dann dem Spielleiter übergeben, der dann eines nach dem anderen hochhebt, so daß die Gruppe gemeinsam die Fragen beantworten kann. Hierbei gibt es zwei Variationsmöglichkeiten: Der Name des »Künstlers« wird verschwiegen, so daß nur der Betroffene weiß, daß es sich dabei um sein Bild handelt, oder man weiß von Anfang an, welche Person dieses Bild angefertigt hat.

5. Übung: Eine Denk-Übung

Nehmen Sie sich die Diagramme, die Sie für die Übungen 1 und 2 erstellt haben, ab und zu vor. Betrachten Sie Ihre Zeichnungen und stellen Sie sich vor, Sie befänden sich mit der dargestellten Person in einem Gespräch. Können Sie die Größenverhältnisse (die ja das Verhältnis des SWG darstellen) auch er-fühlen? Fühlen Sie sich der anderen Person gegenüber wirklich so »groß« bzw. »klein«, wie Sie es im Diagramm dargestellt haben?

Wenn Sie dieses Programm in einer Zeit von überwiegenden Nicht-OK-Gefühlen begonnen haben, dann müßten Sie im Laufe der Zeit feststellen, daß die originalen Diagramme nicht mehr stimmen. Sie sollten dann neue Diagramme anfertigen, in denen Sie selbst langsam, aber sicher immer »größer« werden.

Solche Denkübungen helfen uns, den eigenen Fortschritt festzustellen. Klopfen Sie sich ruhig selbst einmal auf die Schulter; Eigenlob und Freude über errungenen Erfolg und Fortschritt ist ein Muß im Programm!

Innere Einstellung

Es gibt zwei Arten der inneren Einstellung:

1. | Meine innere Einstellung mir selbst gegenüber: Ich bin OK bzw. Ich bin nicht OK |

Diese haben wir bereits in den Übungen 1 bis 5 zu erfassen begonnen.

2. | Meine innere Einstellung dem anderen gegenüber: Du bist OK bzw. Du bist nicht OK |

Diese kann von Ihrem P* geprägt sein. Wenn Sie Vorurteile einer Person gegenüber haben, so wird dieses Vorurteil Ihr Bild von dieser Person »färben«.

* vgl. Kapitel 4.

Da sich die innere Einstellung immer mitteilt, sollten wir uns darin üben, diese Einstellung so weit wie möglich zu positivieren, wenn wir gut mit anderen kommunizieren wollen. Auf eine Verbesserung Ihrer Einstellung sich selbst gegenüber zielten bereits einige Übungen ab. Nun wollen wir einmal an der Verbesserung unserer Einstellung dem anderen gegenüber arbeiten.

Wichtig ist folgende Wechselwirkung: Je mehr ich mich selbst akzeptiere, desto besser kann ich andere akzeptieren. Aber auch umgekehrt: Je leichter es mir fällt, andere als OK anzusehen, desto mehr OK fühle ich mich selbst.

6. Übung: Meine innere Einstellung anderen gegenüber

Setzen Sie sich einem Partner gegenüber. Schließen Sie die Augen und konzentrieren Sie sich eine Minute lang auf einen positiven Aspekt des anderen. Dann öffnen Sie die Augen und sehen sich an. Erfühlen Sie, wie es sich an-fühlt, die innere Einstellung zu positivieren!

Dann wechseln Sie die Rollen.

Variante: Sie konzentrieren sich auf einen positiven oder negativen Aspekt. Wenn Sie die Augen öffnen, muß der andere raten! Sie werden verblüfft sein, wie klar sich die innere Einstellung dem anderen mitteilt, ohne daß Sie auch nur ein Wort zu ihm sagen.

Für eine mögliche Besprechung dieser positiven und negativen Aspekte eignet sich das Gefühlsrad besonders (s. Übungen Nr. 9, 10, 11).

7. Übung: Fördern der positiven Einstellung durch Streicheln

Diese Übung hat zwei Nutzeffekte: Erstens lernen Sie, wie sich die innere Einstellung dem anderen gegenüber positivieren läßt, indem man sich auf seine *positiven* Aspekte konzentriert.

Zweitens üben Sie sich im Streicheln. Hierbei werden Sie vielleicht feststellen, daß es Ihnen schwerfällt, positive Dinge zu sagen, selbst wenn Sie diese empfinden.

Setzen Sie sich mit einigen Freunden zusammen. Dabei muß jeder jedem Anwesenden eine positive Sache sagen (positive Streicheleinheiten vermitteln).

Z. B. Peter sagt: »Bei dir, Maria, gefällt mir besonders deine nette Art zu lächeln; du, Ralph, bist immer ehrlich und gerecht, bei dir weiß man immer genau, woran man ist; du, Michael, bist immer hilfsbereit; und bei dir, Claudia, schätze ich besonders deine . . .« – Dann kommt Maria dran usw.

P. S. zu den Übungen 6 und 7: Wenn Sie eine Unterredung mit jemandem führen müssen, vor der Sie sich scheuen, weil die Kommunikation gerade mit dieser Person immer besonders schwergefallen ist, dann konzentrieren Sie sich vor dem Gespräch auf drei positive Punkte. *Jeder* Mensch hat einige positive Aspekte, selbst wenn er daneben noch einige negative hat. Diese (Ihre innere) Einstellung wird das Gespräch positiv beeinflussen und Ihre Kommunikation erleichtern und verbessern.

8. Übung: Die vier »Tu-sie-niemals-Nichts«

Hierbei geht es darum, vier Arten der Kommunikation, die letzten Endes immer in Sackgassen führen müssen, einmal ad absurdum zu führen. Im allgemeinen soll man nicht anhand von schlechten Beispielen vorführen, wie man's nicht machen soll. Ausnahmen bilden Situationen, in denen man die Fehler selbst erlebt haben muß, um sie richtig zu verarbeiten und die daraus resultierende Erkenntnis in die tägliche Praxis zu übertragen. Hat man nämlich in diesem Spiel einmal »am eigenen Leibe« erlebt, daß diese Art der Kommunikation nie zu einer guten Stimmung oder zu einer Lösung von Problemen führen kann, dann wird man sich später plötzlich bewußt, wenn man wieder einmal in eine der vier »Rollen« verfällt. Erst diese Erkenntnis (in der Praxis später) inmitten der Situation selbst kann uns helfen, das negative Verhalten abzubauen.
Dies ist ein Rollenspiel, d. h., die vier Spieler *müssen sich strikt an die Rollen halten.*

Wir haben vier Spieler, die eine Familie darstellen, z. B. Vater, Mutter, Sohn und Tochter. (Wenn mehr Personen anwesend sind, werden die anderen zu Beobachtern. Sie werden mithelfen, die Fragen zu beantworten.)

Die Rollen:

Rolle 1 aggressiv	Wer diese Rolle hat, muß die anderen »Familienmitglieder« angreifen. Er muß schimpfen, meckern, mit der Faust auf den Tisch hauen.
Rolle 2 beschwichtigend	Wer diese Rolle hat, »verniedlicht« das Problem, indem er es (und den Sprecher) nicht ernst nimmt. Er sagt immer entweder: »In 50 Jahren ist alles vorbei« oder: »'s wird schon werden!«
Rolle 3 indirekter Angriff	Wer diese Rolle hat, muß immer denselben Satz sagen: »Sei (bzw. Seid's) doch vernünftig.« Die indirekte Nachricht hier lautet nämlich: »Du Depp, kannst Du denn meinen Standpunkt nicht sehen?«
Rolle 4 vom Thema abschweifend	Wer diese Rolle hat, muß immer vom Thema abweichen. Er (sie) sagt z. B.: »Morgen soll es angeblich wieder regnen.« Oder: »Übrigens, Mama, hast du das neue Kleid von Barbara schon gesehen? Eine Wucht, wirklich!«

Das Spiel:

Thema dieser »Familienkonferenz« ist es, festzustellen, wohin man diesmal in Urlaub fährt. Man geht von der Annahme aus, daß dieses Gespräch schon seit zwei Stunden »läuft«, ohne daß man sich hätte einigen können.

Man spricht der Reihe nach, der Aggressive fängt an.
Dann spielt man je drei Runden. Danach werden die Rollen gewechselt. Jeder übernimmt die Rolle seines linken Nachbarn. Jeder muß einmal jede Rolle gespielt haben (also 4 × 3 Runden).

Die Beobachter machen Notizen und versuchen die unten angeführten Fragen zu beantworten.

Wenn Sie nur zu viert sind und keine Beobachter haben, diskutieren Sie die Fragen selber durch:

1. Wer war in welcher Rolle am besten?
2. Wem fiel welche Rolle am schwersten?
3. Wie fühle ich mich in jeder der vier Rollen?
4. Welche scheint mir am meisten zu liegen?
5. Welche setze ich in der Praxis häufig ein?
6. Wie reagieren die anderen auf diese Rolle?
7. Wie reagiere ich, wenn andere gerade diese Rollen mir gegenüber verwenden?
8. Wen kenne ich, der Rolle 1, 2, 3 oder 4 regelmäßig anwendet?

Sollten Sie feststellen, daß Sie keine der vier Rollen regelmäßig einsetzen, dann können Sie daraus schließen, daß Sie wahrscheinlich überhaupt recht gut mit anderen auskommen, d. h. natürlich auch, daß Ihre Kommunikation im allgemeinen recht erfolgreich verläuft.

Ganz abgesehen von der Eigen- und Fremdbeobachtung, die man dabei macht, lernt man dreierlei:

1. Daß man mit diesen vier Arten der Kommunikation nie gut kommunizieren kann! Egal, wie oft Sie das Spiel spielen, Sie werden sich nie einigen, wohin Sie in den Urlaub fahren.
2. Sie erleben, wie es sich »anfühlt«, wenn Sie selbst im Alltag in eine der vier Rollen schlüpfen.
3. Sie merken sofort, wenn jemand in einer dieser Rollen festgefahren ist. Sie können dann versuchen, den Schwerpunkt des Gespräches auf einen Anwesenden zu lenken, der gut kommuniziert, der nur nicht viel zu Wort kam, weil derjenige, der in dem Abwehrmanöver reagierte, diesen nicht zu Wort kommen ließ.

Das Gefühlsrad

Das Gefühlsrad (s. d. Seite 307 ff.) ist ein in Amerika entwickeltes Kommunikations-»Werkzeug«. Es stellt eine *Einladung zum Dialog,* zu offener und ehrlicher Kommunikation dar.

Wie einige Autoren (MASLOW, BERNE, SCHUTZ, PERLS u. a.) immer wieder betonen, haben wir es verlernt, offen und ehrlich miteinander zu reden. Der Grund liegt in der Erziehung (Programmierung) unserer Kulturkreise: Man soll »die Zähne zusammenbeißen«, man soll »es schlucken«, man soll »über Gefühle nicht reden«, man soll »sich zusammennehmen«. Man verlernt es als Kind, sich dem anderen wirklich mitzuteilen.

Psychologen erleben immer wieder die *erleichternde Funktion eines offenen Gespräches,* in dem der andere auch über Ängste und Gefühle reden darf, die er normalerweise hinter seiner Maske des Gleichmuts verstecken muß. Deshalb war auch die Funktion des Beichtens so positiv für den einzelnen. Das ist auch der Grund dafür, daß man einem Fremden in der Bar, im Zug, im Flugzeug oft Dinge erzählt, die man sonst niemals verlauten läßt, weil man den Menschen erstens nie mehr wiedersehen wird und weil man zweitens dem tiefen Bedürfnis, sich einmal auszusprechen, nachgeben durfte (weil der andere einen ja nicht kennt).

Solange Menschen, die in engem Kontakt miteinander leben, sich nicht ab und zu einmal aussprechen dürfen, müssen sich die angestauten Gefühle irgendwie ausdrücken. In der psychoanalytischen Literatur spricht man von der *verschobenen Aggression.* Z. B.: Der »klassische Kreislauf«: Der Chef redet den Vater dumm an, Vater kommt nach Hause und schreit die Mutter an, diese beschimpft dann den älteren Sohn . . .

Warum kann es überhaupt zu solchen »Kreisläufen« kommen? Weil weder der Vater dem Chef noch die Mutter dem Vater gegenüber in der Lage waren, ihre Gefühle der Aggression zu zeigen. Das heißt nicht, daß der Vater unbedingt den Chef anschreien sollte, aber das heißt: Entweder der Vater kann dem Chef gegenüber ausdrücken, daß er sich ärgert (Wissen Sie, Herr Müller, ich finde Ihre Kritik zu hart . . . Ich glaube, daß Ihr Ärger eigentlich in keinem Verhältnis zu der Situation steht . . .), oder aber, wenn ihm dies nicht möglich ist, kann er doch zumindest den Ärger, den er fühlt, wahrhaben! Aber leider beinhaltet der Prozeß des »Runterschluckens«, des »Die-Zähne-Zusammenbeißens« mehr, als die Kontrolle nicht zu verlieren. Er bedeutet gleichzeitig, daß das Individuum den Ärger so gut versteckt hat, daß es selber ihn nicht mehr wahrhaben kann. Deshalb wird sich dieser verborgene (aber vorhandene) Ärger zu einem späteren Anlaß ausdrücken. (Dies gilt natürlich auch für andere Gefühle. Nur, beim Ärger ist es am besten sichtbar.) Da reagiert man dann wegen Kleinigkeiten zu aggressiv, man reagiert den Ärger ab. Man richtet ihn auf eine Person oder Sache, die mit dem auslösenden Gefühl nichts zu tun hatte. Deshalb nennt man diese Art der Aggression ja auch eine verschobene.

Das Gefühlsrad kann nun helfen, diesen Teufelskreis zu durchbrechen.

Man lernt, sich seiner Gefühle wieder bewußt zu werden.
Man hat die Möglichkeit, diese Gefühle auszudrücken.
Da dies aber in der »Umgangssprache« lange verboten war, können wir nicht einfach anfangen, über unsere Gefühle zu reden. Aber wir können einen »Chip« auf das betreffende Gefühl legen. Dies ist leichter und umgeht die jahrelang beachteten Gebote (Über Gefühle darf man nicht sprechen! Ein Mann verbirgt seine Gefühle!), so daß das K den kritischen P umgehen kann (s. Kapitel 4).
Wenn man sich einmal an das Gefühlsrad gewöhnt hat, kann man später auch ohne dieses Hilfsmittel frei sprechen, und zwar nicht nur mit Personen, mit denen man schon am »Rad gesessen« hat.

Übungen mit dem Gefühlsrad

9. Übung: Lernen Sie Ihre Gefühle wieder erkennen (Eine Inventurübung)

Jeder Spieler braucht ein eigenes Rad. Sie können die Seiten 309 bis 315 fotokopieren, oder aber Sie zeichnen sich einige nach der Vorlage. Außerdem brauchen Sie »Chips«, z. B. Pfennige oder Knöpfe.

Setzen Sie sich vor das Rad. Studieren Sie die aufgeführten Gefühle genau. Wenn ein Gefühl für Sie (im Moment) zutreffend ist, »spüren« Sie das. Probieren Sie es aus. Sollte es Ihnen besonders schwerfallen, Ihre Gefühle zu »finden«, dann bedeutet dies lediglich, daß Sie besser programmiert wurden, diese zu verleugnen. Es wird bei Ihnen ein wenig länger dauern, die Wirkung wird aber für Sie um so erleichternder sein!

Legen Sie die Chips auf »Ihre« Gefühle. Ganz außen am Rad bedeutet »wenig«, die Mitte bedeutet »mittelschwer«, und die innerste Reihe ist für sehr intensive Gefühle gedacht. Sie bestimmen also den Grad des Gefühls, indem Sie den Chip weiter nach außen bzw. weiter nach innen legen.

Wenn Sie »einmal herum« sind, lesen Sie nochmals alle gelegten Gefühle durch. Sie werden feststellen:

– daß der Mensch immer mehrere Gefühle gleichzeitig empfindet,
– daß der Mensch gleichzeitig widersprüchliche Gefühle haben kann (z. B. Ärger über den verschütteten Kaffee vorhin, Freude darüber, daß man hier an sich arbeitet, daß man sich weiterentwickelt, daß man innerlich wieder freier wird).

Hat man diese Übung einige Male gemacht und ist schon etwas erfahren im Erkennen der Gefühle, kann man zu den Partner-Übungen übergehen.

Variationen der Inventurübung:

Variation 1: Man macht diese Übung regelmäßig um dieselbe Zeit und schreibt hinterher die Resultate auf. Vielleicht stellt man dann fest, daß man immer, wenn man vom Büro kommt, besonders viele Aggressionen aufgespeichert hat. Das heißt dann, daß der Streit, den man vielleicht um diese Zeit mit der Familie zu führen pflegte, Ab-Reaktion der in der Arbeit aufgestauten Gefühle war.

Regel: Wenn man sich immer um die gleiche Zeit oder immer in der gleichen Situation über seine Mitmenschen ärgern »muß«, liegt der Grund in der Regel im Betreffenden selbst.

Variation 2: Man macht diese Übung nach einem Ereignis, das einen seelisch belastet (Krach mit jemandem, Ärger über die Kinder,

237

Schmerz). Hierbei stellt man oft fest, daß man seine Gefühle nicht richtig erkannt hat (vor der Übung).

Ein Seminarteilnehmer merkte zum Beispiel, daß der *Ärger*, den er über den Ungehorsam seines »eigensinnigen« Sohnes zu empfinden glaubte, in Wirklichkeit *Schmerz* war. Schmerz, weil sein Sohn und er nicht *miteinander*, sondern *aneinander vorbei redeten*. Schmerz darüber, daß sein Sohn sich ihm nicht anvertraute.

Später besprach er dies mit seinem Sohn (am Rad). Dieser sagte dann, daß auch er Schmerz empfunden hätte, weil er sich unverstanden und nicht-anerkannt fühlte. Nun, als sie ihren »Ärger« als Schmerz identifiziert hatten, konnten sie sich damit auseinandersetzen.

Variation 3: Man legt erstens die Gefühle, die man einem Partner gegenüber hat, und schreibt diese auf. Man legt zweitens die Gefühle, die man beim Partner erwartet, und schreibt sie ebenfalls auf. Nun tut die andere Person das gleiche.

Später setzt man sich hin und diskutiert diese beiden Aufstellungen durch. Dabei stellen sich oft sehr wesentliche Erkenntnisse ein.

Eine Fallstudie

Mr. und Mrs. A hatten die Inventurübung (Variation 3) gemacht, dann folgte diese Diskussion:

Mr. A: Du hast ausgedrückt, ich würde dir gegenüber ein Gefühl der Überlegenheit empfinden. Wie kommst du denn darauf?

Mrs. A: Hast du's denn nicht gelegt?

Mr. A: Aber nein. So was wäre mir nie in den Sinn gekommen.

Mrs. A: Ich fühle mich aber minderwertig, dir gegenüber.

Mr. A: Ich glaube, es geht hier nicht darum, ob du dich minderwertig fühlst. Das besprechen wir gleich. Momentan müssen wir klären, wie du dazu kommst zu meinen, ich würde mich dir gegenüber überlegen fühlen.

Mrs. A: Das drückst du ja manchmal aus.

Mr. A: Wieso?

Mrs. A.: Na, wenn du immer sagst: Laß mich das machen. Ich kann das besser.

Mr. A: Wann tue ich denn das?

Mrs. A: Beim Steakbraten. Immer wenn wir Steaks machen, bestehst du darauf, den Grill selber zu bedienen.

Mr. A: Na ja, Steak braten kann ich ja auch besser als du!

Mrs. A: Weil ich einmal die Steaks verpatzt habe. Das liegt doch schon Jahre zurück . . .

John (weiteres Gruppenmitglied): Wann war denn das?

Mrs. A: Ganz am Anfang unserer Ehe.

Mr. A: Du hättest mal sehen sollen, wie die Steaks damals aussahen . . .

John: Das erklärt doch aber nicht, warum du ihr keine zweite Chance gegeben hast.

Mr. A: Weil ich nicht noch mal so verbrannte Steaks essen will, deshalb!

John: Also meinst du, daß sie immer alle Steaks verbrennen wird, die sie auf dem Grill zubereitet . . .

Mrs. A.: Das heißt, im Steakbraten bin ich minderwertig, und er fühlt sich überlegen!

John: Das haben wir jetzt alle gemerkt.

Mr. A war still geworden. Mr. und Mrs. A wollten das Gespräch zu Hause weiterführen. Wir baten um einen Bericht. Sie stellten fest: Mr. A gab ihr wirklich manchmal zu verstehen, daß er sich überlegen fühle. Mrs. A jedoch förderte dies, indem sie gewisse Dinge einfach nicht erledigte. Wenn sie ihm wirklich hätte beweisen wollen, daß sie Steaks grillen kann, hätte sie ja bloß einmal fertige Steaks zum Abendessen dahaben können, wenn er heimkam.

Solche Ausgangspunkte können eine Partnerschaft zum Guten hin verändern. Wenn er nämlich heute seine Überheblichkeit zeigt, dann sagt sie lachend: »Ich weiß, ich bin ganz klitzeklein.« Dann lächelt er verlegen und sagt: »Das habe ich dir ja auch nur beweisen müssen, weil ich heute der Elefant bin . . .« Dann ist die Situation gerettet (s. Vorwort).

Inventur der Gefühle

Dat.: ——————————— Zeit: ————————————————————

Anlaß:* ——

Gefühl	schwach, intensiv	mittel	sehr	Weil: (etw. Bemerkungen)
Haß				
Wut, Ärger				
Angst				
Liebe				
Unzufriedenheit				
Zufriedenheit				
Verwirrung				
Klarheit				
Antipathie				
Sympathie				
Versagen				
Erfolg				
Zärtl. Zuneigung				
Die anderen sind nicht OK				
Die anderen sind OK				
Befriedigung				
Frustration				
Sich wohl fühlen				
Schmerz, Pein				
Neid				
Schuldgefühle				

* Z. B.: »Nach Ärger mit dem Chef ... Nach der Sache mit dem Regenmantel meiner Tochter ... Bezüglich der neuen Stellung ... etc.«

Gefühl	schwach, intensiv	mittel	sehr	Weil: (etw. Bemerkungen)
Teilhaben, Gemeinschaftsgefühl				
Einsamkeit				
Isoliertheit				
Engagiertheit				
Zurückweisung				
Erleichterung				
Sicherheit				
Scheu, Schüchternheit				
Mißtrauen, Argwohn				
Vertrauen				
Kein gutes Gefühl über mich (bin nicht OK)				
Gutes Gefühl über mich (bin OK)				
Traurigkeit				
Freude				
Nicht-Erfülltsein				
Erfülltsein				
Ich-Stärke				
Furcht				
Gefühl der Überlegenheit				
Minderwertigkeit				
Langeweile				
Neugierde				

10. Übung: Ein Gespräch am Rad (zu zweit)

In dieser Übung sitzen sich die Gesprächspartner am Rad gegenüber. (Man sollte sich gegenüber sitzen, damit der Augenkontakt ermöglicht wird.)
Beide legen jetzt *schweigend* ihre Chips. Sind beide fertig, kann das Gespräch beginnen. Hierbei sind jetzt zwei Zonen zu *erklären:*

Die Freie Zone: Diese ist zu belegen, wenn man ein Gefühl ganz klar verspürt, es aber auf dem Rad nicht vorfindet. Z. B. »Eifersucht«. Wenn man später die einzelnen Chips durchspricht (nicht vorher), sagt man: »Dieser Chip steht für . . .«

Die Ruhe-Zone (Zentrum des Gefühlsrades): Diese Zone steht *nicht* für ein »Gefühl der Ruhe« und wird beim ursprünglichen Belegen der Felder keinesfalls mitbelegt.
Das Feld hat folgenden Zweck:
Nehmen wir an, Sie sitzen mit einer Person am Rad, von der Sie annehmen, daß diese Sie ablehnt. (S. die Sprache der Nicht-Annahme, Kapitel 7.) Sie legen also einen Chip auf »Ressentiment, Zurückweisung«. Wenn Sie dabei sind, den Chip zu besprechen, sagen Sie: »Ich habe das Gefühl, Sie lehnen mich ab.«
Nun kann es aber durchaus passieren, daß Sie sich beim Gespräch selbst irgendwann überfordert fühlen. Vielleicht haben Sie das Gefühl, daß der andere nicht wirklich ehrlich ist. Vielleicht können Sie aus irgendwelchen Gründen über dieses Gefühl nichts mehr sagen. *Jetzt* nehmen Sie den betreffenden Chip und legen ihn in die Ruhezone. Das bedeutet: Was dieses Gefühl angeht, darf der andere weder weiter darüber sprechen noch fragen.

In bezug auf dieses Gefühl sind Sie (symbolisch) aus dem Zimmer gegangen und haben sich in einen Ruhe-Raum begeben, dort darf nicht gesprochen werden.

Man kann nicht hundertprozentig ehrlich sein. Irgendwo muß die Grenze gezogen werden. Man muß die psychologische Intimzone des anderen wahren. Mit Hilfe der Ruhe-Zone kann man sich langsam vortasten und lernen, auch über schwierige Themen zu sprechen, weil man weiß, daß man den Rückzieher machen darf. Schließlich darf so eine Kommunikations-Hilfe wie das Gefühlsrad nicht zum moralischen Zwang werden. Es soll die Kommunikation erleichtern, nicht aber sie erschweren. Deswegen ist dieser »Notausgang« mit eingebaut.

Es gibt verschiedene Möglichkeiten, die Gefühle am Rad zu besprechen.

Variation 1: Man fängt an einer Stelle an und »redet um das Rad rum«. D. h., wessen Chip der nächste ist, der sagt, was er damit gemeint hat. Oft gibt es nicht viel zu sagen. Wenn man »Sympathie« gelegt hat, dann braucht man dazu nicht mehr viel zu sagen. Hat man aber »Freude« gelegt, so kann es durchaus sein, daß man dies erklären möchte.

Regel: Man muß Gefühle nie erklären, man muß sie akzeptieren lernen. Und man kann sie mitteilen oder erklären wollen. Besonders bei Gefühlen, die sowohl passiv (Ich fühle mich zurückgewiesen) als auch aktiv (Ich akzeptiere dich nicht) sein können, ist es wesentlich, daß man erklärt, was man gemeint hat, damit es keine Mißverständnisse geben kann. Z. B. bei »Vertrauen«: Ich habe Vertrauen zu dir. Bei dir habe ich das Gefühl, daß du mir nie absichtlich weh tun würdest. Ich glaube, daß ich es lernen kann, mit dir über alles zu sprechen ... oder: Ich habe das Gefühl, daß du mir vertraust ...

Variation 2: Einer der beiden spricht zuerst alle seine Chips durch (wobei der andere natürlich auch etwas sagt), dann erklärt der andere, was er mit seinen Chips hat ausdrücken wollen.

Wann welche Variation? Dies hängt überwiegend von Ihnen ab. Probieren Sie beide aus. Im allgemeinen ist die erste Variation besser, weil sie einen lebendigeren Dialog ergibt und weil das Gefühl der *Gemeinschaftlichkeit* und des *Teilhabens* hier stärker wahrgenommen werden kann. Auf der anderen Seite, wenn ein Partner etwas ganz Bestimmtes besprechen möchte, z. B. seine Gefühle über einen Streit, den es am Nachmittag gegeben hat, kann es durchaus besser sein, wenn er erst einmal »alles loswerden kann«, weil er oft erst dann bereit sein wird, sich auf die Gefühle des Partners einzustellen.

11. Übung: Mehrere am Gefühlsrad

Diese Übung verläuft wie Übung Nr. 10. Auch hier gibt es die beiden Variationsmöglichkeiten in der Reihenfolge der Besprechung. Es gilt die Faustregel: Je mehr am Rad sitzen, desto geeigneter wird die Variation 2.

Wie viele können auf einmal am Rad sein? Bis zu sieben Personen hat sich als optimal erwiesen. Wenn es mehr sind, können sich die einzelnen langweilen, weil es erstens zu lange dauert und weil die Gefühle, die sie vor 30 Minuten gelegt haben, nicht mehr zutreffend sind. Wenn sie aber, was erlaubt ist, wieder eingreifen, um das Gelegte auf den neuesten Stand zu bringen, wird das Ganze unübersichtlich.

Allerdings hat man in den USA mit »Riesenrädern«, die den ganzen Tisch ausfüllen, Versuche gemacht. Und zwar in Encounter-Gruppen, d. h. in Gruppen, wo Parteien zusammenkamen, die normalerweise große Konflikte haben, wie z. B. Schwarze und Weiße, Einkauf und Verkauf.

Flucht am Rad. Wie wir ja schon feststellten, soll uns das Gefühlsrad helfen, die »Fesseln« zu lösen, die unsere Erziehung uns angelegt hat. Wir sollen lernen, unser K wieder natürlich, fröhlich, spontan werden zu lassen. Dies bedeutet zwangsläufig ein Abbauen des strikten P. Dieser weigert sich jedoch manchmal, seine Position abzuschwächen zu lassen(s. Kapitel 4). Das führt dazu, daß man zwar sagt, man wolle am Rad ehrlich kommunizieren, aber trotzdem *Fluchtmanöver* betreibt. Auf die wichtigsten sei hier hingewiesen, damit Sie sich selbst erkennen können:

Das Kopf-Manöver: Man läßt nicht das K über seine Gefühle sprechen, sondern man agiert mit dem A (der vom P geleitet wird). Also sagt eine Person: »Ich fühle mich minderwertig«, und der A-gesteuerte Partner reagiert mit Bemerkungen wie: »Definiere doch mal ›minderwertig‹. Was ist das überhaupt?«, d. h., er intellektualisiert, »flüchtet in den Kopf« und weg von seinen Gefühlen (die wir in der Magengegend am besten spüren).

Schildkröte: Dies ist ein Manöver des weinenden K, das den andern bestrafen (und leiden lassen) will. Ein Rache-Manöver also. Es geht folgendermaßen vor sich: Ein Paar hat z. B. gestern einen Streit gehabt. Heute kommt er von der Arbeit heim und sagt: »Du, setzen wir uns doch ans Rad und reden wir darüber, ja?« Sie stimmt zu und holt das Rad. Beide legen Chips. Sie legt u. a. »Wut«, »Ärger«, »Ich bin nicht-OK«. Nun sprechen sie sich aus. Er erklärt ihr, daß es ihm leid tut, was er gestern gesagt hat . . . Nun *müßte* sie, wenn sie ehrlich ist, ihre unangenehmen Gefühle entweder verlieren oder zumindest abschwächen (d. h. weiter hinausschieben). Sie tut dies aber nicht, was bei ihm dann langsam zu Schuldgefühlen führt, denn so weh wollte er ihr ja um Himmels willen gar nicht tun. Sie sehen selbst, daß seine Gefühle nach kurzer Zeit sehr negativ werden müssen . . . Ein gefährliches Manöver.

Gefängnis: Man bleibt in *einem Gefühl* gefangen. Man kommt immer wieder auf die eine Sache zurück. (Dies kann dem Schildkrötenmanöver ähnlich sein, wenn es Schuldgefühle im anderen auslöst.) Z. B.: Ein Partner hat negative Gefühle, weil ihm etwas weh tut (vielleicht weil ihn sein Chef heute unfair behandelt hat). Der andere Partner hackt jedoch immer auf einem anderen Gefühl herum: »Ich jedenfalls empfinde ›Freude‹, weil wir hier so schön zusammensitzen und reden können.« Dies zeigt ein *Nichteingehen* auf den Partner. Dies ist kein Dialog, sondern ein Monolog und wird dem anderen weh tun, weil er momentan nicht in der Lage ist, an den Gefühlen des anderen teilzuhaben.

Probieren Sie es aus! Man kann die Bedeutung des Rades genausowenig durch Lesen verstehen, wie man begreift, wie das ist, verliebt zu sein, wenn man eine Geschichte liest. Gewisse Dinge muß man einfach erlebt haben, ehe man sie versteht.

Wir haben es nicht nur gelernt, Gefühle zu unterdrücken, sondern auch, unterdrückte Gefühle so gut zu »verpacken«, daß wir sie selbst fast nicht mehr erkennen können. Das heißt, daß wir oft *Dinge sagen,* die wir eigentlich *gar nicht meinen.*

Beispiel: Eine Encounter-Gruppe

Teilnehmer: 12 Schwarze und 13 Weiße, alle in Management-Position einer fortschrittlichen amerikanischen Firma. Die Kommunikation war schlecht und gereizt gewesen, weshalb wir diese Übung angesetzt hatten. Vorausgegangen war ein Gespräch mit jeder Gruppe (weiß und schwarz) einzeln, in dem man den Teilnehmern erstens die Funktion des Rades erklärte, sie zweitens eine Basisübung (Übung Nr. 9) machen ließ und sie drittens fragte, ob sie bereit wären, mit ihren »Gegnern« eine gemeinsame Übung zu machen. Sie waren bereit.

Die Übung: Zuerst standen alle Weißen um den Tisch herum. Die Schwarzen saßen außen (am Boden) und bildeten so einen Ring um die Weißen. Alsdann riefen die Schwarzen den Weißen die Ausdrücke zu, die für Weiße verletzend sind (Honkie, Mother fucking son of a bitch etc.). Währenddessen legten die Weißen ihre Gefühle. Diese wurden dann von uns (wir waren drei Trainer) aufgeschrieben, und nun wechselte man die Rollen. Die Weißen saßen außen, riefen »Nigger« etc., und die Schwarzen legten ihre Gefühle. Dann wurden auch diese aufgeschrieben.

Wir hatten Lichtbilder für den Wandprojektor vorbereitet, mit dem leeren Gefühlsrad. Nun zeichneten wir auf ein Lichtbild die Gefühle der Schwarzen mit Schwarz, die der Weißen mit Rot ein. Dann warfen wir dies an die Wand, während jede Gruppe sich in je einer Zimmerecke gesammelt hatte. Gesprochen werden durfte noch nicht.

Es war fast finster im Raum, bis auf den weißen Fleck des Lichtbildes. Beide Gruppen starrten an die Wand. Wir warteten.

Nach einigen Minuten kam eine Stimme aus dem Dunkel (ein Schwarzer):

*Schwarz:** Mann, das sind ja die gleichen Gefühle!
Weiß: Ich dachte immer, ihr habt keine.
Schwarz: Wie kommst du denn auf so einen Blödsinn, Honkie?
Weiß: Ihr seid ja immer so super gelassen, Nigger.
Schwarz: Warum hast du jetzt Nigger gesagt?

---

* Man kann das an der Stimme und Sprachmelodie erkennen.

Weiß: Weil du mich Honkie gerufen hast.
Schwarz: Weißt du auch, warum ich das getan habe?
Weiß: Um mich rauszufordern, wie immer!
Schwarz: Nein. Damit du siehst, wie es sich anfühlt.
Weiß: Es fühlt sich nicht gut an.
Schwarz: Ich werde es jetzt auch nicht mehr sagen.
Weiß: Warum?
Schwarz: Ich glaube, es wird nicht mehr nötig sein.
Weiß: Das glaube ich auch. Ich glaube auch, daß wir jetzt anfangen können zu reden. Was meint ihr?
(Zustimmendes Gemurmel mit einigen Buh-Rufen)

Was die 8 Stunden lange Diskussion ergab, war folgendes:

1. Die Weißen hatten Ressentiments. Endlich waren sie so weit, diese zu akzeptieren (d. h. sie nicht mehr zu verleugnen).
2. Die Schwarzen hatten auch welche. Auch sie gaben sie zu.
3. Man einigte sich, trotz der Ressentiments zu versuchen, miteinander auszukommen. Man stellte fest, daß dies eine viel bessere Basis für gute Kommunikation sei, als so zu tun, als hätte man keine. Denn, wenn schon die Basis verlogen ist, auf der man aufbauen will, dann kann man nie zueinanderkommen.

Das Gefühlsrad finden Sie auf den Seiten 309 bis 315.

Übungen für mehrere Personen

12. Übung: Ein Wort nur

Die Ein-Wort-Übung soll uns helfen, unsere indirekten Nachrichten zu finden:

Er: Also, morgen kommt deine Mutter mal wieder, ja?
Sie: Das sagte ich ja bereits!
Er: Ich hoffe, sie bleibt diesmal nicht so lange.
Sie: Das mußt du schon ihr überlassen!

Wenn jeder Partner versuchen sollte, dieselbe Unterhaltung in der Ein-Wort-Methode wiederzugeben, d. h. *jeden Satz in einem Wort* auszudrücken, so stellen wir fest, daß sich sein zweiter Satz (Ich hoffe, sie bleibt nicht so lange ...) nicht auf ein, im Satz enthaltenes Wort reduzieren läßt. Warum? Weil er gar keine Hoffnung ausdrückt, sondern eine Befürchtung!

Er: Schwiegermutter.
Sie: Schwiegermutter?
Er: Morgen.
Sie: Ja!
Er: Angst.
Sie: Warum?
Er: Zeitfaktor.
Sie: Hhmmm ...

Die Nachricht wurde so direkt gesendet, daß in ihr keine Ressentiments aufkamen, weil keine Anklage in der Hoffnungs-Nachricht versteckt war.

Sinn und Zweck: 1. Wir kommen unseren Stamm-Phrasen auf die »Schliche« ... 2. Wir können unterdrückte Gefühle nicht »sachlich« verpacken. 3. Wir müssen uns auf das Wesentliche beschränken.

Technik: 1. Man verwendet die Ein-Wort-Methode zuerst als Übung, d. h., bis man »es heraus hat«. Dabei stellt man fest, daß man sich in starkem Maße nichtverbaler Signale bedienen muß, was zugleich unseren Blick für Körpersprache schärft. Außerdem lernt man seinen eigenen »Ballast« kennen, mit dem man sonst die Unterhaltung mehr stört als verbessert.
2. Wenn man die einzelnen Buchstaben des Alphabets schreiben gelernt hat, kann man Sätze bilden. Wenn man die Technik des Ein-Wort-Spiels beherrscht, kann man mit dieser Methode erfolgreich kommunizieren. Wann immer man merkt, daß man »um den heißen Brei herumredet«, schaltet man die Ein-Wort-Methode ein. Wenn man zu einem gewissen Punkt kommt, wo es beiden klar wird, um was es wirklich geht, fällt man von ganz allein in die normale Sprache zurück.
3. Es dürfen natürlich auch zwei Worte verwendet werden, wenn dies unumgänglich ist. Z. B.: Wie hoch? Wie viele? *Dein* Vater?

Hier gilt wieder folgender Grundsatz: Probieren Sie es aus, bevor Sie die Möglichkeiten, die sich mit einer solchen Technik auftun, als zu gering einschätzen. Der Erfolg dieser Methode kann beim Lesen nicht verstanden werden, man muß es einmal erlebt haben ...

Die folgenden 5 Übungen wurden von VIRGINIA SATIR (s. Literaturverzeichnis Nr. 51) entwickelt.
VIRGINIA SATIR ist Leiterin von Sensitivity-Gruppen. Das sind »Gruppentherapie-Treffen für Gesunde«, in denen man lernen kann, Hemmungen abzubauen, offen und ehrlich zu kommunizieren, übermäßig starre P wieder abzubauen u. a. (s. Kapitel 4).
Der Slogan, der über dem ganzen Bereich des Sensitivity-Training steht, lautet: *Sie müssen nicht krank sein, um gesünder zu werden.*
Gemeint ist hier natürlich dieselbe psychologische Gesundheit, von der wir im Kapitel 2 (Winner und Loser) sprachen.

13. Übung: Rücken an Rücken

Stellen Sie sich zunächst Rücken an Rücken mit einem Partner auf. Beginnen Sie miteinander zu reden. Das ähnelt der Art von Kommunikation zu Hause, wenn die Ehefrau in der Küche kocht und er versucht, mit ihr die finanzielle Lage zu besprechen. Stellen Sie fest: Fällt diese Art der Kommunikation schwer oder leicht? Bei welchen Themen fällt sie schwerer?

14. Übung: Vis-à-vis

Im Anschluß an Übung Nr. 13: Drehen Sie sich nun so, daß Sie sich gegenüber stehen, sehen Sie sich gegenseitig an, *ohne ein Wort zu sprechen.* Was, glauben Sie, denkt und fühlt Ihr Partner? Diskutieren Sie Ihre Gefühle später (s. auch Gefühlsrad) und stellen Sie fest, wie richtig bzw. falsch Ihre Annahmen waren. Stellen Sie auch fest, wie lange Sie so stehen können, ohne sich zu unterhalten. Möchten Sie gerne etwas sagen? Fühlen Sie sich wohl mit längerem Augenkontakt?

15. Übung: Körpersprache

Wieder stellen Sie sich voreinander auf. Sie benützen Augenkontakt sowie Gestik und Mimik. Wie gut können Sie so kommunizieren? Entwickeln Sie so ein Gefühl für die Signale der Körpersprache. Berühren Sie einander auch dabei. Stellen Sie fest, wie weit man so zum anderen »durchkommen« kann.

16. Übung: Nicht-verbale Kommunikation

16a. Wie Übung Nr. 15, nur hier schließen Sie die Augen dabei. Stellen Sie fest, was man durch Berührungen alles ausdrücken kann! Diskutieren Sie Ihre Erfahrungen anschließend und stellen Sie fest: Waren die Erfahrungen der einzelnen Partner ähnlich oder verschieden? Wenn verschieden: Worin lagen die Unterschiede?

16b. Dann sehen Sie sich gegenseitig in die Augen, und sprechen Sie miteinander ohne Gestik, ohne sich zu berühren, so daß nur die Stimme mitteilen kann. Achten Sie auf Stimmlage, Wortmelodie, Tonfall. Bei dieser Übung läßt sich ein feines »Gespür« für die indirekten Nachrichten erlernen, die wir täglich aussenden und erhalten. Diskutieren Sie hinterher, und schreiben Sie sich die wesentlichsten Ergebnisse auf. Machen Sie diese Übung möglichst mit verschiedenen Partnern hintereinander, und notieren Sie die persönlichen Unterschiede.

17. Übung: Totale Kommunikation

Wenn Sie die Übungen 13 bis 16b *einige Male* gemacht haben, fangen Sie mit dieser Übung an. Und zwar sollte diese Übung im Anschluß an eine schnelle Serie aller Übungen 13 bis 16 gemacht werden. Nun sind Ihre Sinne und Ihre Wahrnehmungsfähigkeit besonders geschärft.

Benutzen Sie jetzt *alle Formen der Kommunikation:* Sprechen, Berühren, Gestik, Mimik und Augenkontakt. Stellen Sie fest: Wie fühlen Sie sich? Kommunizieren Sie über positive Dinge? VIRGINIA

SATIR sagt hier: »Die meisten Menschen finden, sie können nicht miteinander streiten, ohne ihre Blicke abzuwenden und physisch zurückzuweichen.« Stellen Sie fest, ob es Ihnen auch so geht. Wenn ja, dann versuchen Sie einmal Ihre Streitigkeiten am Gefühlsrad und mit häufigem Augenkontakt zu besprechen. Sie werden erstaunt sein, wie sehr die aggressiven und weh-tuenden Elemente dabei aus der Kommunikation verschwinden, wiewohl man sich genau das sagt, was »einen drückt«. Eine befreiende Art, Uneinigkeiten aus dem Wege zu räumen . . .

Weitere Übungen zur Körpersprache finden Sie in »Signale des Körpers«, 2. Auflage mvg-Paperbacks.

Die Angst

Über die Angst sagen wir: Sie schnürt uns die Kehle zu . . . Wir haben einen Kloß im Hals . . . Wir halten den Atem an . . . Wir trauen uns kaum zu atmen . . . Sie sitzt uns im Nacken . . .
Was heißt das? Das bedeutet, daß die Angst uns hindert, frei zu sein. Der Volksmund hat das treffend beschrieben. Die Angst aber bewirkt noch mehr: Jede Angstreaktion kostet uns Energien, weil sie den Körper in die bekannte Kampf-Flucht-Position bringt. Das Schlimme daran ist jedoch: Wenn man versucht, sie zu unterdrücken, wird sie schlimmer. Sie wächst. Sie hält an. Sie droht uns zu verschlingen. Manche Autoren meinen, der Mythos von dem Drachen, dem die Köpfe schneller nachwuchsen, als man sie abschlug, könnte eine Verbildlichung der unterdrückten Angst sein.
Das Paradoxe an der Angst aber ist dies: Wenn man sie erkennt und anerkennt (akzeptiert), wenn man sagt: »Und wenn schon, ich habe jetzt Angst«, dann ist die Reaktion gebannt! – Dasselbe gilt für Nervosität (die ja eine Form von Angst ist). – Was heißt das?
Wenn Sie von einer Gruppe, vor einem Chef, vor einem wichtigen Kunden oder vor der Angebeteten stehen, und Sie haben Angst (oder sind nervös), dann wird diese Angst um so schlimmer, je mehr Sie sie zu verbergen suchen. Sie alle haben das irgendwann einmal erlebt. Solange Sie aber unter der Angst leiden, kann Ihr

Körper nicht frei sein. Und in einem unfreien Körper kann der Geist nicht frei agieren. Deshalb sagt man ja auch: Die Angst lähmt die Zunge ... Die wichtigen (gewußten) Dinge, Daten, Fakten, fallen einem vor Angst nicht ein.

Es gibt ein Rezept gegen die Angst!

Die Methode: Wir müssen unterscheiden zwischen einer »kleinen« Angst (oder Nervosität) und einer großen. Damit meinen wir folgendes: Wenn Sie nur »etwas« nervös sind, dann gilt das *Als-ob-Prinzip.*
Wenn Sie aber viel Angst haben bzw. sehr nervös oder unsicher sind, dann gilt das *Prinzip der Flucht nach vorn.*

Das Als-ob-Prinzip

Wie wir bereits besprochen haben, teilt sich die innere Einstellung immer mit. Nervosität ist ein Teil Ihrer inneren Einstellung, weil sie das Bild, das Sie derzeit von sich selbst haben, mitfärbt.
Wenn Sie aber so tun, als seien Sie sicher, und wenn Sie dies nur etwa ein bis zwei Minuten lang aushalten, dann reagieren die anderen so, als wären Sie sicher, und da sich nun das Bild (des Sicheren), das die anderen nun von Ihnen haben, wieder auf Sie überträgt, werden Sie sicher!
Um die Signale, die Ihre Nervosität übermitteln, abzustellen, müssen Sie diese natürlich kennen. Dazu dienen die Übungen 18, 19.
Um die Signale, die Sicherheit ausstrahlen, einzusetzen, müssen Sie auch diese kennen. Dazu dient die Übung 20.

18. Übung: Augenkontakt

Entweder Sie benützen einen Spiegel, weil Sie es nicht gewohnt sind, sich selbst in die Augen zu sehen, oder aber Sie üben mit einer Person, mit der Sie noch selten (oder nie) richtigen Augenkontakt gepflegt haben.

Nehmen Sie ein dünnes Handtuch oder einen großen Schal und binden Sie diesen vor das Gesicht, daß nur Ihre Augen frei bleiben. Alsdann setzen Sie sich bequem vor einen Spiegel oder die andere Person und beginnen den Augenkontakt.

Nach ca. eineinhalb bis zwei Minuten fängt die Sache an, Ihnen unangenehm zu werden. Am Anfang war's interessant, dann aber wird es peinlich.

Nun passiert dasselbe wie in der Praxis: Sie fühlen sich nicht hundertprozentig OK. Je länger Sie die Peinlichkeit aushalten, desto unsicherer fühlen Sie sich. Und nun beobachten Sie sich:

1. Welche Muskeln im Gesicht (besonders Unterkiefergegend) fangen an zu ziehen?
2. Wo sind Ihre Mundwinkel?
3. Spüren Sie das Bedürfnis, den Augenkontakt zu unterbrechen?
4. Was tun Sie mit Ihren Händen?
5. Wo verspüren Sie besondere Verkrampfungen (Nacken und Halsmuskeln, Schultergürtel, Magen und Darm)?

Nach einigen Minuten nehmen Sie (oder Sie beide) das Handtuch ab. Nun, da Sie wissen, daß der andere Sie und Ihre Nervosität besser beobachten kann, werden die Signale noch stärker. (Dasselbe gilt für eine Person vor dem Spiegel.)

Beobachten Sie weiter. Machen Sie hinterher Notizen. Helfen Sie sich anschließend (wenn Sie zu zweit sind oder wenn Sie einen Partner haben, der Sie bei der Spiegelübung beobachtet hat), um dem anderen die Dinge zu sagen, die er (sich selbst betreffend) nicht feststellen konnte.

19. Übung: Peinlich, peinlich . . .

Begeben Sie sich in eine Situation mit vielen Menschen, die Ihnen unangenehm sein wird.

Z. B.: Gehen Sie »aus Versehen« in die Toilette für das andere Geschlecht . . . Sagen Sie zu einem Freund im vollen Café: »He, Paul!« Oder: »He, Maria!« . . . Laufen Sie durch ein großes, sehr gut besuchtes Restaurant und tragen Sie den »Playboy« gut sichtbar unter dem Arm (wenn Sie eine Frau sind). Als Mann können Sie mit einer nicht eingewickelten Packung Damenbinden spazierengehen.

Sowie die Situation überwunden ist, schreiben Sie Ihre Gedanken, Gefühle und Reaktionen sofort auf.

Sie werden erstaunt sein, was Sie dabei alles feststellen (was in der ersten Übung noch nicht zutage getreten war)! Eine Seminarteilnehmerin stellte erst bei der zweiten Übung fest, daß sie, wenn sie nervös wurde, begann, sich sehr auffällig am Kopf zu kratzen. Das wußten natürlich alle Mitarbeiter, Freunde und Bekannten schon lange über sie. Aber für sie war das eine »Erleuchtung«, wie sie sich ausdrückte. D. h., für sie bestand das *Als-Ob-Prinzip* jetzt hauptsächlich darin, auf ihre Hand zu achten und die Impulse, sich am Kopf zu kratzen, zu unterdrücken. Das Am-Kopf-Kratzen war ja nur eines der Signale, die sie bei Nervosität gleichzeitig aussandte. Wenn man eines findet, das für einen charakteristisch ist, hat man sich hinterher »in der Hand«. Allerdings muß noch einmal betont werden, daß dies nur bei leichter Nervosität (Angst, Unsicherheit) anzuraten ist. Auf keinen Fall, wenn man sehr nervös ist. Denn dann teilt sich das der Umwelt immer mit, außer man hat sich seit Jahren darin geübt, Gefühle nicht zu zeigen. In dem Fall trägt man nur noch Masken und versteckt sich hinter starren Rollen, d. h., hier ist das spontane K bereits fast tot (s. Kapitel 4).

20. Übung: Erfolgs-Signale

Jeder Mensch kann irgend etwas besonders gut. Schreiben Sie eine Situation auf, in der Sie sich immer besonders sicher fühlen. Wenn diese Situation das nächstemal eintritt, tun Sie dasselbe wie bei Übung 19. Sowie die Situation vorbei ist, machen Sie eine genaue Inventur. »Wie verhalte ich mich?« Einer unserer Seminarteilnehmer stellte fest, daß er, wenn er sich besonders gut fühlte, sehr aufrecht dastand; wiewohl er im allgemeinen dazu neigte, eine gebückte Haltung einzunehmen. Er ist ein sehr großer Mann und begründet seine geneigte Haltung damit, seine Größe verstecken zu wollen. Trotzdem stellte er fest, daß er »stolz und groß« dastand, wie er es später nannte, wenn er sich besonders gut fühlte. Für ihn galt es beim *Als-Ob-Prinzip*, sich zu zwingen, aufrecht zu stehen.

Wechselwirkung zwischen Psyche und Körper: Genauso, wie ungute Gefühle uns veranlassen, negative Körpersprachensignale zu senden, können positive Signale, zu denen wir uns zwingen, positive Gefühle hervorrufen. Wesentlich ist nur, daß die negativen Gefühle ein gewisses Maß nicht überschritten haben. Deswegen sprechen wir ja auch von der »kleinen« Nervosität, die man mit dem Als-Ob-Prinzip eine kurze Zeit lang »vertuschen« kann. In dem Moment, wo die anderen unser positives Selbst-Bild aufgefangen haben, reagieren sie ja so, als wären wir wirklich so sicher, wie wir uns gerade gegeben haben. Darauf werden wir es.
Ist aber Ihre Angst (oder Nervosität) groß, dann dürfen Sie auf keinen Fall das Als-Ob-Prinzip anwenden. Denn nun überträgt sich auch die große Nervosität auf die anderen. Diese »spüren« es, ohne daß sie erklären können, warum. Wollen Sie nun »schauspielern«, so wird man Sie angreifen. Man wird Ihnen beweisen, daß Sie unsicher sind. Dann also benützen Sie:

Die Flucht nach vorn

Das heißt ganz einfach: Sie geben Ihre Angst, Nervosität oder Unsicherheit einfach zu!

Nichts ist entwaffnender als ein Zugeben dessen, was der andere mir in den nächsten Minuten bewiesen hätte!

Außerdem wirken Sie nun sicherer (größer), als Sie waren, weil wir es bewundern, wenn jemand es sich leisten kann, eine Schwäche, einen Fehler oder eine Unsicherheit zuzugeben. Wir wissen ja, daß unsichere Menschen ihre Unsicherheit immer zu vertuschen suchen, weil unsere Gesellschaft es verlangt. Aber wir bewundern und achten jemanden, der Mensch genug sein kann, einfach zu sagen: »Wenn Sie meinen, ich bin jetzt nervös . . . dann haben Sie recht.«

Also ist dies doch eine Art von Als-Ob-Prinzip, weil Sie so wirken, als ob Sie sich sicher genug fühlen würden, Ihre Unsicherheit zuzugeben. Das Paradoxe an der Methode ist dies:

Entweder es ist jemand von vornherein sicher genug, eine Unsicherheit zuzugeben, oder er wird es, indem er seinem »inneren Schweinehund« einen Schubs gibt, sich überwindet und sie zugibt.

Wenn Ihnen die Information unglaubwürdig erscheint, so sind Sie nicht der einzige, der sie bezweifelt, ehe er sie in der Praxis ausprobiert hat. Im allgemeinen wirkt sie Wunder, es gibt nur eine Ausnahme, und auch für die gibt es ein Gegenmittel.

Von hundert Menschen werden etwa 90 Sie bewundern und achten, weil Sie eine Schwäche zugegeben haben. Die restlichen zehn sind so tief in ihrem weinenden K gefangen, daß sie sich diese Chance, jemanden leiden zu lassen, nicht entgehen lassen können (das Rache-Manöver des weinenden K). Also »hacken sie in die Schwäche«, sie »streuen Salz in die Wunde«, wie man so sagt. Aber: Diese Leute kennt man! Ob sie nun Familienangehörige, Mitarbeiter oder Bekannte sind. Man hat es oft genug miterlebt, so daß man von vornherein sagt: Bei dem darf ich das nicht machen, der wird das ausnützen.

Für diesen Typ gibt es eine feine Methode:

Das Schubkarren-Prinzip

Wenn zwei Kinder mit einer Spielzeugschubkarre spielen und der Ältere lädt diese so voll, wie es nur geht, und sagt dann zum Kleineren: »Wetten, daß du die Karre nicht den Hügel hinaufkriegst?!«, dann wissen Sie ganz genau, was der Kleine nun tun wird.

Dasselbe Prinzip machen wir uns zunutze.

Nehmen Sie an, Sie haben so einen Chef, der Schwächen der anderen ausnützt, sie ihnen immer wieder »hinreibt«, sich daran hochzieht, daß er andere kleiner macht (s. Kap. 5, Abwehrmanöver). Nun haben Sie »Mist gebaut«, es ist Ihnen irgendeine Panne unterlaufen. Sie wissen, daß er die Chance nutzen wird, um Sie mal wieder so richtig »dumm anzureden«. Was machen Sie?

Ein Fallbeispiel:

Sie sagen: Herr Müller, ich muß Ihnen jetzt etwas mitteilen. Allerdings befürchte ich, daß Sie furchtbar schimpfen werden...
(Welcher Chef sieht sich schon gerne als jemand, der »furchtbar schimpft«?)
Chef: Wieso? Bin ich so? Habe ich Sie schon jemals... .
Sie: Mir ist da ein entsetzlicher Fehler unterlaufen, und ich habe Angst, es Ihnen zu sagen...
Chef: Nun sagen Sie schon! Hier wurde noch niemandem der Kopf abgerissen, oder?

Wenn Sie nun erklären, um was es sich handelt, kann er Sie gar nicht »dumm anreden«. Er kann natürlich sagen, daß das sehr schlimm ist (was ja auch wahr ist). Er kann Ihnen klarmachen, daß Sie fahrlässig waren ... Aber er kann nicht mehr ungerecht oder gar ausfällig werden. Denn er hatte ja gesagt, daß er nicht so sei ... Sollte er es trotzdem werden, so können Sie sagen: »Sehen Sie, ich wußte schon, warum ich Angst hatte, es Ihnen zu sagen!« D. h., Sie stehen um einiges besser da.

21. Übung: Die Anti-Schubkarren-Methode

Wenn Sie nun aber am anderen Ende stehen? Wenn Sie einen An-
gestellten, Lehrling, Schüler, Sohn haben, der das schon immer so
macht? Jemand, der diese Methode manipulativ und kalt berech-
nend einsetzt, nicht um sich zu schützen vor übermäßigem Schimpfen, sondern, um sich sogar vor *verdienter Kritik* zu drücken? Was
macht man dann?

Man benützt dieselbe Methode: Wenn die andere Person wieder
einmal die »Formeleinleitung« abgespult hat, sagt man: »Ich habe
den Eindruck, daß Sie das nur sagen, damit ich Sie nicht belangen
kann. Damit Sie dann sagen können: ›Ich habe es ja gleich gesagt!‹«
Denn nun haben Sie den anderen mit seiner eigenen Waffe »ge-
schlagen«. Nun wird er sagen müssen: »Aber nein! Ganz gewiß
nicht. Ich bin selbstverständlich bereit, Ihre Kritik zu hören . . .«

Feedback-Übungen

22. Übung: Geschlossene Frage (2 bis 10 Personen)

Im folgenden finden Sie einige Übungen, die dazu dienen, Feedback zu
üben. Die meisten von uns haben sich noch nie intensiv damit auseinandergesetzt, wie sie dem anderen ihre (Un-)Aufmerksamkeit bzw. (Nicht-)An-
nahme zeigen. Für alle Feedback-Übungen brauchen Sie jedoch Mitspieler.

Wie wir in Kapitel 7 sagten: Eine geschlossene Frage kann nur mit
ja oder nein beantwortet werden.

Diese Art der Fragestellung eignet sich besonders, wenn ein Gesprächspartner Teilinformationen hat, die der andere so schnell
wie möglich »herausholen« soll. Zum Beispiel: Arzt und Patient –
Mechaniker und Hausfrau – EDV-Berater und Programmierer –
Polizist und Zeuge usw.

Geschlossene Fragen sollen *nicht* angewandt werden, wenn der Fragende gar nichts, der andere aber alles weiß. Um zu demonstrieren, daß in dem Fall eine einzige offene Frage wesentlich effektiver wäre, spielen Sie folgendes Ratespiel:

Eine Person liest der anderen folgenden Satz vor:

Ein Mann betritt sein Zimmer, sieht das Sägemehl nicht; und erschießt sich.

Dann liest er die Auflösung dazu (Merkblatt 6):

Dann müssen die anderen raten, warum der Mann sich erschossen hat (s. u.), indem sie nur *geschlossene* Fragen stellen dürfen. Für jede falsch gestellte *offene* Frage gibt's Minuspunkte.

Wenn viele mitspielen, empfiehlt es sich, die Spieler in Gruppen einzuteilen. Jeder Spieler hat jeweils eine Frage. Die Gruppe, die die wenigsten Minuspunkte erhält, gewinnt. Oder, wenn die Minuspunkte gleich sind, die Gruppe, die die Lösung gefunden hat.

Es liegt im Ermessen des Spielleiters, Antworten, die der Lösung nahekommen, als »richtig« zu bewerten. (Vorsicht, daß der kritische P nicht zu überkritischer Einstellung verführt . . .)

Variante 1: Keiner (außer einem Beobachter) darf Notizen machen. (Für jede Frage, die vorher schon einmal gefallen war, gibt's einen Minuspunkt.)

Variante 2: Alle dürfen Notizen machen.

(Die Entscheidung über Variante 1 oder 2 liegt in der Aufgabenstellung. Variante 1: eine Aufgabe, die das logische Denken schult und aktives Mitdenken erfordert. Variante 2: Aufgabe, die nur zum Zweck hat, die geschlossene Frage zu üben.)

23. Übung: Offene und suggestive Fragen (3 Personen)

Lernen Sie offene von Suggestiv-Fragen zu unterscheiden. – Zum Beispiel: Wie gefällt dir die neue CD, die ich aus Düsseldorf mitgebracht habe?

Dies ist eine *offene* Frage, da sie nicht mit ja oder nein beantwortet werden kann.

Sie kann aber zugleich eine Suggestivfrage sein, da eine indirekte Nachricht (Ich hoffe, sie gefällt dir) im Ton impliziert sein kann. Der Unterschied ist oft erst im *Ton* zu erkennen.

Üben Sie folgendes:

1. Person fragt
2. Person antwortet
3. Person stellt fest, um welche Art der Fragestellung es sich handelt. Im Zweifelsfall Entscheidung in der Diskussion.

Nach einigen Minuten werden die Rollen getauscht und später noch einmal, bis alle dran waren.

24. Übung: Suggestivfragen

Zum Beispiel:

a) Halten Sie Saddam Hussein nicht auch für einen selten unangenehmen Zeitgenossen?
b) Sind Sie nicht auch der Meinung, daß alles immer teurer und gleichzeitig immer schlechter wird?
c) Sind wir uns also so weit einig, daß das und das die Basis ist? Können wir von dem Punkt aus noch einmal weitergehen?
d) Sie haben also gesehen, wie der rote Ford den weißen VW rammte?

Bei allen Fragen muß jetzt die Suggestion mit »eingebaut« sein.

Beantworten Sie nach dem Üben folgende Fragen:

1. Benutze ich Suggestiv-Fragen häufig?	Ja ☐	Nein ☐
2. Setze ich sie bewußt manipulativ ein?	Ja ☐	Nein ☐
3. Setze ich sie bewußt motivierend ein, um das Gespräch wieder auf eine Basis zurückzubringen, auf der man sich noch einig war?	Ja ☐	Nein ☐

Lassen Sie sich dieselben Fragen dann von Personen beantworten, die Sie und Ihre Art der Fragestellung recht gut kennen.

25. Übung: Alle drei Fragetypen

Achten Sie besonders auf Mischtypen, d. h. offene bzw. geschlossene Fragen, die zugleich Suggestiv-Charakter aufweisen. Erstellen Sie eine Sammlung von Karteikarten, die wie folgt beschrieben sind:

offen
suggestiv
geschlossen
offen
geschlossen/suggestiv
offen/suggestiv
suggestiv

Auf jeder Karte wird allerdings die Reihenfolge geändert. Pro Spieler: eine Karte.

Nun setzen sich immer zwei, drei oder vier Personen zusammen und üben die Fragestellung in der aufgeführten Reihenfolge.

Zum Beispiel:

Peter: Wie ist denn deine Meinung zur Frage des § 218?
Bärbel: Also, ich meine . . .
Peter: Was für eine Frage war das?
Gruppe: Offen.
Peter: Jawohl!

Der Spieler:

1 stellt die Frage;
2 übt sich im Zuhören, wenn der (die) Gefragte antwortet;
3 überprüft, ob die anderen die Art der Frage erkannt haben;
4 gibt dann zu erkennen, ob er die Meinung der Gruppe akzeptiert.

Hierbei muß sich jeder an die Reihenfolge auf der Karte halten. Nur durch derartige Übungen bekommt man ein Gefühl für

- welcher Fragetyp wie gestellt wird,
- welcher Fragetyp welche Art von Reaktion hervorruft,
- welcher Fragetyp wem am leichtesten fällt.

Selbsterfahrung erweitert sich:

Beim Fragen: Spieler, die einfache offene/geschlossene Fragen ohne jeden Suggestivcharakter bevorzugen, haben einen stark ausgeprägten A (s. Kapitel 4).

Spieler, die immer wieder »aus Versehen« einen Suggestivcharakter in Fragen einbauen, die einfache offene/geschlossene sein sollten, neigen dazu, vom K her zu manipulieren; weil die Suggestivfrage ja den anderen die Antwort »in den Mund« legt.

Bei Antworten: Spieler, die dazu neigen, Suggestivfragen mit der »in den Mund gelegten« Antwort zu beantworten, neigen dazu, den Weg des geringsten Widerstandes zu gehen. Es kostet weitaus weniger Energien, einfach zuzustimmen, als über die Frage genau nachzudenken und eine eigene Antwort zu finden.

26. Übung: Paraphrase

Die Paraphrase zeigt, daß der Spieler dem Gesprächspartner zugehört und ihn verstanden hat. *Paraphrasieren will gelernt sein!* Die meisten von uns werden sich wesentlich schwerer tun, als sie meinen.

Es üben jeweils zwei Spieler (S und E).

S: Sagt etwas zu E. Er sendet eine Nachricht.
E: Paraphrasiert, er gibt die Nachricht mit eigenen Worten wieder.

Einleitungen für die Paraphrase können sein: Darf ich noch einmal rekapitulieren . . ., Wenn ich Sie richtig verstanden habe . . ., Ihrer Meinung nach ist also . . ., Sie stellen also fest, daß . . ., Sie wollen also wissen, ob . . ., Sie fragen mich, ob . . .

Für den Spielleiter:

Üben Sie die Paraphrase zuerst mit einer Person, ehe Sie diese Übung mit einer Gruppe durchführen.

Achten Sie auf häufige Fehlerquellen:

1. Fragen werden als Meinungen ausgelegt.
2. Teile der Nachricht »fallen unter den Tisch«.
3. Behauptungen (oder Vermutungen) werden als Tatsachen hingestellt.

Sie werden erstaunt sein, wie viele »Pannen« es anfangs gibt. Bitte bedenken Sie auch, daß sich jeder bei der Übung Mühe gibt! Wie viele Mißinformationen gehen täglich im Betrieb, in der Familie um, weil man nicht halb so bewußt zugehört hat wie jetzt.
Fazit: Fast jeder muß zuhören erst lernen . . .

27. Übung: Weg einer Nachricht
(Ein Party-Spiel, im Anschluß an die Übung 26 zu spielen)

Sechs Freiwillige gehen hinaus. Dann wählt die Gruppe ein einfaches Bild aus der Zeitung, oder aber man zeichnet eins auf ein Blatt Papier.

Zum Beispiel: Ein Kopf, zwei Blumen und irgendwo die Worte:

Der Hahn ist nicht tot.

Die Spieler werden der Reihe nach einzeln in den Raum geholt.

Spieler 1 bekommt 30 Sekunden, um sich das Bild einzuprägen. – Dann wird *Spieler 2* geholt. Eins erklärt Zwei, was er gesehen hat. Eins setzt sich, 3 kommt. *Spieler 2* erklärt 3, was er gehört hat usf.

Beobachtung: Obwohl man die Paraphrase gerade geübt hat, sieht die Praxis doch so aus, daß 80 Prozent der Spieler keine *Rückkoppelung* vornehmen! Die Verirrungen sind zum Teil sehr lustig. Die Zuschauer dürfen den Spielern nicht helfen.

Beste Methode der Bitte um Feedback: Der Sprecher schiebt sich selbst den »Schwarzen Peter« zu, d. h., er impliziert, daß er sich geirrt haben könnte. Hierbei vermeidet man, daß sich der andere bedroht (kritisiert, nicht-OK) fühlt, so daß er im A bleiben kann. Nur so wird störungsfreies Feedback immer gewährleistet.

Beispiel: Dürfte ich Sie bitten, nochmals zu rekapitulieren, damit ich sehe ob ich Ihnen alles Wesentliche erklärt habe?
Ich hoffe, ich habe nichts vergessen! Könnten Sie's noch mal wiederholen damit ich sicher bin?
Oder so ähnlich.

Wesentlich ist, daß diese Formulierung Ihrer normalen Art, sich auszudrücken, entspricht und nicht wie auswendig gelernt klingt. (Vielleicht erscheint Ihnen das jetzt lächerlich, aber achten Sie einmal darauf, wie die Spieler den Feedback erbitten.)

28. Übung: Aktives Zuhören (Zwei oder mehr Spieler)

Ein Spieler erzählt eine Geschichte von fünf Minuten. Ein anderer übt aktives Zuhören (s. Kapitel 7). – Danach wird diskutiert. Empfand der Erzählende die Äußerungen des anderen als positiv oder negativ? – Hierbei kann passieren, daß ein Spieler sein: Wirklich? - Interessant! – dermaßen *ironisch* (oder sarkastisch) äußert, daß der Sprecher sich abgelehnt statt akzeptiert fühlt.

Alle Feedback-Übungen sollten langsam in die tägliche Praxis übernommen werden.

Alter-Ego

»Alter Ego« kommt aus dem Lateinischen und heißt »das andere Ich«. Alter-Ego-Übungen und -Spiele versuchen in irgendeiner Weise an *einem* Aspekt des anderen zu arbeiten. Erste Übungen bestehen darin, daß der S den E »spielt«, d. h., daß er sich wirklich in die Rolle des E hineinversetzt. Fortgeschrittene Übungen befassen sich mit einem Aspekt der eigenen Psyche, der einem wie das andere Ich innerhalb der eigenen Person vorkommt. Hierbei geht es darum, einzelne Ich-Zustände zu erfassen (s. Kapitel 4) oder *Handlungen, zu denen uns unser* Unterbewußtsein »verleitet« hat, zu verstehen.

29. Übung: Ich bin jetzt du

Diese Übung kann sowohl in einem Zwiegespräch als auch in einer Gruppe gemacht werden. Ein Sprecher versetzt sich in die Lage einer anderen Person. Er beginnt mit: Mein Name ist . . . – Hier setzt er den Namen der Person ein, in die er sich hineinversetzen will. Dann »denkt er laut« im Namen dieser Person. Etwa so:
Das Seminar hatte gestern angefangen. Herr X übt sich darin, Herrn Y zu »erfassen«, d. h., Herr X »ist« jetzt das Alter Ego von Y. Er sagt:
»Mein Name ist Y. Jetzt sitze ich schon seit gestern hier und frage mich, was das alles soll. Ich bin ein sehr skeptischer Mensch. Ich wollte eigentlich gar nicht hierher kommen, aber ich mußte. Ich frage mich noch immer, ob es sich lohnt . . .«
Darauf sagt Herr Y: »Woher wissen Sie denn das? Das habe ich doch keinem Menschen erzählt!«
Herr X: »Das sieht man Ihnen doch an. Ich sitze Ihnen ja genau gegenüber, und mit ein bißchen Beobachtungsgabe merkt man das doch.«

Wesentlich bei dieser Übung ist folgendes:

1. Wenn wir sagen: »Wenn ich Sie wäre, dann würde ich . . .«, meinen wir im allgemeinen in Wirklichkeit: »Wenn ich an deiner Stelle wäre, dann würde ich . . .« D. h., wir sind meist viel weniger in der Lage, uns in den anderen »hineinzuversetzen«, als wir glauben.
2. Wenn wir als Alter Ego die Gedanken oder Gefühle einer anderen Person erraten, helfen uns auch die Fehler, die wir dabei machen, weiter. Denn dann kann die andere Person sagen: »Nein, das stimmt nicht. Ich sehe das ganz anders.« D. h., in dem Prozeß des Alter Ego können wir mögliche Mißverständnisse aus dem Wege räumen, weil der andere die Möglichkeit des Feedbacks hat.

Nach der Übung muß also der Betroffene Feedback geben, ehe er zum Alter Ego für eine andere Person wird.

30. Übung: Ich spiele dir dich mal vor

Wenn wir festgestellt haben, daß einer in der Gruppe eine Angewohnheit hat, die dieser aber nicht wahrhaben will, weil diese Information seinen blinden Fleck betrifft, dann spielt man ihm einmal vor, wie er sich verhält.

Herr Anderson z. B. hatte die Angewohnheit, jemanden nicht ausreden zu lassen, wenn er der Meinung war, er wüßte bereits, was der andere meinte. Er verteidigte dieses Verhalten damit, daß er sagte: »Es spart doch beiden Zeit, wenn ich ihm klarmache, daß ich ihn bereits verstanden habe!« Er wollte nicht einsehen, daß so eine ständige Unterbrechung für den anderen zwei Bedeutungen hat:

1. Ich fühle mich als Person nicht wertgeschätzt, wenn man mich nie ausreden läßt.
2. Ich habe nicht genügend Möglichkeiten, das auszudrücken, was ich wirklich sagen will. So und so oft lohnt es sich nicht, ständig zu sagen: »Nein, so hatte ich das eigentlich nicht gemeint...« Also sage ich nichts.

Nun spielte ein Gruppenmitglied Herrn Anderson vor, wie »das ist«. Anderson mußte diesem Mitglied etwas erklären, worauf ihm dieser als Alter Ego ständig ins Wort fiel, ständig sagte, er habe schon verstanden etc. Nach einigen Minuten vergaß Herr Anderson, daß dies eine Übung war. Er schrie: »Nun laß mich doch einmal ausreden!« In dem Moment, als er dies gesagt hatte, schaute er uns betroffen an. Jetzt verstand er, was die Gruppe ihm vorher vergeblich mitzuteilen versucht hatte.

Es hat einen sehr großen Nutzen, wenn man mal die Kehrseite seines eigenen Verhaltens zu sehen bekommt! Wenn das Verhalten, das der andere mir vorspielt, mein eigenes negatives ist, werde ich es leichter finden, dieses abzubauen. Denn nun habe ich mehr Verständnis dafür, wie sich das für meinen jeweiligen Gesprächspartner »an-fühlt«. Wenn das Verhalten, das man mir als mein eigenes vorführt, positiv ist, so hilft mir gerade diese Übung, das positive Verhalten zu verstärken. Wieder, weil ich gefühlt habe, wie positiv sich das für meinen jeweiligen Gesprächspartner anfühlt.

Wenn Sie jemandem einen wichtigen Punkt seines »blinden Fleckes« auf diese Weise klarmachen wollen, gehen Sie in kleinen Schritten voran. Nicht alles auf einmal, sonst greifen Sie das Bild, das er sich von sich selbst gemacht hat, so frontal an, daß das Resultat kognitive Dissonanz sein muß. Dann aber steht er im Nebel, fühlt sich nicht-OK und ist nicht in der Lage, einen positiven Lernerfolg aus diesem Erlebnis zu erzielen (s. Kapitel 6).

31. Übung: Hot Chair I.

Stellen Sie sich vor, Sie würden einer Person gerne gewisse Dinge sagen, aber Sie haben Angst, daß diese Person negativ reagiert. Oder aber, Sie wollen sich auf ein Einstellungsgespräch mit Ihrem zukünftigen Chef vorbereiten, fürchten aber seine Argumentation.

Hier hilft die Hot-Chair-Übung. »Hot Chair« heißt »heißer Stuhl«. Dies geht folgendermaßen vor sich: *Sie stellen für jede Rolle, die Sie durchspielen, je einen Stuhl auf.* Z. B. einen Stuhl für sich, einen für Ihren zukünftigen Chef.

Nun sitzen Sie auf »Ihrem« Stuhl und sagen: »Grüß Gott.« Dann setzen Sie sich auf den »Stuhl des Chefs« und denken sich eine mögliche Antwort aus.

Daraufhin setzen Sie sich wieder auf »Ihren« Stuhl und antworten.

Auf diese Weise können Sie sehr komplizierte Situationen alleine durchspielen.

Sinn und Zweck:

1. Wenn Sie diese Übung nur »durchdenken« würden, könnten Sie viel schlampiger arbeiten. Hier müssen Sie alle Gedanken laut aussprechen, so daß Sie keine halbfertigen Sätze verwenden können, ohne sich dessen bewußt zu werden.

2. Wenn man eine schwierige Situation einige Male so durcharbeitet, hat man bald so ziemlich alle Gegenargumente, die der andere überhaupt bringen kann, einmal durchgespielt. *Dies führt dann dazu, daß man, wenn man die Situation später tatsächlich durchlebt, viel ruhiger und sicherer ist.* Die meisten Argumente, die kommen können, kann man sofort entkräften, weil man sich damit bereits aktiv auseinandergesetzt hat. Die wenigen, an die man vorher noch nicht gedacht hat, kann man gut beantworten, weil man viel weniger nervös ist, als man es wäre, wäre man »kalt« in dieses Interview gegangen.

3. So und so oft stellen Hot-Chair-Spieler fest, daß sie sich plötzlich in der Rollenverteilung irren. D. h., daß sie die Gegenargumentation als ihre eigene übernommen haben. Dies kann zeigen, daß man eigentlich das Gegenteil von dem will, was man meinte, durchsetzen zu wollen. Ein Spieler, der eine Hot-Chair-Übung machte, um die bevorstehende Scheidung durchzuspielen, stellte plötzlich fest, daß er die Argumentation seiner Frau (bleiben wir doch zusammen, versuchen wir es doch noch einmal) plötzlich zu seiner eigenen gemacht hatte. Daraus sah er, daß er (unbewußt) auch noch zusammenbleiben wollte, daß ihn jedoch sein Stolz zuvor daran gehindert hatte, dies offen zuzugeben (sogar vor sich selbst).

4. Oft kann einem die Gruppe helfen, gewisse Dinge klarer zu sehen. Wenn man diese Übung alleine macht, empfiehlt es sich, ein Tonbandgerät laufen zu lassen. Denn so kann man sich während des Rollenspiels voll und ganz auf die Dialoge konzentrieren, während man die Analyse erst nachträglich durchführt.

Variante: Auf dem anderen Stuhl sitzt ein anderer Spieler. Später wird gewechselt. Auch so bekommt man einen Einblick in die Position des »Gegners«.

32. Übung: Hot Chair II.

Diese Übung verläuft wie Übung 31; nur daß man *sich selbst* mehrmals spielt. Z. B.: Mein K unterhält sich mit meinem P: (s. Kapitel 4).

K: Ich will nicht arbeiten! Ich will jetzt lesen.
P: Du mußt aber!
K: Warum?
P: Du hast versprochen, das Manuskript termingerecht abzuliefern.
K: Ja, leider.
P: Willst du, daß du als unzuverlässig angesehen wirst?

Es handelt sich also darum, die »inneren Dialoge«, die wir mit unserem »Gewissen« oder unserem A führen, zu verbalisieren. Auch hier werden wir gezwungen, unsere Gedankengänge klar auszudrücken, weil wir sie aussprechen müssen.

Diese Übung eignet sich besonders für das Durchdenken von »elterlichen Aufzeichnungen« oder »Vorurteilen«, die man abbauen möchte. Durch wiederholtes lautes Aussprechen beschleunigt man den Umlernprozeß. Das gleiche gilt für jede Verhaltensveränderung, die man sich vorgenommen hat. Man läßt sie durch P immer wieder dem K sagen . . .

Nachwort

Es gibt natürlich noch Hunderte ausgezeichneter Übungen und Spiele, die wir aus Platzmangel hier nicht alle aufzeichnen können. Es war uns wesentlich, einige dieser Übungen und Spiele vorzustellen, so daß Sie erahnen können, wieviel man doch über sich und andere erfahren kann, wenn man zusammen oder allein an sich arbeitet. Wer weitere Spiele finden möchte, der sei auf das Literaturverzeichnis hingewiesen. (Insbes. Nr. 51, 68, 81.)

Außerdem können Sie sich mit etwas Phantasie auch Ihre eigenen Versionen ausdenken. Diese Spiele sollen einer Weiterentwicklung

Ihrer eigenen Persönlichkeit und Kommunikationsfähigkeit dienen. Wenn Sie z. B. feststellen, daß Sie besonders in puncto Motivation schwach sind, dann erstellen Sie Ihre eigenen Motivations-Spiele. Sie entwickeln Übungen, in denen man jemanden darum bitten muß, irgend etwas zu tun. Wenn er sich weigert, muß er begründen, was ihm an der Art, wie Sie ihn gebeten haben, nicht gefallen hat. So erarbeiten Sie allmählich eine gute Motivationstechnik.

Oder aber Sie stellen fest, daß Sie sich immer wieder zu sehr auf die Nachricht und zu wenig auf die Person konzentrieren. Dann erstellen Sie Übungen, in der eine Person einer anderen etwas vorspielt, was diese dann wieder nachspielen muß. Es gibt sehr nette Partyspiele dieser Art. Diese Spiele helfen uns, genauer beobachten zu lernen, d. h., uns auf die Person statt auf die Nachricht zu konzentrieren.

Es sei noch einmal gesagt, daß die Erfolge einer Gruppenarbeit der Einzelarbeit gegenüber größer sind. Wenn es Ihnen irgend möglich ist, sollten Sie die Gruppenübungen mit Familienmitgliedern, Freunden oder Bekannten durchspielen. Oder aber versuchen, am Arbeitsplatz eine Kommunikationsgruppe zu bilden.

Schließlich findet ja auch die Kommunikation in der täglichen Praxis immer mit anderen Menschen statt. Wäre es dann verwunderlich, daß die besten Lernerfolge auch mit anderen Menschen erzielt werden müssen?

Die Tatsache, daß Sie bis hierher gelesen haben, zeigt, daß Sie bereit sind, sich mit Ihrer Kommunikationspraxis aktiv auseinanderzusetzen. Dies allein stellt bereits eine wunderbare Basis für Ihren weiteren Erfolg dar!

Viel Glück und Erfolg!

TEIL III MERKBLÄTTER

Merkblatt 1: Ideal-Bild

Es gibt ein Diagramm, das uns etwas Wesentliches über den sogenannten blinden Fleck aussagt, den wir alle haben. Wir nennen es: das *Johari-Fenster* (nach Luft):

	uns bekannt	uns nicht bekannt	
anderen bekannt	**A**	**C**	anderen bekannt
anderen nicht bekannt	**B**	**D**	anderen nicht bekannt
	uns bekannt	uns nicht bekannt	

Sie sehen also: Teil A unserer Persönlichkeit ist sowohl uns als auch anderen bekannt (z. B. die Tatsache, daß wir zu viel rauchen oder ob wir ehrlich sind). Teil B hingegen ist *uns* zwar *bekannt, anderen* dagegen *nicht* bekannt (z. B. daß wir onanieren). Teil C ist *uns nicht bekannt,* obwohl die *anderen darüber wissen* (z. B. daß wir die Angewohnheit haben, andere häufig zu unterbrechen, daß wir »stur« sind, daß wir geizig sind). Teil D jedoch ist *weder uns noch anderen* bekannt. Hierbei handelt es sich um Dinge, die im tiefsten Teil unseres Unterbewußtseins »vergraben« sind (z. B. ein unbewußter Todeswunsch eines Rennfahrers, der sich dessen genausowenig bewußt ist wie seine Frau, die ihn als besonders lebensfreudig ansieht).

Je mehr wir über uns selbst erfahren, desto größer wird Teil A, während der blinde Fleck (Teil C) kleiner wird. Je offener die Kommunikation mit anderen, desto kleiner wird Teil B, d. h., die Größenverhältnisse der einzelnen Quadranten sind variabel.

Wesentlich für uns ist Teil C: Das ist der *blinde Fleck*, den Sie genauso haben wie jeder andere Mensch auch.

Die Information, daß die Kundin in unserem Beispiel dicker und älter ist, als sie sich zur Zeit sieht, ist Teil von C. Jede plötzliche Konfrontation mit dieser Information muß heftige Abwehrmaßnahmen hervorrufen. Deshalb auch hier die Frage: Ist es wirklich nötig, dem anderen klarzumachen, daß sein Idealbild (ohne Berücksichtigung von C) der Wirklichkeit (wie ich sie empfinde) nicht entspricht? *Wenn nein*, dann unterlassen wir Kommunikation, die den anderen mit der »Wahrheit« konfrontiert. Hätte der Elefant (Einführung) dies gewußt, hätte er sich vielleicht überlegt, ob er dem Löwen seine Schwäche klarmachen mußte.

Wenn ja, dann ergibt sich die zweite Frage: Muß denn unbedingt ich derjenige sein, der den anderen mit seiner C-Information konfrontiert? Nach dem Motto, daß andere die heißen Kartoffeln aus dem Feuer holen sollten. Denn es gibt immer »Elefanten«, die dem anderen mit Freuden klarmachen, wie »klein« er wirklich ist.

Merkblatt 2: Lernen und loben

Jeder Lernprozeß, der nicht von Erfolgserlebnissen begleitet wird, muß scheitern. Beim autodidaktischen Prozeß kann es der beobachtbare Fortschritt sein, den man erkennt. Wenn aber jemand uns unterweist, erwarten wir positive Streicheleinheiten von ihm, die uns zeigen, ob wir es »richtig« und/oder »gut« gemacht haben. Diesen Prozeß nennen wir eine *positive Verstärkung des Verhaltens*.

Wollen wir hingegen erreichen, daß der Lernende eine gewisse Tätigkeit nicht mehr so ausführt wie bisher (z. B., daß Karl die Ringe in Zukunft nicht mehr schlampig, sondern sauber einlegt), so meinen wir oft, daß wir unser Ziel am schnellsten erreichen, wenn wir das falsche Verhalten bestrafen. Dies aber stimmt nicht, denn lernpsychologisch gesehen bedeutet Strafe eine *negative Verstärkung des Verhaltens*.

Warum löscht Strafe das Verhalten nicht? Weil wir Anerkennung brauchen und weil negative Anerkennung besser ist als gar keine. Wenn sich jemand über uns ärgert und uns bestraft, so setzt er sich doch immer noch mit uns auseinander. Deswegen erreicht eine Mutter, die ihr Kind (jedesmal, wenn es die Tür laut zuknallt) anschreit, nicht, daß sich sein schlechtes Verhalten ändert. Strafe kann Angst vor der Strafe bewirken, wenn die Strafe hart genug ist. Aber sie löscht das Verhalten nicht (sie veranlaßt einen höchstens, sich nicht mehr erwischen zu lassen). Ein Löschen wird am schnellsten durch Nichtbeachtung erreicht. Denn: Eine Tätigkeit, die einem weder positive noch negative Beachtung einbringt, lohnt sich nicht! Allerdings haben wir nicht immer die Energien frei, um falsches Verhalten zu übersehen. Dann zwingen wir den anderen mit Strafe, weil dies nicht so viel Kraft fordert und uns nicht zwingt, uns so intensiv mit ihm auseinanderzusetzen. Wenn Sie aber das Verhalten eines Familienangehörigen in einer wesentlichen Angelegenheit verändern wollen, sollten Sie überlegen, ob Sie es schaffen könnten, diesem Verhalten mit Nicht-Beachtung zu begegnen. Eltern wissen dies ja auch, wenn sie das Sich-Aufspielen ihrer Kleinen mit einem »Nicht hinsehen!« an ihre Gäste beantworten.

Für jeden positiven Lernerfolg ist jedoch das *Lob* unabdinglich. Allerdings sollte man hier noch wissen, daß *unregelmäßig* angebrachtes Lob wesentlich wirksamer ist als regelmäßiges. Ein Chef, der jeden Tag um 9.20 Uhr durch den Betrieb geht und ein paar positive Streicheleinheiten austeilt, erreicht wesentlich weniger als ein Chef, der mal morgens, mal nachmittags durchgeht.

Je unsicherer der Lernende jedoch noch ist, desto prompter muß das Lob der erbrachten Leistung folgen. Erst wenn der Lernende anfängt sicher zu werden, darf man das Lob unregelmäßig einsetzen.

Für jemanden, der sich häufig in der Situation befindet, andere zum Lernen neuer Verhaltensmuster zu bewegen, sei auf das Literaturverzeichnis Nr. 12 verweisen.

Merkblatt 3: Entwicklung von FREUDS 2. Theorie des psychologischen Apparates zu BERNES System der Strukturellen Analyse

Der Mensch wird – nach FREUD – von drei Instanzen seiner Psyche gelenkt, dem *Es,* dem *Überich* und dem *Ich.*

Geboren wird das Es. Es beinhaltet die »primitiven« biologischen Triebe, sowie die später gelernten Antriebe, die von zweierlei Art sein können:

Konstruktive Triebe, besonders sexueller Art (Libido) und grundlegende Lebensenergie. Diese Triebe helfen dem Organismus, sich *positiv* auszudrücken. (Mit »sexuell« meinte FREUD *alles Angenehme,* alles, was für den Körper mit Lustgefühlen verbunden ist, angefangen mit Anreizaufnahme aus der Umwelt bis hin zur Kreativität.)
Destruktive Triebe, die sich in Richtung Aggression, Zerstörung und zuletzt Tod bewegen. Diese Triebe sind *negativer* Natur.
Laut FREUD sind alle Triebe und Antriebe mit Energie besetzt, da sie sich sonst nicht durchsetzen könnten. Es stehen die Lebensenergien mit den Todesenergien (Todeswunsch) im Widerstreit.

Das *Es* wirkt nach dem Lustprinzip und kümmert sich daher nur um die *sofortige Bedürfnisbefriedigung aller Art.* Es kümmert sich nur um sich selbst. Für das Es existieren weder moralische noch andere Überlegungen irgendeiner Art.

Da die Umwelt das Verhalten eines Säuglings (das vorerst nur vom Wollen des Es bestimmt wird) modifiziert, entsteht langsam das *Überich.*
Das Überich ist die seelische (psychische) Manifestation aller Ge- und Verbote, aller Tabus, sowie der sogenannten Moral einer Gesellschaft. Dies ist der Programmierungseffekt, der nur zustande kommen kann, weil das Kleinkind, das ja noch keine Maßstäbe kennt, versucht sich anzupassen. Durch diese Anpassung hofft es, sich gute Behandlung zu erarbeiten. Es ist allerdings notwendig, daß der Säugling belohnt wird, wenn er gefällt.

Der Volksmund nennt das Überich das *Gewissen*. Es wird ein fester Bestandteil der Psyche und so mitverantwortlich für die Erhaltung des SWG eines Individuums (s. Kapitel 1).

Also, der Mensch besteht aus dem Es, seinem genetischen Erbgut, seinen Trieben, Antrieben, Anlagen und Energien – und dem Überich, dem Resultat seiner Umweltprogrammierung. (Triebe sind angeboren, Antriebe werden später gelernt. Doch auch sie sind dann im Es lokalisiert. Wir verteidigen unseren Statusanspruch [Antrieb] mit denselben Energien und denselben Manövern wie unseren Trieb zu überleben.)
Als Vermittler zwischen diesen beiden Instanzen entwickelt sich nun die dritte: Das *Ich*.
Das Ich vermittelt zwischen den *Anforderungen des Es* und den *Verboten des Überich*. Das Ich richtet sich dabei nach den Realitäten der Umwelt, die es analysiert. Das Es *fühlt* (Emotio), das Überich *verbietet, zensiert* und *restringiert* das Wollen des Es. Aber das Ich *denkt* (Ratio). Im Ich entwickelt sich der Intellekt, um so dem Individuum zu helfen, in dieser Welt zurecht zu kommen. FREUD ordnet das Ich dem *Realitätsprinzip* zu, weil es immer versucht, mit der Realität fertig zu werden, obwohl das Es fordert und das Überich verbietet. Ist die Zahl der Verbote zu groß, schränkt dies die analytische Fähigkeit ein. Es kann dem Ich sogar verboten sein, die Realität wirklichkeitsgetreu zu sehen... Muß das Es andererseits unter zu vielen Verzichten leiden, gibt es nicht genügend Energien für die analytische Fertigkeit an das Ich ab, weil es zu sehr »mit sich« beschäftigt ist (s. Energien, Kapitel 4).

Kommen wir zu BERNE. Während FREUDS Dreiteilung der Psyche ein theoretisches Denkmodell darstellt, betonte BERNE immer wieder, daß die *Ich-Zustände* realistische Instanzen seien. Er begründete dies mit der Tatsache, daß *Ich-Zustände* beobachtbar seien, da man einen Menschen nur anzuschauen oder anzuhören brauche, um zu wissen, in welchem *Ich-Zustand* er sich momentan befinde. (Vgl. Beschreibungen am Anfang von Kapitel 4.)

Außerdem brachte BERNE Aspekte ein, die bei FREUD fehlen, so die zärtliche (fürsorgende) Liebe einer Mutter.

FREUDS Es wird bei BERNE zum K. Im K liegen also die Gefühle sowie das Durchsetzen-Wollen der eigenen Bedürfnisse. Daher liegt auch die Manipulation im K, da der Manipulierende sich nicht um die Bedürfnisse des Manipulierten kümmert (s. Literaturverzeichnis Nr. 9 und 41). Das K fühlt sich: OK oder nicht-OK, akzeptiert oder nicht akzeptiert, beschuldigt, verletzt, erfreut, traurig, glücklich, deprimiert, überlastet usf.

Wenn also jemand unser SWG angreift, so muß er immer mit verteidigenden (oder angreifenden) Abwehrmanövern des K rechnen.

BERNES P ist FREUDS *Überich* weitgehend gleichzusetzen; nur dürfen wir hier den *liebevollen* P (die »mütterliche« Liebe und Sorge um jemanden) nicht vergessen. Weiterhin sind im P natürlich alle starren, festeinprogrammierten Einstellungen und inneren Haltungen (einschließlich Vorurteile) lokalisiert. Die Sturheit einer Person kann also vom P geleitet werden, kann jedoch auch das Beharren auf einer Bedürfnisbefriedigung oder das Festhalten eines Bildes sein, durch dessen Aufgeben das K sich bedroht fühlen würde.

Der P drückt sich häufig aus im

Beraten, im Sinne von: Laß mich dir helfen . . ., Belehren, im Sinne von: Ich kann (weiß) das besser . . ., Helfenwollen, im Sinne von: Komm her, du kannst das sowieso nicht . . ., Einmischen, im Sinne von: Wenn du das alleine machst, geht das bestimmt schief . . .

BERNES A ist dem *Ich* von FREUD völlig gleichzusetzen. Er manifestiert sich in: denken, fragen (sachlich), antworten (sachlich), Ursachen suchen (während P den Schuldigen sucht), Logik, Fakten sammeln, sortieren, analysieren, speichern*, Entscheidungen treffen.

Zum letzten Punkt muß noch gesagt werden, daß diese Entscheidungen von P oder K beeinflußt werden können. Die Analyse läuft ähnlich wie im letzten Absatz der FREUD-Darstellung.

* Fußnote, siehe nächste Seite.

* Die Forschungen von WILLIAM PENFIELD u. a. haben ergeben, daß Erinnerungen in einem 3-Spur-System gespeichert werden. D. h., daß eine Erinnerung in der ersten Spur das »Bild« speichert, in der zweiten Spur weitere Stimuli (Anreize auf Sinnesorgane) und in der dritten Spur – fest dazugehörend – *die Gefühle, die mit der Erinnerung verbunden waren.* FREUD dachte noch, daß, wenn man eine Erinnerung später durch Hypnose hervorbrächte, diese dann neutral bzw. relativ »objektiv« sein könne. Dies ist aber falsch. Da das Gefühl unmittelbar mit der Erinnerung verknüpft ist, ergibt ein Sich-Erinnern genau denselben subjektiven Eindruck, den man damals hatte.

Was uns heute besonders interessiert, ist die Tatsache, daß es passieren kann, daß alte Erinnerungen nur *unvollständig* wieder auftauchen können. D. h., daß ein »altes Gefühl« in uns »hochkommt« (aus dem Unterbewußtsein), wiewohl das dazugehörende »Bild« völlig fehlt. Da aber Gefühle im K (bzw. *Es*) liegen, wird nun das K (unbewußt) das Analysieren von neuen Informationen mitbeeinflussen. D. h., es ist durchaus wahrscheinlich, daß es dem Menschen *nie* möglich sein wird, völlige Objektivität zu erreichen. Dies bedeutet gleichfalls, daß das K wesentlich beteiligter ist, als man wahrhaben kann oder will.

Diesem Umstand wurde in der Psychologie bereits Rechnung getragen, als man von *unbewußten Motiven* sprach, welche unser Tun und Lassen in entscheidendem Maße mitbeeinflussen, ohne daß wir es wüßten oder ändern könnten.

Merkblatt 4: Zwei Experimente zum Bildermachen

Erstes Experiment: Zwei Gruppen von Jugendlichen in den USA wurden je mit einem Schalter bzw. einem Relais bekannt gemacht:

Gruppe S erwarb die Fähigkeit, einen elektrischen Schaltkreis zu installieren, dabei lernte sie einen *Schalter kennen.*

Gruppe R lernte einen elektrischen Schaltkreis vervollständigen, dabei lernte sie ein *Relais kennen.*

Kurz darauf wurden die Mitglieder der beiden Gruppen einzeln vor folgendes Problem gestellt: In einem Raum hingen zwei Schnüre von der Decke herab. Diese galt es zusammenzubinden. Allerdings waren sie so weit voneinander entfernt, daß die Versuchsperson nicht beide zugleich anfassen konnte (Abb.1).

Abb. 1

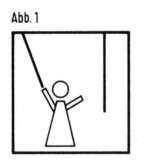

Abb. 2

Die Aufgabenlösung schloß die Benutzung eines Schalters oder eines Relais (beide auf einem Tisch liegend) mit ein. Die Versuchsperson band also einen Schalter bzw. ein Relais an die eine Schnur. Diese ließ sich nun wegen des Gewichts zum Pendeln bringen. Damit konnte man die eine Schnur halten, die andere »fangen«. So wurde die Lösung der Aufgabe ermöglicht (Abb. 2).

Welche Gruppe, meinen Sie, benützte den Schalter, welche das Relais als Gewicht?

Ihre Antwort: Gruppe S, die vorher mit dem Schalter gearbeitet hatte, benützte . . . .
Gruppe R, die vorher mit dem Relais gearbeitet hatte, benützte

. . . .

Die richtige Antwort lautet: Jede Gruppe hatte nur *ein* Bild davon, was ein Schalter bzw. ein Relais ist. Somit entsprach es nicht diesem neu erworbenen Bild, den Gegenstand als »Gewicht« zu benützen.
Folglich benutzte jede Gruppe den Gegenstand, von dem sie sich noch *kein* (funktionsgebundenes) *Bild* gemacht hatte, als Gewicht! (Also: Gruppe S benützte das Relais, Gruppe R hingegen den Schalter als Gewicht.)

Ein zweites Experiment demonstriert, wie sehr sich das Bild, das wir uns von uns selbst machen, anderen mitteilt.

Eine Universität in den USA veranstaltete einen Redner-Wettbewerb. Die Sprecher kamen alle von einer Nachbaruniversität. Sie wurden in zwei Gruppen aufgeteilt.

Gruppe eins willig	Gruppe zwei unwillig
Diese Gruppe bestand aus Leuten, die vorhatten, später als Redner ihr Geld zu verdienen. Also Studenten, deren Ausbildung sie auf folgende Berufe vorzubereiten hatte: Lehrer und Trainer Radio- oder Fernseh-Sprecher Schauspieler Pfarrer u. a.	Diese Gruppe bestand aus Leuten, die einen Redekurs als Pflichtfach absolvieren mußten, obwohl sie nicht vorhatten, jemals in einer Tätigkeit zu arbeiten, die öffentliche Reden vor Gruppen miteinschloß. Diese Gruppe wurde gezwungen, am Experiment teilzunehmen, da die Teilnahme am Wettbewerb als Klausur gerechnet wurde.
Das Selbst-Bildnis dieser Redner: Ich kann vor Gruppen sprechen. Ich habe etwas zu sagen. Ich kann mich ausdrücken. Ich werde gut abschneiden. Ich bin voller Zuversicht. Ich bin sicher.	Das Selbst-Bildnis dieser Redner: Ich kann nicht vor Gruppen sprechen. Ich kann mich nicht gut ausdrücken. Ich werde nicht ankommen beim Publikum. Ich habe Angst. Ich bin unsicher.
Sie fühlten sich »groß« genug und damit der Aufgabe gewachsen.	Sie fühlten sich »zu klein« und damit der Aufgabe nicht gewachsen.

Die Zuschauer wußten nicht, daß die Hälfte der Sprecher unfreiwillig auftrat.
Sie bekamen Fragebogen zur Beurteilung jeden Redners.

Eine Frage auf den Fragebogen lautete: »Wie groß schätzen Sie die Sprecher ein?«

Dazu muß gesagt werden, daß alle Bewerber männliche Studenten waren und daß Amerikaner sehr geübt sind, die Körpergröße eines Mannes einzuschätzen, weil eine der ersten Fragen, die sich beim Begutachten eines Mannes auftun, lautet: Was für ein Ballspieler könnte er sein? Football, Baseball, Basketball, Kicker?

Das überraschende Ergebnis des als Rednerwettbewerb getarnten Versuchs war folgendes:

Die Redner der Gruppe eins (willig) wurden alle um 3–6 Zoll größer eingeschätzt, als sie in der Tat waren.
Die Redner der Gruppe zwei (unwillig) wurden alle um 3–6 Zoll kleiner eingeschätzt, als sie wirklich waren.

Man erkennt, daß die Zuschauer mehr auf das Selbst-Bildnis (d. h., auf die innere Einstellung) des Redners reagierten als auf das Real-Bild.

Besonders interessant war ein Nach-Versuch: Man zeigte einer Gruppe von nicht beteiligten Leuten die Fernsehaufzeichnung des Experimentes, jedoch ohne Ton. Mühelos gelang es den Zuschauern, die Redner richtig der Gruppe eins oder zwei zuzuordnen.

Die innere Einstellung drückt sich also auch körpersprachlich deutlich erkennbar aus.

Wir machen uns ein Selbst-Bild und natürlich auch ein Bild von anderen.

BERNE sagt sogar: Wir lieben *nicht die Person*, sondern *das Bild*, das wir uns von der Person gemacht haben; wir hassen *nicht die Person*, sondern *unser Bild* von ihr.

Über die Bereitschaft, Bilder auszutauschen, sagt BERNE: Obwohl man seine Bilder langsam verändert, mag man es nicht, wenn andere versuchen, einen Bilderaustausch zu veranlassen, solange man (noch) nicht bereit ist. Deshalb schreien Leute und werden ängstlich.

Merkblatt 5: Fragen zum Selbstporträt

1. Wie groß haben Sie sich gezeichnet? Wie ist das Verhältnis der gezeichneten Figur zur Blattgröße? Haben Sie sich ins Zentrum oder in eine Ecke gezeichnet? Was schließen Sie daraus?
2. Haben Sie sich aktiv oder passiv dargestellt? Stehen, sitzen oder liegen Sie auf der Zeichnung? Rennen, springen oder hüpfen Sie?
3. Haben Sie sich versteckt, indem Sie sich in einem Wagen sitzend oder hinter einer Mauer stehend gezeichnet haben? Wenn ja, warum?
4. Schaut Ihr Selbst-Bild der Welt und dem Betrachter offen in die Augen? Sind die Augen geschlossen oder gar abgewandt? Was schließen Sie daraus?
5. Glauben Sie, daß Ihr Selbst-Bild Ihre innere Einstellung, die Sie sich selbst gegenüber haben, wiedergegeben hat?
6. Wenn Sie Ihr Selbst-Bild längere Zeit nachdenklich betrachten, kommen Sie dann zu dem Schluß, daß Sie sich selbst eigentlich recht positiv oder negativ sehen?
7. Wenn Sie sich OK sehen, freuen Sie sich! Haben Sie aber ein Nicht-OK-Bild von sich, so lernen Sie sich positiver darzustellen.

Übung zur Positivierung des Selbst-Bildes:

Lernen Sie, die ganze Seite für sich in Anspruch zu nehmen. Das dürfen Sie nämlich! Lernen Sie, sich so zu zeichnen, daß Ihr Selbst-Bild der Welt offen ins Auge blickt! Lernen Sie, sich so zu zeichnen, daß Ihr Selbst-Bild einen positiven Eindruck auf den Betrachter macht. Zeichnen Sie dann dieses positive Selbst-Bild täglich mindestens einmal! Sie werden feststellen, daß Ihr Selbst-Bild an bedrückten Tagen dazu neigt, bedrückt zu wirken, wenn Sie sich nicht zwingen, sich bewußt positiv darzustellen.

Es gibt eine Wechselwirkung zwischen Stimmung und Selbst-Darstellung.

Je positiver Sie sich fühlen, desto positiver stellen Sie sich selbst dar. Dieses positive Bild wird dann auch (unbewußt) auf andere übertragen.

Aber: Je positiver Sie sich selbst darstellen, desto positiver wird auch Ihre innere Einstellung, die sich dann auch wieder auf die anderen überträgt, so daß die positiveren Umweltreaktionen Ihnen noch mehr helfen, positiver zu werden.

Hier gilt auch das Als-ob-Prinzip. Tun Sie so, als ob Sie die letzte Aussage glaubten, und lernen Sie sich positiv darzustellen. Machen Sie dann täglich mindestens eine positive Zeichnung. Sie werden bald sehen, daß Sie beginnen, sich tatsächlich positiver zu fühlen!

Merkblatt 6: Auflösung zu Übung 22

Der Mann war Liliputaner. Er arbeitete mit zwei anderen Liliputanern im Zirkus. Er war der Kleinste der drei und damit der Star. Er hatte sich mit seinem Los abgefunden, weil er der Star sein konnte; er hatte den größten Status und bekam die höchste Gage.

Nun hatte einer seiner Rivalen die 4 Tischbeine seines Tisches (mit einer Säge) verkürzt, war jedoch in der Eile nicht mehr dazugekommen das Sägemehl wegzuräumen.

Unser Star setzte sich wie üblich (meinte er) an seinen Tisch, bemerkte den Größenunterschied und zog (weil er das Sägemehl nicht sah) die falsche Schlußfolgerung: Er meinte, er habe plötzlich angefangen zu wachsen (was bei Liliputanern möglich, wenn auch selten ist).

Somit lief er Gefahr, seinen Star-Status zu verlieren. Er würde zu sehr darunter leiden, »nur« einer von vielen Liliputanern zu sein. Er erschoß sich.

Weitere Übungen dieser Art können Sie sich selbst ausdenken.

ANHANG

Kleines Lexikon

A

Einer der drei → Ich-Zustände. Im A liegt das analytische Denken, Schlußfolgerungen ziehen und Entscheidungen treffen. Der A sammelt und verwertet Fakten, Daten, Informationen (s. Kapitel 4). → K, → P.

Aggression

Aufgestaute Energie, die sich plötzlich manifestiert, d. h. äußert. Dies geschieht oft in Form eines Angriffs oder einer »Abreaktion« (z. B Faust auf den Tisch schlagen).

Aggression, verschobene

Angriff oder Aggression wird auf eine Person ein Tier oder eine Sache gerichtet, die mit der Auslösung derselben nichts zu tun hatte. Z. B. Vater schimpft Sohn, der dann seinen kleinen Bruder verhaut.

Anerkennung

→ Stroke → Streicheleinheit

Bedürfnis

Ein Bedürfnis entsteht, weil der Organismus unbefriedigte Triebe und Antriebe hat.

Bedürfnisturm

Eine Weiterentwicklung (des Autors) von MASLOWS Hierarchie der menschlichen Bedürfnisse. Hier teilt man alle Bedürfnis-Kategorien in 5 Stufen ein:
1. Stufe: Grundbedürfnisse
2. Stufe: Sicherheitsbedürfnisse (1 und 2 sichern das physiologische Überleben)
3. Stufe: Zugehörigkeitsbedürfnisse (soziale)
4. Stufe: Anerkennungsbedürfnisse (Status, Macht Geltung. 3 und 4 sichern das psychische Überleben)
5. Stufe: Die sogenannten »höheren Bedürfnisse« Selbstverwirklichung.
N. B. MASLOW nannte die 2. und 3. Stufe zusammen *Liebe* und stellte fest: Je größer das → Defizit auf Stufen 2 und 3, desto ausgeprägter werden die Bedürfnisse der 4. Stufe (→ Kompensation).

Bild	Wir denken in Bildern (Kapitel 6). Wir »machen uns ein Bild« von uns selbst (→ Selbst-Bild), vom anderen, von einer Sache (Meinung). Alle Bilder sind mit Energien und Emotionen behaftet und stellen daher eine große Investition dar, die der Organismus zu verteidigen trachtet (→ Kognitive Dissonanz, → Nebel).
Defizit	Mangel. Ein Defizit ist etwas, das fehlt. Z. B.: Ein Defizit an positiven Streicheleinheiten (→ Stroke) führt zu Nicht-OK-Gefühlen. Ein Defizit auf den Stufen 2 und 3 des → Bedürfnisturms führt zu besonders hohen Ansprüchen der Stufe 4.
Elterliche Aufzeich-nungen	Besonders starr einprogrammierte Vorurteile, Einstellungen, Haltungen, Ge- und Verbote aller Art (s. → P, → Transaktionale Analyse). Z. B.: Man muß immer pünktlich sein! Am Sonntag muß man in die Kirche gehen!
Emotion	Gefühl, im Gegensatz zur → Ratio, dem Intellekt.
Eros	In diesem Text: Die zwischenmenschliche Beziehung in einer Partnerschaft. Eros vermittelt das Gefühl: Ich bin als Partner OK. Eros und → Sex ist ein *Doppelfaktor,* der (mit) zur Erhaltung des Selbstwertgefühls (SWG) beiträgt (s. Kapitel 1).
Feedback	Rückkoppelung; »Echo«, Antwort bzw. Antwortreaktion unserer Umwelt, die uns zeigt, wie sie uns sieht. Feedback gibt dem anderen das Gefühl, verstanden oder nicht verstanden, akzeptiert oder nicht akzeptiert zu sein (s. Kapitel 7). Die Umwelt ist ein »Spiegel«; alle Umweltreaktionen bedeuten Feedback, und sie helfen uns verstehen, wie andere uns sehen und was sie von uns und unserer Meinung halten.
Frage, geschlossene	Eine geschlossene Frage ist eine Frage, die immer nur mit ja oder nein beantwortet werden kann. Z. B.: »Hast du die Fenster zugemacht?«

Frage, offene	Eine offene Frage ist eine Frage, die nie mit ja oder nein beantwortet werden kann. Z. B.: Wie geht das? Wer hat das getan? Wie gefällt dir ...? Warum ...?
Frage, Suggestiv-	Eine offene oder geschlossene Frage mit Suggestiv-charakter, d. h.: In der Frage ist bereits eine Meinung oder ein »Tatbestand« mit »eingebaut« (s. Kapitel 7). Ein Beispiel: »Sind wir uns so weit einig, daß wir einen Club gründen wollen?« N. B. Die Verantwortung für die Beantwortung einer Suggestivfrage liegt mehr beim Fragenden als bei demjenigen, der antwortet.
Ich-Zustand	Ein Ich-Zustand ist ein Aspekt der Persönlichkeit. BERNE nannte deren drei: Der einprogrammierte Teil → P, der analytische Teil → A, mit dem wir denken, und der kindliche Teil unserer Psyche → K, in dem unsere Gefühle lokalisiert sind (Entwicklung von Freuds Theorie zu Berne).
Indirekt	→ nicht-verbal, → Sprache
Internalisierung	Einverleibung. Das Kleinkind internalisiert (akzeptiert innerlich) die Ge- und Verbote der Umwelt; so entsteht das Gewissen. Diesen Prozeß nennt man Sozialisierung, weil erst er es dem Menschen erlaubt, in einer Gesellschaft zu leben.
K	Einer der drei → Ich-Zustände. Im K liegen unsere Gefühle. Wir unterscheiden das fröhliche K: lachen, sich freuen, spielen (im Sex »spielt« das K) und das weinende K: schmollen, trotzen, Neid, Abwehrmanöver, → Manipulation. → A, → P.
Kognitive Dissonanz	Ein (1957) von L. FESTINGER geprägter Begriff für das »Aufeinanderprallen« von zwei → Bildern, die miteinander nicht vereinbar sind. Kognitive Dissonanz erzeugt psychologischen → Nebel und → Vorbeschäftigung. Bei kognitiver Dissonanz reagiert oft das → K mit Abwehrmanövern.
Kommunikation	Eine *erweiterte* Mitteilung. Wir meinen dabei: miteinander reden, nicht miteinander reden,

aneinander vorbeireden,
andere überreden, → Manipulation und → Motivation,
Informationen austauschen (weitergeben),
Informationen zurückhalten,
Signale der Körpersprache aussenden (Kopfnikken), → indirekt, → Feedback, → Fragen, → Paraphrasen und → Sprache.

Kompensation

Der Versuch, ein → Defizit auszugleichen: Fehlende innere Sicherheit soll durch vorgetäuschte äußere Sicherheit (Angeben, Aufblasen) kompensiert werden.

Liberal

frei, dem anderen gewisse Freiheiten zugestehend. Erkennen, daß es nicht nur eine universale Wahrheit gibt, die für jeden Gültigkeit haben muß. Anerkennen, daß ein Zulu sich anders verhalten wird als ein Wiener, ohne daß man das Verhalten des einen als »falsch«, das des anderen jedoch als »richtig« ansehen kann. Unsere liberalen Anschauungen sind Bilder. → tolerant.

Loser

Ein von BERNE geprägter Begriff für jemanden, der sich meist nicht-OK fühlt. Ein Individuum mit einem ausgeprägten weinenden → K in sich (→ Transaktionale Analyse). Gegenstück: → Winner.

Lustprinzip

Nach S. FREUD: Der Organismus will seine Bedürfnisse befriedigen. Jede Befriedigung registriert er als Lustgefühl, jede Verhinderung einer Befriedigung jedoch als → Unlust(-Gefühl).

Manipulation

Jemanden veranlassen, meine Bedürfnisse zu befriedigen, wobei die Bedürfnisse des Manipulierten nicht berücksichtigt werden, Gegenstück: → Motivation.

Moral

das »kollektive Gewissen« einer Gemeinschaft.

Motiv

Ein Motiv ist das »Etwas«, das den Organismus veranlaßt (motiviert), sich so zu verhalten, daß seine → Bedürfnisse befriedigt werden. Dieses Verhalten soll zu einem Ziel – der Bedürfnisbefriedigung – führen. Z. B.: *Trieb* (Nahrungsaufnahme) liefert *Motiv* (Essen-Wollen). Dieses ergibt das *Ziel* (Sättigung). Dieses wird erreicht durch *Verhalten* (Essen).

Motivation

Jemanden veranlassen, ein altes Verhalten(-smuster) zugunsten eines neuen – von mir gewünschten – *aufzugeben*. Bei Motivation haben alle Beteiligten einen Gewinn, im Gegensatz zur → Manipulation.

Nebel

Wenn Hans die Bilder, die sich Maria im Laufe der Zeit gemacht hat, angreift, so entsteht bei Maria eine → kognitive Dissonanz. Diese führt nun zu einem psychologischen Nebel, weil sie seine Erklärung nun nur noch teilweise wahrnimmt. Sie ist jetzt nämlich → vorbeschäftigt, d. h. sie ist innerlich damit beschäftigt, an ihrem Bild »festzuhalten«.

Nicht-verbal

Nicht-verbale Kommunikation besteht aus Mitteilungen, die ohne Worte (bzw. »zwischen den Zeilen«) mitgeteilt wurden ... Statt ja zu sagen, nickt man mit dem Kopf. Statt zu sagen: »Ich akzeptiere dich nicht«, sagt man: »Du wirst noch viel lernen müssen in deinem Leben.« Die indirekte (nicht-verbale) Nachricht, die meist durch Mimik und Gestik noch unterstrichen wird, lautet: Du bist nicht OK genug! → Feedback.

P

Einer der drei → Ich-Zustände. Im P liegen »einprogrammierte«, gelernte, übernommene, → *internalisierte* Ge- und Verbote, Meinungen, Vorurteile, Tabus etc. Wir unterscheiden den kritischen P (Vorurteile, Werturteile) vom liebevollen (zärtliche Liebe, Fürsorge). → A, → K.

Paradox

Eine Information, die dem sogenannten »gesunden Menschenverstand« zu widersprechen scheint, wiewohl sie wahr ist.

Paraphrase

Man gibt die Nachricht eines anderen in eigenen Worten wieder (im Gegensatz zum Zitat).
Z. B.: Hans: Das Kleid steht dir gut, Maria!
Maria: Du findest also, daß ich in dem Kleid gut aussehe?

Ratio	Intellekt (im Gegensatz zur → Emotion, dem Gefühl).
Reminiszenz	Passiver Lernerfolg, der sich in der Zeit einstellt, in der man sich mit einem Lernziel nicht aktiv auseinandersetzt. Z. B.: Januar/Februar/März: Französisch-Kurs April/Mai: Ferien Juni: Beginn des nächsten Kurses. Oft stellt man fest, daß viele Grammatikschwerpunkte, mit denen man im März noch nicht zurecht kam, plötzlich bereits automatisch richtig behandelt werden.
Seins-Orientiertheit	Eine innere Einstellung zu sich und seinem Selbstwertgefühl (SWG), die das Resultat der Art von → Strokes ist, die man als Kind erhalten hat. Das andere Extrem: → Tuns-Orientierung.
Selbstaktualisierung	→ Selbstverwirklichung und → Winner.
Selbst-Bild	Das »Bild«, das man sich von sich macht. Dieses Bild kann »zu groß« sein oder »zu klein« oder der Realität entsprechen (Realität hier: gemessen an der Umweltreaktion).
Selbstverwirklichung	Ein Mensch, der sich der Selbstverwirklichung verschrieben hat, ist nach MASLOW ein psychologisch erfolgreicher Mensch, der versucht, seinen Begabungen (Talenten und Neigungen) gemäß das Beste aus sich und seinem Leben zu machen, s. auch: Winner. Gegenstück → Loser.
Selbstwertgefühl	(SWG), auch OK-Gefühl: das Gefühl, etwas »wert« zu sein, das Gefühl, einer Situation oder Person »gewachsen« zu sein, das Gefühl, sich behaupten zu können. Gutes SWG nennen wir OK-Gefühl, schwaches SWG nennen wir Nicht-OK-Gefühl. SWG ist die zentrale Einheit unseres Seins, auf die wir letztlich alles beziehen.
Sex	Die körperliche Beziehung in einer Partnerschaft. Sie vermittelt das Gefühl: Ich als Mann bzw. Frau bin OK, → Eros.

Sozialisierung	Prozeß der → Internalisation der Ge- und Ver bote, Prozeß der Entwicklung des Gewissen. Erst durch die Sozialisierung erwirbt ein Mensc die Fähigkeit, in einer Gemeinschaft mit andere zu leben.
Sprache der Annahme	Alle Nachrichten, die dem anderen zeigen, da der Gesprächspartner ihn für OK hält. Dies können sowohl verbal (Ich mag dich) als auc → nicht-verbal gegeben werden (Gestik, Mimik. Letztlich können sie noch → indirekt vermittel werden, d. h., daß die OK-Nachricht »zwische den Zeilen« des Gesagten versteckt wurde.
Sprache der Nichtannahme	Alle Nachrichten, die dem anderen zeigen, da man ihn nicht akzeptiert, daß man ihn nicht-OI findet. Übermittlungsarten → Sprache der An nahme.
Streicheleinheit	Streicheleinheit: die Anerkennung eines Mitmen schen. Wir unterscheiden positive Strokes (ei Streicheln, ein Lob, ein Kompliment, ein freund licher Gruß, ein liebes Wort, ein liebevoller Blick eine nette Handlung) und negative Stroke (Schlagen, eine kritische [aburteilende, werturtei lende] Bemerkung, ein Meckern, ein Nörgeln jede Art von Strafe).
Stroke	→ Streicheleinheit.
Strukturale Analyse	Der zweite Aspekt der → Transaktionalen Ana lyse (TA). Hierbei handelt es sich um eine vo BERNE entwickelte Form der Persönlichkeitsana lyse; Einteilung in drei → Ich-Zustände.
Tolerant	Tolerare heißt: ertragen, erleiden, erdulden Tolerant sein ist dem → liberal sein ähnlich, nu mit dem Unterschied, daß es mir persönlic schwerfällt, dem anderen die Freiheit, seine Mei nung zu vertreten, zuzugestehen. Bei der Tole ranz handelt es sich darum, daß der andere durc sein Handeln (seine Meinung) eines unserer Bilde angreift. Siehe das Beispiel bei → liberal. Es wär nun eine Frage der *Toleranz*, wenn jemand käm und sagte: »Nein, ein Mensch muß sich entschei

den! Er kann nur der CDU oder der SPD zu-
neigen. Nicht aber beiden!« Nun greift er das
Bild unseres Liberalen an. Nun müßte er den
Bildangriff ertragen, erleiden, erdulden, ohne zu-
rückzuschlagen, wenn er tolerant wäre.
N. B. Die unangenehmen Gefühle, die wir bei
Intoleranz abwehren wollen, zwingen wir den
anderen zu ertragen, wenn wir intolerant sind.
Denn: Wenn er sich nicht genauso gegen unser Bild
sträuben würde, wie wir uns gegen seins auflehnen,
wäre es gar nicht zur Auseinandersetzung gekommen.

Transaktion	Eine Einheit in der Kommunikation. Wenn Hans Maria grüßt, so ist das eine halbe Transaktion. Erst durch ihre Reaktion wird diese Transaktion vollständig. Selbst wenn sie nicht reagiert, ist die Transaktion komplett, weil sie durch ihr Nicht-Antworten indirekt ausdrückt, daß sie nicht kommunizieren will, → indirekt, → Feedback, → Kommunikation.
Transaktion, einfach	Eine einfache (auch komplementäre) Transaktion ist eine Transaktion, in der der → Ich-Zustand des Partners reagierte, der auch angesprochen wurde. Solange Transaktionen komplementär verlaufen, liegt man »auf einer Welle«, die zwischenmenschliche Beziehung verläuft gut und reibungslos.
Transaktion, gekreuzt	Hier hat ein anderer → Ich-Zustand geantwortet als derjenige, den man angesprochen hatte. Meist reagiert das weinende → K, wenn man den → A oder → P (oder das fröhliche K) ansprechen wollte.
Transaktion, kompliziert	Hier sprechen zwei → Ich-Zustände gleichzeitig; man sendet eine doppelte Nachricht: einerseits die direkte, andererseits die → indirekte (verschlüsselte) Nachricht.
Transaktionale Analyse	(TA) Eine von BERNE entwickelte Form der Analyse, die es dem Laien gestattet, in sehr kurzer Zeit sowohl intellektuelles wie auch emotionales Verständnis für sich und andere zu erlan-

gen. T. A. teilt sich in vier Aspekte auf: 1. →
Strukturale Analyse. 2. Transaktionale Analyse
(im engeren Sinn). Dieser zweite Aspekt war der
wesentlichste und gab dem gesamten System später seinen Namen. 3. Analyse der psychologischen
Spiele, s. Literaturverzeichnis. 4. Analyse der
»Drehbücher«, gemäß denen man oft handelt
ohne es zu wissen, s. Literaturverzeichnis Nr. 41.
Der zweite Aspekt der Transaktionalen Analyse ist
die Analyse der zwischenmenschlichen Beziehungen, die Analyse der → Kommunikation.

Tuns-Orientiertheit

Eine innere Einstellung zu sich und seinem →
Selbstwertgefühl (SWG), die das Resultat der
Art von → Strokes ist, die man als Kind erhalten
hat. → Seins-Orientiertheit.

Unlust

Jede Verhinderung einer Bedürfnisbefriedigung
wird als Unlust empfunden. → Lustprinzip.

Verbal

Verbale Kommunikation besteht aus gesprochenen und geschriebenen (telefonierten, telegrafier-
ten, gedruckten) Mitteilungen. Das heißt: Die
Nachricht wurde durch Worte übermittelt.

Verhaltensmuster

Eine immer wiederkehrende Art und Weise, sich
in gleichen oder ähnlichen Situationen zu verhalten. Immer wenn das → K eines anderen mit
Abwehrmanövern reagiert, läßt Hans sich ebenfalls zu Abwehrmanövern hinreißen. Alle Verhaltensmuster sind erlernt und deshalb durch
Umlernprozesse zu verändern. Gute wie schlechte
Kommunikation ist zum Großteil durch Verhaltensmuster geprägt.

Vorbeschäftigung

engl.: preoccupation: Eine Beschäftigung, die *absoluten Vorrang* hat. Bei Aufkommen einer physischen Gefahr für den Organismus besteht die
Vorbeschäftigung darin, das physische Überleben
unter Vernachlässigung aller anderen Handlungen zu sichern. Bei psychischen Gefahren, →
Kognitive Dissonanz und → Nebel, besteht die
Vorbeschäftigung darin, die psychische Sicherheit
wiederherzustellen.

Winner

Nach BERNE: ein psychologisch erfolgreicher und gesunder Mensch. Beschreibung deckt sich weitgehend mit MASLOWS Beschreibung eines → selbstverwirklichenden Menschen. Das Gegenstück zum Winner ist der → Loser.

Nachwort

Liebe Leser, seit der 1. Auflage dieses Buches sind eine Reihe weiterer Titel von mir erschienen. Einige davon könnten für Sie zur Weiterentwicklung Ihrer Kommunikationsfähigkeit hilfreich sein. Zum einen zwei sogenannte »Weiterbildungsseminare«:

1. *Fragetechnik, schnell trainiert* und

2. *Kommunikation für Könner, schnell trainiert.*

Beide Bücher enthalten ein Maximum an Übungen/Spielchen und fast keine Theorie (die steht ja in den anderen Büchern!). Außerdem konnte der mvg-verlag die Lizenz für ein Buch erwerben, welches bereits im Gabal-Verlag durch sechs mehrmals erweiterte, äußerst erfolgreiche Auflagen gegangen war –

3. *Stroh im Kopf? – Oder: Gebrauchsanleitung fürs Gehirn –*

Hier wird die Thematik des Abschnittes 11 wieder aufgegriffen.

4. *Erfolgstraining – Schaffen Sie sich Ihre Wirklichkeit selbst!*

Nun fragen manchmal Seminar-Teilnehmer, wie man so viele Bücher herausbringen könne, insbesondere, da die inhaltliche Überschneidung der einzelnen Werke minimal ist. Nun, eins meiner großen Vorbilder ist immer schon ISAAC ASIMOV gewesen. Er hat inzwischen über 200 Bücher publiziert (als er in meinem Alter war, waren es »nur« 64!), während ich erst bei ca. 18 Büchern und diversen Kassetten bin.

Im übrigen hat die Produktion von Artikeln, Büchern und Cassetten natürlich ihre Grundlage in den Seminaren. Und da ich seit über 20 Jahren nicht nur schule, sondern die Trainings-Inhalte immer wieder erweitere und ausbaue, ist natürlich sehr viel Stoff vorhanden. So habe ich bis 1975 überwiegend zu den Themen Gehirn, Kommunikation, Motivation, Streß und Körpersprache trainiert; dann bis 1980 sehr stark in den Bereichen Verhandlungs-Taktik und Rhetorik; seit Anfang der achtziger Jahre immer mehr im Bereich Management, und derzeit bewege ich mich schon wieder in eine neue Richtung. Das heißt also erstens, daß der Stoff aus den Seminaren kommt, aber das heißt zweitens, daß neue Ideen erst im Seminar »getestet« werden. Damit will ich sagen: **Ohne die fruchtbaren Diskussionsbeiträge von Teilnehmern bzw. deren Bereitschaft, neue Übungen/Spielchen auszuprobieren, wäre das alles nicht möglich. Und daher danke ich Ihnen ganz besonders!**

Ins **Italienische** wurden bereits folgende Titel übersetzt:
Signale des Körpers (Segnali del corpo)
Kommunikationstraining (L'arte d'intendersi)
Freude durch Streß (Stress & felicita')
Fragetechnik schnell trainiert (La tecnica delle domande)

Ins **Polnische** wurden bereits folgende Titel übersetzt:
Zahlen bestimmen Ihr Leben (Liczby określają życie)
Psycho-logisch richtig verhandeln (Komunikacja Werbalna)
Erfolgstraining (Trening Sukcesu)
Signale des Körpers (Titel steht noch nicht fest)

Ins **Tschechische** wurden bereits folgende Titel übersetzt:
Freude durch Streß (Pozitivní Stres)
Erfolgstraining (Trénujme Úspěch)
Fragetechnik schnell trainiert (Titel steht noch nicht fest)

Ins **Russische** wurde bisher übersetzt:
Signale des Körpers (ЯЗЫК ИНТОНАЦИИ, МИМИКИ, ЖЕСТОВ)

Ins **Kroatische** wurde bisher übersetzt:
Erfolgstraining (Treningom do uspjeha)

Ins **Holländische** wurde bisher übersetzt:
Kommunikationstraining (Communicatietraining)

Ins **Ungarische** wird gerade übersetzt:
Kommunikationstraining (Titel steht noch nicht fest)

Ins **Rumänische** wurden bisher übersetzt:
Zahlen bestimmen Ihr Leben (Numerele vă decid viața)
Freude durch Streß (Stresul un prieten prețios?)
Kommunikationstraining (Antrenamentul Comunicării sau Arta de a ne Înțelege)

Literatur

1   ABT, Clark: Serious Games, New York, 1970
2   ADORNO, T. W.: Studien zum autoritären Charakter, Frankfurt, 1995
3   BASSETT, G.: The New Face of Communication New York, 1968
4   BERLYNE, D. E.: The Limits of the Nervous System in: Science, USA, 1. Juli 1966
5   BERNE, Eric: Ego States in: Psychotherapy in: American Journal of Psychiatry, USA, Vol. 11, 1957
6   BERNE, Eric: Sex in Human Loving, New York 1970*
7   BERNE, Eric: Spiele der Erwachsenen, Hamburg, 2002
8   BERNE, Eric: Standard Nomenclature, Transactional Nomenclature in: T. A. Bulletin, USA, Vol. 8, 1969
9   BERNE, Eric: Transactional Analysis in Psychotherapy. (A Systematic Individual and Social Psychiatry), New York, 1978 Reissue ed.
10 BERNE, Eric: Was sagen Sie, nachdem sie Guten Tag gesagt haben?, Frankfurt, 1983
11 BIRCH, H. G., und H. S. RABINOWITZ: The Negative Effects of Previous Experience on Productive Thinking in: Journal of Experimental Psychology, USA, Vol. 41, 1951, S. 121-125
12 BIRKENBIHL, M.: Train the Trainer, 10. Auflage, Landsberg, 1992, 16. Aufl. 2001
13 BIRKENBIHL, Vera F.: Der persönliche Erfolg, 13. Auflage München/Landsberg am Lech, 1999
14 BIRKENBIHL, Vera F.: Freude durch Streß, mvg, München/Landsberg, 14. Aufl. 2001
15 BIRKENBIHL, Vera F.: Psycho-logisch richtig verhandeln, mvg, München/Landsberg, 13. Aufl. 2001
16 BIRKENBIHL, Vera F.: Gehirn und Gedächtnis in: Enzyklopädie Naturwissenschaft und Technik, Jahresband 1983 (Seiten 152 ff.)
17 BIRKENBIHL, Vera F.: Das neue Stroh im Kopf? Vom Gehirn-Besitzer zum Gehirn-Benutzer, mvg, München/Landsberg, 38. Aufl. 2001
18 BOYLAN, Bob: Bring's auf den Punkt! Professionelle Vortragstechnik schnell trainiert, München/Landsberg am Lech, 1991
19 BOOCOCKS UND SCHILD: (Ed.) Simulation Games in Learning, Calif., USA, 1978
20 CALDER, N.: The Mind of Man, New York, 1970
21 CAPRA, Frijthof: Das Tao der Physik: Die Konvergenz von östlicher Wissenschaft und westlicher Philosophie, Scherz-Barth, münchen, 3. Aufl. 1997
22 CARNEGIE, D.: Die Macht der Rede, Zürich, 1940
23 CARSON, R. B.: Interaction Concepts of Personality, Chicago, 1969

24 CHAPMAN, A. H.: Regeln gegen Mitmenschen, Hamburg, 1972

25 CIALDINI, Robert: Überzeugen im Handumdrehen, mvg, München/ Landsberg am Lech, 1993

26 COENENBERG, A.: Die Kommunikation in der Unternehmung, Wiesbaden, 1966

27 COLEMAN, James: Games as Vehicles for Social Theory in: American Scientist, USA, Vol. 12, 1969

28 CRAWFORD, M.: Dimensions of Simulation in: American Psychologist, USA, Vol. 21, Nr. 8, 1966

29 DELGADO, J. M. R.: Physical Control of the Mind: Toward a Psychocivilized Society, New York, 1971*

30 EFFRAN, J. S., und A. BROUGHTON: Effect of Expectancies for Social Approval on Visual Achievement in: Journal of Personal and Social Psychology, USA, Vol. 4, 1966, S. 103-107

31 ERNST, F.: Activity of Listening, Calif., USA, 1968

32 FERGUSON, Marylin: Die sanfte Verschwörung: Persönliche und gesellschaftliche Transformation im Zeitalter des Wassermanns, Sphinx, Basel, 3. Aufl., 1982

33 FESTINGER, L.: Conflict, Decision and Dissonance, Stanford University, USA, 1964

34 FESTINGER, L.: The Psychological Effects of Insufficient Rewards in: American Psychologist, USA, Vol. 16, 1961

35 FROMM, Erich: Die Kunst des Liebens, München, 2001

36 GELLERMANN, S.: Management by Motivation, New York, 1968

37 GELLERMANN, S.: Motivation and Productivity, New York, 1963

38 GIBRAN, Kalil: The Prophet, USA, 1972

39 GORDON, Thomas: Familienkonferenz: Die Lösung von Konflikten zwischen Eltern und Kind, Hamburg, 1989

40 GOTTSCHICK, J.: Die Leistungen des Nervensystems, Jena, 1954

41 HARRIS, Thomas: Ich bin o.k. – du bist o.k., Hamburg, 1988

42 HERZBERG, F.: Work and Nature of Man, Cleveland, USA, 1966

43 HESS, W. R.: Hypothalamus und Thalamus, Stuttgart, 1956

44 HOWARD, Jane: Please Touch: A Guided Tour of the Human Potential Movement, New York, 1970*

45 JAMES, M., und D. JONGEWARD: Born to Win: Transactional Analysis with Gestalt Experiments, London, 1996, 25. anniv. edition

46 JANOV, Arthur: Der Urschrei, Frankfurt, 1975

47 KELBER, M.: Fibel der Gesprächsführung, Opladen, 1970

48 KELLOG, M.: Führungsgespräche mit Mitarbeitern, München, 1972

49 KORFF, Ernst: Redetechnik als Führungsmittel, München, 1968

* Auch in deutscher Sprache erschienen.

50 KUHN, Thomas: The Structure of Scientific Revolutions, University of Chicago Press, 1977, 3rd. Edition 1996

51 LEWIS, H. R., und H. S. STREITFELD: Spiele die glücklich machen: Intensiver leben durch Psycho-Training; Bergisch Gladbach, 1973

52 LINDGREN, H.: An Introduction to Social Psychology, New York, 1981, 3rd. ed.

53 LUFT, Josef: Einführung in die Gruppendynamik, Stuttgart, 1971

54 MACLEAN, Paul D.: The Limbic System (»Visceral Brain«) in Relation to Central Gray and the Reticuluan of the Brain Stene, in: Psychosomatic Medicine Nr. 17, 1955 (S. 355–366)

55 MAISONNEUVE, J.: La Dynamique des Groupes, Paris, 1969

56 MANDEL, A., K. H. MANDEL: Einübung in Partnerschaft durch Kommunikationstheraphie und Verhaltenstherapie, München, 1990

57 MARFELD, A. F.: Kybernetik des Gehirns, Berlin, 1970

58 McCORMICK, P., und L. CAMPOS: Introduce Yourself to Transactional Analysis (A T. A.-Handbook), Calif., USA, 1969

59 McKENNEDY UND DILL: Influences on Learning in Simulation Games in: American Behavioral Scientist, USA, Vol. 10, Okt. 1966

60 McLEAN UND MALCOLM Jr.: Theory, Method and Games in Communication in: Mass Media and International Understanding (Ed.: VREG), Ljubliana, Yugosl., 1969

61 MASLOW, A. H.: Motivation and Personality, New York, 3rd ed. 1987

62 MASLOW, A. H.: Psychologie des Seins, München, 1973

63 MEININGER, J.: Transaktionsanalyse: Die neue Methode erfolgreicher Menschenführung, 2. Auflage, Landsberg, 1992

64 MIELE, H. und W.: Gutes Sprechen, freies Reden, gewandtes Verhandeln; Stuttgart, 1971

65 MORENO J.L.: Gruppenpsychotherapie und Psychodrama, Stuttgart, 1959

66 MORENO J.L.: Who Shall Survive?, New York, 1977

67 PENFIELD, W.: Memory Mechanisms in: A. M. A.–Archives of Neurology and Psychiatry, USA, Vol. 67, 1952

68 PERLS, F. et al: Gestalttherapie, Wiederbelebung des Selbst, Konzepte der Humanwissenschaften, 3. Auflage, Stuttgart, 1985

69 RATTNER, J.: Der schwierige Mitmensch: Psychotherapeutische Erfahrungen zur Selbsterkenntnis, Menschenkenntnis und Charakterkunde; Frankfurt, 1973

70 RATTNER, J.: Psychologie der zwischenmenschlichen Beziehungen, Freiburg, 1983

71 REINERS, L.: die Kunst der Rede und des Gesprächs, Bern/München, 1968

72 RICHTER, H. E.: Die Gruppe, Gießen, 1995

73 ROGERS, Carl: Communication: Its Blocking and Facilitation in: Northwestern University Information, USA, 1952

74 ROGERS, Carl: On Becoming a Person: A Therapist's View of Psychotherapy; Boston, USA, 1995

75 ROGERS, Carl: The Characteristics of a Helping Relationship in: Personnel and Guidance Journal, USA; Vol. 37, 1958

76 ROHRACHER, H.: Einführung in die Psychologie, 12. Auflage, Wien/Innsbruck, 1984

77 SCHIFFMANN, M.: Self-Therapy: Techniques for Personal Growth, Calif., USA, 1967

78 SCHIRM, R. W.: Kürzer, knapper, präziser, Düsseldorf, 1970

79 SCHMIDBAUER, W.: Sensitivitätstraining und analytische Gruppendynamik, München, 1973

80 SCHNEIDER, Wolf: Wörter machen Leute, Rowolth, Reinbek Hamburg, 1996

81 SCHUTZ, W. C.: Freude: Abschied von der Angst durch Psychotraining, Hamburg, 1971

82 SHEPARD, M., und M. LEE: Marathon 16, München, 1972

83 SIMEONS, A. T.: Das tyrannische Gehirn, Zürich, 1962

84 SKINNER, B. F.: Science and Human Behavior, London, 1953

85 SOKOLOV, E. N.: Neuronal Models and the Orienting Reflex in: The Central Nervous System and Behavior, New York, 1960

86 STANGL, Anton: Das Buch der Verhandlungskunst, Düsseldorf, 1973

87 THAYER, Lee: Human Communication: Tool, Game, Exology in: Perspectives on Communication (Eds. Larson/Dance), University of Wisconsin, USA, 1968

88 TWELKER, Paul: (Ed.) Instructional Simulation Systems, Oregon State University, USA, 1969

89 VESTER, Frederic: Phänomen Streß, dva, Stuttgart, 17. Aufl., 1998

90 WATZLAWICK et al: Menschliche Kommunikation: Formen, Störungen, Paradoxien; Stuttgart, 10. unveränderte Auflage, 2000

91 WATZLAWICK, Paul: Wie wirklich ist die Wirklichkeit?, Piper, München, 1995

92 WATZLAWICK, BEAVON & JACKSON: Kommunikation – Formen, Störungen, Paradoxiea, Huber, Stuttgart, 6. Aufl., 1982

93 WATZLAWICK, Paul: Wie wirklich ist die Wirklichkeit? (op cit)

94 WERNER und WERNER: Bibliography of Simulations: Social Systems and Education; Western Behavioral Science Institute, Calif., USA, 1969

95 WESCHLER, I. R., und J. REISEL: Inside a Sensitivity Training Group, Los Angeles, USA, 1959

96 WHORF, Benjamin Lee: Sprache, Denken, Wirklichkeit, Rowolth, Reinbek b. Hamburg, 22. Aufl., 1999

97 Woolridge, D.: The Machinery of the Brain, New York, 1963

Register

Nachbemerkung zur 24. Auflage:

Liebe Leser und Leserinnen,
aus dem Internet kennen Sie sogenannte FAQs (frequently asked questions = häufig gestellte Fragen). Ich möchte diese 24. Auflage nutzen, um die zu diesem Buch gestellten FAQs zu beantworten:

1. Wann erschien dieses Buch zum ersten Mal?
Antwort: 1975. Es nahm wichtige Entwicklungen der Erwachsenen-Bildung der Achtziger Jahre voraus, z. B. Die TA (Kap. 4).

2. Haben Sie zum Thema Kommunikation weitere Werke verfaßt?
Antwort: Ja, erstens **Bücher**: »Psycho-Logisch richtig verhandeln«, »Fragetechnik schnell trainiert« (hierzu gibt es auch ein Audio-Programm!) und im Herbst 2003 erscheint zur Frage-Technik ein neues Spielebuch (Intelligente Rätselspiele). Desweiteren gibt es **drei Video-Seminare,** die wichtige Aspekte aufgreifen:
1. Viren des Geistes (Unsere Glaubens-Inhalte sowie unsere [In-]Toleranz; dieses Video bietet eine gehirn-gerechte Einführung in das Forschungsgebiet der Memetik) und
2. Männer/Frauen – mehr als der kleine Unterschied? (wichtige neue Forschungsergebnisse zur unterschiedlichen Gehirn-Architektur bei den Geschlechtern und eine gute Ergänzung zum vorliegenden Buch!) Diese beiden Video-Kurz-Seminare (unter 3 Stunden) werden ab ca. Sommer 2003 ergänzt durch einen ca. 7 Video-Stunden langen Seminar-Mitschnitt (bei GABAL).
3. Kommunikation (Einstieg) **und Frage-Technik** (Die LOGIK der Frage-Technik; Rate-Spiele). Zeitgleich erscheint die **Fortsetzung:** 2 weitere Tage als Video-Seminar (für firmeninterne Trainings) zu der so wichtigen Psycho-Logik der Fragetechnik. Es enthält meinen kompletten Fragetechnik-Rollenspiel-Zyklus, bei dem die ZuschauerInnen mehr lernen als die Akteure! Früher konnten nur größere Gruppen geschult werden, damit die Betroffenen nicht ständig draußen vor der Tür auf ihren »Auftritt« warteten, heute, mit diesem Video-Seminar, können endlich auch die kleinsten Firmen (oder eine Gruppe freier VerkäuferInnen, die sich zusammentun) dieses Seminar (virtuell) besuchen (Anfragen/Info: birkenbihl@birkenbihl.de).

Gefühlsrad

Bitte schneiden Sie die Viertel des Gefühlsrades aus und kleben Sie sie zusammen. Als Orientierung dienen Ihnen die 4 Silben: *Ru – he – zo – ne* in der Mitte des Gefühlsrades.

In meinem neuen Buch *Jeden Tag weniger ärgern – Das Anti-Ärger-Programm* gibt es ein farbiges Poster vom Gefühlsrad.

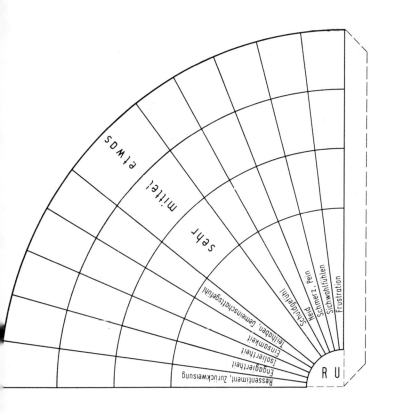

etwas

mittel

sehr

Schuldgefühl

Held z. Pein

Schmerz.

Sichwohlfühlen

Frustration

Gemeinschaftsgefühl

Teilhaben,

Einsamkeit

Isoliertheit

Engagiertheit

Ressentiment, Zurückweisung

R U

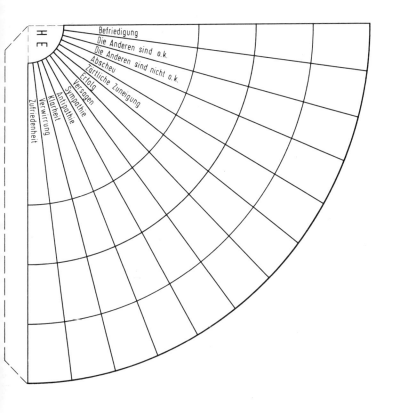

H E

Befriedigung
Die Anderen sind o.k.
Die Anderen sind nicht o.k.
Abscheu
Zärtliche Zuneigung
Erfolg
Versagen
Sympathie
Antipathie
Klarheit
Verwirrung
Zufriedenheit

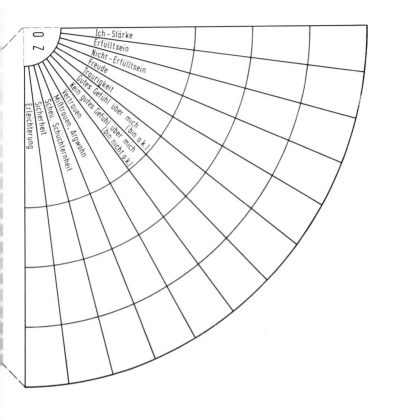

Ich - Stärke
Erfülltsein
Nicht - Erfülltsein
Freude
Traurigkeit
Gutes Gefühl über mich (bin o.k.)
Kein gutes Gefühl über mich (bin nicht o.k.)
Vertrauen
Mißtrauen, Argwohn
Scheu, Schüchternheit
Sicherheit
Erleichterung

O Z

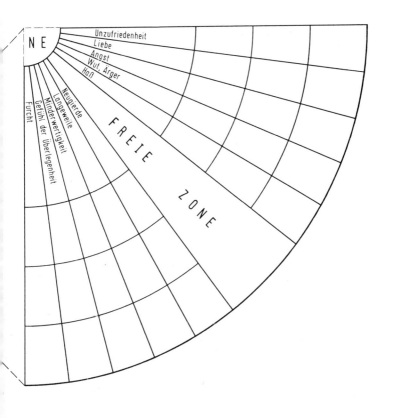

NE

Unzufriedenheit
Liebe
Angst
Wut, Ärger
Haß
Neugierde
Langeweile
Minderwertigkeit
Gefühl der Überlegenheit
Furcht

FREIE ZONE

Falls Sie mehr Birkenbihl lesen/hören/sehen möchten:

Alle Bücher, Tonkassetten, Videos, CD-Roms etc. sowie offene Se-
minar-Termine von Vera F. Birkenbihl finden Sie unter:

www.birkenbihl.de (für „Insider"!)

Dort sind Sie auch herzlich eingeladen zu stöbern, sich in der
„Wandzeitung" aktiv an Diskussionen zu beteiligen und der Auto-
rin Fragen zu stellen, die sie gerne persönlich beantwortet. Bitte
nehmen Sie sich etwas Zeit, sich auf der Website zurecht zu finden
– es lohnt sich!

Alle besprochenen Bücher, auch Vera F. Birkenbihl's Empfehlungen
anderer Autoren, können Sie dort direkt bestellen.

www.birkenbihl.de